北京语言大学出版基金资助

DANICA SELESKOVITCH

INTERPRÈTE ET TÉMOIN DU XXᵉ SIÈCLE

世纪见证人

伟大的译员达尼卡·塞莱斯科维奇

[法] 安娜-玛丽·魏德伦-凡蒂尼（Anne-Marie Widlund-Fantini） 著
刘和平 译

中国出版集团
研究出版社

图书在版编目 (CIP) 数据

世纪见证人 / (法) 安娜 – 玛丽著 ; 刘和平译 . -- 北京 : 研究出版社,
2021.3
ISBN 978-7-5199-0854-6

Ⅰ. ①世… Ⅱ. ①安… ②刘… Ⅲ. ①安娜 – 玛丽 – 传
记 Ⅳ. ① K835.655.5

中国版本图书馆 CIP 数据核字 (2021) 第 039210 号

出 品 人：赵卜慧
图书策划：张高里
责任编辑：张　琨

世纪见证人
SHIJI JIANZHENGREN

［法］安娜–玛丽·魏德伦–凡蒂尼（Anne–Marie Widlund–Fantini） 著
刘和平 译

研究出版社 出版发行
（100011 北京市朝阳区安华里 504 号 A 座）
北京汇瑞嘉合文化发展有限公司 新华书店经销
2021 年 3 月第 1 版 2021 年 3 月北京第 1 次印刷
开本: 710 毫米 × 1000 毫米 1/16 印张: 19.75
字数: 200 千字
ISBN 978-7-5199-0854-6 定价：68.00 元
邮购地址 100011 北京市朝阳区安华里 504 号 A 座
电话（010）64217619 64217612（发行中心）

前言

PREFACE

一个人的人生轨迹常因与某些人的偶遇而改变。对于写这本传记的我而言，人生的改变便是源于与达尼卡·塞莱斯科维奇（Danica Seleskovitch）的相遇。当年，我进入巴黎高等翻译学校（ESIT）学习时刚刚24岁，这位女性译员的伟大形象就深深烙印在我这个学生译员的脑海中。我暗下决心，一定要将这位有着锲而不舍精神、坚忍不拔品质的女性作为自己职业生涯的楷模。

机缘巧合，我后来有幸探访了达尼卡的人生足迹。初到巴黎学习时她还不是我的老师，我最早接触的是她年轻时在贝尔格莱德的法-塞朋友。后来进入ESIT学习，这位大人物——我未来老师的名字愈加如雷贯耳。再后来，我成为会议译员，我的职业生涯便从与她的多位同行共事开始，先是在布鲁塞尔，后到卢森堡，先后在她二十年前曾服务过的口译部门供职。

2001年4月17日下午，复活节度假回来后收到达尼卡的一封信。我迫不及待地打开，信中热情洋溢的话语让我的心如沐春风。

不久后得知她去世的消息后，我方才醒悟，原来在我读她那封信的时候，她正在与死神搏斗。

我想在这里借用犹太人刻在墓碑上的一句话：“愿你的灵魂与世人的花束紧密相连”，意思是当我们追忆逝人的时候，他们仍与我们同在。

达尼卡不是犹太人，但我想借用追述的方式让她永远活在我们心中，我想她是不会埋怨我这样做的。

我希望用这本书重现达尼卡·塞莱斯科维奇的一生，她是一位伟大的译员、天才教育家和具有创新精神的研究者，也是我的挚友。

目　录
CONTENTS

第一章

巴黎—贝尔格莱德—尼斯

1921年12月6日

1921年12月初，巴黎格外寒冷。连续一个月的温度都在零度以下，5日和6日夜里，气温甚至跌至零下6℃。清晨，巴黎报刊刊登消息，说有三个人因低温冻死在街头。天气预报预测，白天寒冷，有雾，伴有零星小雪。

由于寒流笼罩法国，有关部门不得不采取严格的能源限用措施：从这一天开始，巴黎市政府禁止商店在18点30分前打开店铺门口和楼宇的照明装置。法国上上下下忧心忡忡，生怕取暖用的煤炭和木柴无法及时供应。

法兰西刚刚走出战争的阴霾，后来描述的“疯狂年代”也仅是开端。“疯狂”这个形容词并不能反映战后法国人陷入的真实困境：面包价格创历史最高，飙升至90生丁①，其他物价也一样猛涨，生活条件异常艰苦。4月份的最新统计报告显示，法国居民人口已超过3900万，包含最终回到法兰西怀抱的阿尔萨斯和洛林人。战争留下的伤口尚未愈合：德国提出延期偿还战争赔款。消息在报刊上发表之后，大众义愤填膺。法国后来的命运由两个极左人物主宰：一个是国家首脑亚历山大·米勒兰（Alexandre Millerand），另一个是几周后就要上任的欧洲议会主席阿里斯蒂德·白里安（Aristide Briand），他前一天刚从华盛顿参加裁军谈判归来。12月6日上午，根据当天的会议安排，总理先是在部长会议上就此问题发表演讲，随后在参议院参加法国外交政策辩论。在国际上，二十年代初期，“爱尔兰事件”引发的关注已持续了一段时间。报刊6日宣布，英王陛下政府与新芬党（为独立而战的爱尔兰共和党）签订了《英爱条约》，爱尔兰自由共和国成立。几天后，诺贝尔物理学奖颁发给爱因斯坦，文学奖授予了阿纳托尔·法朗士（Anatole France）。

1921年12月6日天还没亮，巴黎报刊新闻捷足先登。报刊头条刊登的都是德国纪尧姆二世皇帝将再婚的消息。在新闻报的戏剧专栏，读者看到的是特里斯坦·伯纳德（Tristan Bernard）先生将在马里尼剧院出演新剧。实际上，对于不缺钱的人来说，巴黎可供消遣的地方比比皆是：《费加罗报》刊登消息，玛德琳

① 生丁是法国货币，面额分为1、2、5、10、20生丁和1/2、1、2、5法郎。

娜·雷诺（Madeleine Renaud）将在法兰西剧院出演莫里哀的《爱情的怨气》；莫里斯·谢瓦利埃（Maurice Chevalier）因在巴黎布菲剧院（Bouffes Parisiens）的演出而“大获成功”。《巴黎之光》则特别推荐读者重看由密斯丹格苔（Mistinguett）领衔主演的《巴黎卡西欧》。

偌大的巴黎城正在苏醒；马车驶入拉法耶特大街，朝北站疾驰而去。

蒙西洛·托多·塞莱斯科维奇（Momčilo Todor Selesković）住在离蒙托隆街区花园（Square Montholon）不远的阿方斯·布丹（Alphonse Baudin）[①]街32号，他刚刚醒来。他的夫人朱丽叶·卡朗是法国人，他们和儿子住在这里。今天清晨，年轻的塞尔维亚大学教师急切期盼的并不是报刊上的这些消息。圣·文森特–德–保罗教堂（Saint–Vincent de Paul）的钟声刚刚敲过五下时，他年轻的夫人产下了第二个孩子。小孩子诞生于1921年12月6日黎明时分，家人便给她起名叫尼古拉·达尼卡[②]。

1922年

新年刚过，法国经历了阿里斯蒂德·白里安的下台和雷蒙·普恩加莱（Raymond Poincaré）复任总理。战争部部长名叫安德烈·马

---

① 现在的街名是Pierre Sémard。

② Danica在塞尔维亚–克罗地亚语中指“晨星”。最后的“…ća”应发摩擦音“嚓”。

奇诺（André Maginot），正是他在二十年代末提出修建东部防线，著名的“马奇诺防线”至今仍家喻户晓。

1921年法国被拖入了漫长的审判中，杀人狂亨利·兰杜（Henri Landru）最终因凶杀案成立，于2月25日在凡尔赛监狱被送上断头台。

马塞尔·普鲁斯特（Marcel Proust）11月离世，享年51岁。法国文学界举行了悼念活动。

要特别说明一下这一年法国之外发生的事情：墨索里尼进军意大利罗马之后登台，土耳其的新主人上台，名叫穆斯塔法·基马尔（Mustapha Kemal），就是阿塔图尔克（Atatürk）。

塞莱斯科维奇夫妇结婚后一直住在阿方斯·布丹街卡朗夫人家，就是朱丽叶的母亲家。尽管蒙西洛有德语专业的大学毕业文凭，而且于1919年在索邦大学还通过了博士论文答辩，他们随后还是离开巴黎回到了南斯拉夫，因为蒙西洛是外国人，不能在法国教书。为了家庭，为了养活1920年出生的第一个孩子尤金·佐兰（Eugène Zoran），蒙西洛·塞莱斯科维奇别无选择，只能回老家。1920年起他就开始投简历，希望能到贝尔格莱德大学任教。他到教育部去请求通融，结果喜忧参半，他被任命为德语教师，但不是在贝尔格莱德大学，而是在贝尔格莱德的第三男子中学。

朱丽叶是在第二个孩子降生之前才回到巴黎的，蒙西洛是1921年12月回到巴黎与她团聚的，一直到1922年初。他们商定好，朱丽叶一旦能带着孩子旅行，就去南斯拉夫找他。实际上，朱丽叶不喜欢贝尔格莱德，所以迟迟没有离开巴黎……阿方斯·布丹街的生活很平静：闲暇之余她拍了很多照片，照片上的朱丽叶年轻漂亮，风度翩翩，穿着时尚。她在圣·文森特-德-保罗教堂或蒙托隆街区花园附近带着两个孩子散步，有时一个人，有时有母亲陪伴：老大在沙堆上玩，她给儿子起的乳名叫“小布兜”（le petit Boudou）；小女儿很乖，在儿童篷车里甜甜地安睡。转眼到了1921年的夏天，他们全家一起来到斯洛文尼亚，在阿尔卑斯山脚下久负盛名的布莱德温泉城度假，住在闻名遐迩的阿尔卑斯湖畔的贝尔格莱德酒店。蒙西洛战争期间受过伤，一条腿总是隐隐作痛，他借度假的机会在温泉城水疗中心接受治疗。大人孩子似乎都度过了非常愉快的时光，散步、游泳、懒洋洋地躺在宾馆花园中沐浴阳光，这里是南斯拉夫有钱人最钟爱的度假胜地。

先讲一下小达尼卡跟父母生活的几年中的政治局势变化：蒙西洛·塞莱斯科维奇1915年底离开当时的南斯拉夫来到法国，后来南斯拉夫更名，原因是1918年曾经与轴心国一起战斗的塞尔维亚王国被取代，变成了“塞尔维亚、克罗地亚和斯洛文尼亚王国”。国家制度也随之发生变化。1921年，塞尔维亚国王彼得一世去世，他的儿子亚历山大·卡拉格奥尔基耶维奇（Alexandre Karadjordjević）[①]摄政。1921年6月28日，新君主颁布新法令，在贝尔格莱德王国施行高度集权制。但宪法明确规定，三个民族完全平等：大家的共识

① 1934年他到法国进行国事访问时遭到追随乌斯塔奇组织的克罗地亚民族主义者刺杀，法国外交部长路易·巴尔杜也在刺杀中身亡。

是，克罗地亚人、塞尔维亚人和斯洛文尼亚人都是斯拉夫祖先的后裔，只因历史演变而分崩离析，但最后还是“走到了一起”。后来我们看到的是，由于1929年维多夫丹宪法被国王叫停，一个又一个事件在萨格勒布和卢布尔雅那发生，大众的担忧日益加重。

父亲的家族

先讲一讲达尼卡·塞莱斯科维奇父亲的家族史，这样可以将其生活还原到南斯拉夫、塞尔维亚的大背景中，更广义地讲就是其父族与所属祖国的历史关系。十六世纪后，塞尔维亚人聚集的村庄在奥匈帝国大地上随处可见。达尼卡生前做过家谱研究。她的家世可以追溯到奥匈帝国十八世纪的1731年。第一代祖先叫朱利叶斯·塞莱斯科维茨（Julius Seleskowitz），在罗劳教会任职。十九世纪中叶塞尔维亚反抗哈布斯堡人的第二次起义之后，朱利叶斯的后裔弗朗兹·塞莱斯克维茨（1823–1888）移民来到塞尔维亚，他是布拉迪斯拉发人、木匠。他在贝尔格莱德做手工艺，后娶维尔赫米娜·赫尔曼（Vilhelmina Hermann，1825–1890）为妻，她的母亲索菲出生在萨克森州的莱比锡，1830年定居贝尔格莱德，并在那里开了一家远近闻名的咖啡馆，坐落在市中心的布兰科娃大街，取名叫“黑公鸡”。这对夫妇育有五个孩子，其中一个叫托多，就是达尼卡的祖父。

祖父托多·塞莱斯科维奇（Todor Selesković）

托多（托萨，Toša）1856年4月10日出生在贝尔格莱德，1872年中学毕业，是塞尔维亚当时最著名的工程师。舅舅特奥多·赫尔曼（Teodor Hermann）在贝尔格莱德是杰出公民和富人。于是，托多受舅舅资助到德国学习，先是在萨克森州的弗兰肯伯格技术学校，后到卡尔斯鲁厄理工学院就读，并于1879年获得土木工程专业文凭。由于他很优秀，他的老师，也就是蒸汽机制造者、著名的赫兹教授请他做了自己的助教。1881年他回到塞尔维亚，直到1892年，他一直在克拉古耶瓦茨兵工厂做工程师。值得一提的是，他是塞尔维亚第一台汽轮机的制造者。1887年，他娶司马·弗拉西奇的女儿维多萨瓦·弗拉西奇（维达，1871–1944）为妻。托多和维达有四个孩子：蒙西洛·托多（1890–1950）、女儿小达尼卡（幼年早逝）、萨瓦（1893–1941）和热万卡（1897–1964）。

托多是塞尔维亚1890年成立的工程师协会的创始人之一，任该协会主席，这位机床工程设计师是塞尔维亚机床工业发展的核心人物。1889年巴黎世博会期间，塞莱斯科维奇设计的机床获得了多个奖牌，这位设计师也因此在国际上得到认可。1892年，塞莱斯科维奇还被任命为贝尔格莱德自来水公司总裁，首都贝尔格莱德也因他而拥有了自己的供水系统。1895年开始，他在贝尔格莱德大学土木工程学院教授机械技术，他有教育家的天资，博得了学生的尊重和爱戴。作为议员，他在国会的演讲议题都与国家工业的促进与发展相关。克拉古耶瓦茨大街现在以他的名字命名。1901年1月，由于年龄原因，他到克拉古耶瓦茨接受过一次手术，手术本身很成功，但几天后，他却死于败血症。托多英年早逝，离开时只有45岁。去世前，他让夫人维达承诺把孩子们送到德国继续学习。1901年，30岁的维达与一个叫克维科·雅科夫列维奇的人再婚，生了两个孩子，拉迪沃奇（拉吉科）和达尼卡（达娜）。

达尼卡对父亲始终充满无限的爱和敬仰。这种爱源于父亲的人格魅力和不平凡的一生。蒙西洛·托多于1890年4月17日①诞生在塞尔维亚的克拉古耶瓦茨，同其父一样在德国接受教育。下面是他的经历。

根据父亲的遗愿，1901年，11岁的托多不得不离开贝尔格莱德，离开自己的亲人，前往斯图加特继续中学学习，他很伤心。他后来对女儿说，那是撕心裂肺的时刻。1911年他中学毕业，进入慕尼黑文学院学习德国哲学、语言和文学。1913年弟弟萨瓦也来到德国，就读于首都巴伐利亚音乐学院。萨瓦后来成为钢琴家和作曲家。那时候，慕尼黑是诸多思想、艺术和文学运动的中心，画家康定斯基、蒙克，还有剧作家奥古斯特·斯特林堡都在此留下了极深的印迹。蒙西洛对这些非常感兴趣，这在他后来的作品中均有体现。在慕尼黑他与另一位塞尔维亚大学生德拉古丁·苏波蒂卡（Dragutin Subotić）结下友谊。1914年文学专业毕业后他注册了博士学位，后因战争爆发而终止。奥匈政府7月28日对塞尔维亚宣战，蒙

① 达尼卡·塞莱斯科维奇2001年4月17日去世。

西洛·塞莱斯科维奇在弟弟萨瓦和德拉古丁·苏波蒂卡的陪同下从德国回到家乡做志愿兵。

德国和奥地利军队开战后占领了塞尔维亚首都，十五个月的顽强抵抗后贝尔格莱德沦陷。塞尔维亚军队溃败，撤退到首都东南部的尼什，国王和政府先前已经撤退至此。整个冬天，塞尔维亚政府、皇室家族和军队隐忍痛苦，经过科索沃和阿尔巴尼亚不断后撤。从那时开始，他们希望到达亚得里亚海海岸，寻求盟军的救援。到达阿尔巴尼亚斯库台港口后，塞尔维亚政府和大部分军队却被法国人驱赶到克基拉市。一战中，塞尔维亚40%的军队和近四分之一的人丧生，很多人死于这次令人恐惧的大迁移。蒙西洛·塞莱斯科维奇是幸存者，但一条腿受了伤，后遗症伴随了终生。1915年，他在葛鲁莫夫日记中详细描述了那段悲壮的时刻（未出版）。

蒙西洛·塞莱斯科维奇和他的朋友维利科·斯塔诺耶维奇（Veljko Stanojević），古塔·苏沃蒂（Guta Subotić）和杜桑·扬科维奇（Dusan Janković）先被遣送到巴里亚斯库意大利军舰上，随后又被转运到法国卢昂盟军所在地。1916年他在巴黎退伍。在法国首都，塞莱斯科维奇和他的难友住在了当时被临时改造而成的战地医院，即闻名遐迩的舞厅瓦格拉姆大厅，巴黎人消遣娱乐的地方。塞尔维亚英雄战士与盟军共同英勇作战的消息瞬间在巴黎传开。他们的命运牵动着巴黎人的心，尤其是巴黎女郎，她们蜂拥而至，到瓦格拉姆大厅向英雄致敬。18岁的朱丽叶·卡朗是位浪漫的姑娘，还有她的朋友柯莱特，她们都是护士志愿者，在那里照顾战斗英雄。

柯莱特很快爱上了杜桑·扬科维奇，并嫁给了他。朱丽叶·卡朗则很快遇到了漂亮小伙蒙西洛，该发生的事便发生了：他们彼此相爱，三年后命运交织，于1919年4月27日在巴黎第五区市政府完婚。他们的儿子尤金·佐兰在1920年6月23日出生了。

1916年刚到巴黎时，塞莱斯科维奇别无他求，有栖身之处，有食物入口足矣。但过了一些天后，赋闲在家开始给他带来压力：没钱花（没烟抽！），于是他开始找工作，后来跟一个朋友在卢昂一家仓库打日工。结果是他从无所事事走到了另一个极端：工作时间从早七点到晚七点！很显然，对于知识分子出身的塞莱斯科维奇来说，这样的工作和他的理想可谓南辕北辙。这时他产生了另一个想法，但内心又觉得幼稚可笑：写信给在索邦大学任职的德国语言文学知名教授亨利·利希滕贝格（Henri Lichtenberger），自荐到索邦大学教授德语（在一战刚刚结束不久时提出类似请求，可谓自不量力……）。利希滕贝格教授还是雇佣了他，但不是教授德语，而是做他的科研秘书和助理，从事德国公众舆论状况研究。正是这份工作激发了他的研究热情，并在利希滕贝格教授指导下完成了博士论文①，题目是：《当代德国舆论中的塞尔维亚》。他把题词献给了母亲维多萨瓦："献给我的母亲。三年中饱受奥地利侵略的母亲。"论文答辩于1919年4月29日在索邦大学完成，即与朱丽叶完婚后两天。

塞莱斯科维奇在做研究的同时，还和苏波蒂卡一起于1918年创

① 当时外国人答辩通过的博士论文被称为"大学博士论文"。

办了哲学杂志《思想》。苏波蒂卡当时是讲师，后成为牛津大学教授。《思想》杂志是一个自由平台，接受当时各种不同的文化和政治思想，思考讨论那个年代的社会问题。在众多的杂志合作者中，有很多国际前沿知名知识分子：查尔斯·安德勒①（Charles Andler）、亨利·利希滕贝格②、路易·莱格（Louis Leger）③、英国著名的考古学家亚瑟·埃文爵士（Sir Arthur Evan，他在克里特岛的克诺索斯发现了米诺斯文明遗迹）、地理学家乔万·奇维奇（Jovan Cvijić）和南斯拉夫著名雕刻家伊万·梅斯特罗维奇（Ivan Mestrovic，他的大部分作品都是在巴黎完成的）。回到贝尔格莱德之前，塞莱斯科维奇与巴黎知识界和文学界一直保持着密切关系。

返回塞尔维亚

前面我们一直在讲述达尼卡父亲的祖先，现在来讲塞莱斯科维奇一家在塞尔维亚的生活。到达塞尔维亚后，他们在阿瓦尔斯卡（Avalska）大街的一套住房内安顿下来。在那里他们又见到了蒙西洛的画家朋友斯塔诺耶维奇和夫人苏珊娜·雅克（Suzanne Jacquot），这对夫妇先于他们回到南斯拉夫首都，但回来时间也不

---

① 查尔斯·安德勒，巴黎高等师范大学毕业，日耳曼问题专家，德语教授，出版了关于尼采的重要专著《尼采的一生与思想》（*Nietzscbe, sa vie et sa pensée*, 没有查到中文版，译者注）。让·吉拉杜（Jean Giraudou）了解德国也得益于他。

② 亨利·利希滕贝格，伟大的日耳曼问题专家，歌德著作译者，出版专著《当代德国》。

③ 路易·莱格，斯拉夫语著名专家，法兰西学院教授。

长，住在同一楼层。两家人走得很近，两位夫人更是形影不离。斯塔诺耶维奇1922年完成的一幅油画足以证明他们之间的深厚友谊：画上的朱丽叶坐着，怀里抱着小宝贝达尼卡，小尤金在妈妈身边，他在地上玩耍；她旁边是正在缝补衣服的苏珊娜。这幅洋溢着安详和平静的油画一直悬挂在尤金·塞莱斯科维奇在乌耶（Houilles）的家中。

塞莱斯科维奇先是在贝尔格莱德的一所中学工作，后到马其顿斯科普里新成立的大学任教，成为德国文学教授，这里当时还是塞尔维亚的一个省。到这里任教并非升职，当时还有另一个位置备选，工作地点在达尔马提亚海岸前拉古萨的杜布罗夫尼克城。塞莱斯科维奇是右翼民主共和党人，这样的背景也没能给他的候选人资格增加分量，此事便被搁置。对朱丽叶而言，她对贝尔格莱德的生活极不适应，斯科普里是东部小镇，环境很脏，她认为这是流亡生活，难以忍受。再加上蒙西洛·塞莱斯科维奇全身心投入工作和研究中，整天见不到人影。朱丽叶独自与孩子们生活在一个陌生的环境中，这让她十分怀念法国和家人。丈夫的这个国家实在令人费解，她无所适从，因为她既不懂当地语言，也不了解当地风俗。日复一日，她便患上了抑郁症。1925年，她离开丈夫，带着孩子们回到了巴黎母亲家。

蒙西洛·塞莱斯科维奇还是希望夫人和孩子们能回到自己身边，因此投简历到杜布罗夫尼克的军事科学院应聘德国文学教职岗，他最终也得到了这个职位。1926年2月初，他拍了一封电报给夫人，说会很快到达巴黎，但2月8日惨剧就发生了：朱丽叶·塞莱斯科维奇服安眠药结束了自己的生命。她当时是多么失望啊，远离丈夫让她痛苦不已，但亲戚却传言，说她已怀有身孕。丈夫在异国他乡，他的女人怎么能怀孕？这在当时是无法想象的丑闻，这到底是真还是假？真相永远都无法得知。七十五年后，儿子尤金回忆起当天发生的悲剧[①]：小男孩睡醒后跑去妈妈房间吻她。他发现妈妈瘫在床上，已经停止了呼吸。他清楚地记得随之而来的混乱场面，大人们进来后将他带到远离妈妈房间的一个地方。朱丽叶去世时还不到28岁，达尼卡还不满4岁，对妈妈的记忆几乎为零，因此对家里发生的这一惨剧没有太多印象。达尼卡从不提母亲，她把爱都给了姥姥，她也深深感受到姥姥对她的爱。这一点将在后面的章节中描述。

法国家庭

玛丽·伊丽莎白·阿里克斯，姓普朗克，也叫卡朗，达尼卡和哥哥尤金用“Baba”称呼姥姥。实际上姥姥是他们生活中不可或缺的重要人物。接手照料失去母亲的孤儿时她已经53岁了，但她拥有用之不竭的教育才华，这种才华体现在各个方面。她是瓦朗谢讷人，嫁给了尤金·卡朗。卡朗的父亲是大资产阶级，矿业工程师，

① 尤金·塞莱斯科维奇与作者进行了交谈，地点在巴黎乌耶（Houilles），时间是2001年夏天。

是不同凡响的人物。年轻夫妇把家安顿在土伦，1898年2月19日女儿朱丽叶出生。卡朗很特别，高音尖嗓。据传，就凭他那副引以为豪的嗓子，完全可以在各种场合登台放歌。梦想与日俱增，他暗下决心，一定要到土伦歌剧院舞台演出。只可惜天资略浅，梦想终归只是梦想。他一生都在殖民国家做行政管理工作，他的探险癖好世人皆知。他曾被派往印度支那，他在那里如鱼得水，为国家服务。从殖民地回国后，他又受不同企业的派遣前往拉丁美洲，在那里经历了无数次的发财和破产。他总说，他的独生女儿将是法国最富有的人。他非常爱国，1914年战争爆发后就到部队做了志愿兵。他似乎从来没想过有一天会战死沙场，但1916年，他死在了法国埃纳省的贵妇小径（Le Chemin des Dames）战役中。可惜的是，走之前他没有做任何考虑和安排，留下的只有断了经济来源的夫人和女儿。不知何故卡朗家拒绝给尤金寡妇和她十八岁的女儿提供帮助。精神上的无助且不谈，在物质上没有任何接济的情况下，布兰奇便在阿方斯·布丹大街自己的住所内开了一间作坊，雇了一个女工，开始制作当时非常走俏的镶嵌珍珠的刺绣晚宴包。这份工作的收入基本能满足她和女儿的需求，但也引起了与卡朗家族的纷争，因为家族人认为做这种低档包包有失家族脸面，最后彻底隔断了她与卡朗家的关系。在丈夫生前的好友、他们的证婚人、法国前总统埃米尔·卢贝特（Emile Loubert）的帮助下，她获得了烟草铺的专卖权，这样她退休后才能有微薄的收入维持生活。

蒙西洛·塞莱斯科维奇因为夫人的绝望之举变为鳏夫，他没有能力独自在杜布罗夫尼克城照顾两个孩子，于是决定把孩子们留在法国的姥姥家。

1926年法国的政治形势："法郎坚挺"捍卫者普恩加莱回到法国政治舞台、作家保罗·克洛岱尔（Paul Claudel）被任命为法国驻华盛顿大使、阿里斯蒂德·白里安和他的德国同事施特雷泽曼（Stresemann）被授予诺贝尔和平奖、德国进入国际联盟。12月6日，达尼卡五岁那天，著名画家克劳德·莫奈（Claude Monet）逝世[①]。"疯狂年代"继续……巴黎报刊有一篇关于"前卫派"的文章，作者是法国本杰明电影摄影师新秀，名叫雷内·克莱尔（René Clair）。约瑟芬·贝克（Josephine Baker）的《黑人杂志》在香榭丽舍剧院引发了公愤，这种情绪自上一年年底开始持续发酵，当时正统派批判其为"自古未曾有过的对法国品味最大胆的亵渎"。昂热的大主教们沆瀣一气，谴责网眼筒袜，告诫法国人必须针锋相对，阻止在任何舞蹈中穿这种袜子。

伊莎多拉·邓肯（Isadora Duncan）次年在尼斯死于车祸；萨科（Sacco）和万泽蒂（Vanzetti）事件上了头条新闻；法国飞行员农格塞尔（Nungessert）和科里（Coli）沉入大海仅仅几个星期后，查尔斯·林德伯格（Charles Lindbergh）又驾驶飞机跨越了大西洋。

1928年年初，姥姥布兰奇从巴黎来到尼斯，带着两个孩子在兰巴蒂（Rainbaldi）大街安顿下来。她的退休金在外省生活应该更宽裕些。塞莱斯科维奇兄妹可以在地中海蓝色海岸边的尼斯中学读

① 莫奈逝世时间为1926年12月5日（译者注）。

书，社区学校和家里的生活恬静无忧。在姥姥家的孩童时代是幸福的。姥姥给孩子们读书，如连环画《博学的科苏努斯》（Savant Cosinus），小达尼卡把“Savant”听成了“Savon”（肥皂），她非常吃惊，怎么用这么俗的产品名字命名一个冒险故事……周四和周日放学后，“Baba”还会带着外孙子和外孙女穿过尼斯漂亮的街区到海边漫步。

1928年的重要事件是签订凯洛格-白里安公约（Pacte Briand-Kellog）（也称《非战公约》），宣告战争“非法”……在德国选举中，以希特勒为党首的民族社会主义工人党失败。巴黎和纽约的第一次电话连线是在3月29日。同1921年一样，莫里斯·谢瓦利埃在巴黎卡西欧大获全胜。香榭丽舍大道的巴黎丽都夜总会揭幕，巴黎人兴高采烈，在剧院音乐大厅的内池可以看到油画《威尼斯之夜》。也是在这一年，高蒙（Gaumont）公司成功完成有声电影的放映。

以上是法国报刊和《巴黎掠影》的部分内容，虽然只是一带而过，但也反映了二十年代的大背景，这些与塞莱斯科维奇兄妹在尼斯的恬静生活迥乎不同。

大家对1929年的华尔街崩盘和经济大萧条至今难以忘却。在美国，大萧条似乎一直在持续：据统计，失业人口在200万至700万之间。纽约街头等待救济汤的排队人群见头不见尾，美国报刊还说国家出现了自杀潮。在尼斯，“Baba”有时会带着孩子们去参观正在出售的豪华别墅，这些别墅的主人都因股市大跌而破产。当然，他们去不是为了购买，而是为了欣赏华丽花园中的漂亮住宅，因为姥姥没有钱买别墅。

那年，克莱蒙梭（Clemenceau）和福煦元帅（Maréchal Foch）逝世，法国举国上下哀悼。普恩加莱辞职后，阿里斯蒂德·白里安重新当选部长会议主席，他在日内瓦国际联盟主席台上阐述了自己野心勃勃的计划：建立欧洲国家联盟。当时英国报刊对此表现出的态度并不十分积极……但在另一个专栏上，那个叫丘吉尔的人显得更为高瞻远瞩，他支持白里安的想法，而且在后来几年将其变成了自己的主张。总体讲，对于法国和全世界而言，这是多事之秋。小达尼卡是从周围人那里还是从电台里听到这些的，我们不得而知……

从1928年秋天开始，达尼卡父亲所在国家经历了严重的政治危机，直到1929年1月亚历山大一世国王政变结束。国王解散了国会，废除了宪法，禁止政党活动，给当时的体制上了紧箍咒。塞尔维亚、克罗地亚和斯洛文尼亚王国存活下来。然而，面对贝尔格莱德的统治，萨格勒布和卢布尔雅那的反应十分强烈。

这种形势让蒙西洛·塞莱斯科维奇忧心如焚，因为这对他个人的事情和职业生涯都会产生负面影响。亚历山大国王的“政变”与塞莱斯科维奇决定出走之间肯定是有关联的。他到处找工作，最终获得了德国名校柏林威廉大学塞尔维亚–克罗地亚语助教的位置，后来晋升为教授。

1929年，就在准备出发去柏林的时候，蒙西洛·塞莱斯科维奇得知了一个改变他后来生活的消息：苏珊娜·雅克与丈夫多年分居，丈夫再婚。苏珊娜开始接近蒙西洛，这让他萌生了将孩子接回自己身边的想法。苏珊娜陪蒙西洛来到柏林，后来成为他的第二任妻子。双方同意不再生孩子，但要雇一个女佣人，这样蒙西洛可以把佐兰和达尼卡接回家。1931年两个孩子在开学时终于与父亲团聚了。

达尼卡于1930年在尼斯东正教堂接受洗礼。临时住在柏林的蒙西洛·塞莱斯科维奇之所以希望在尼斯给孩子们完成洗礼，并非出于宗教信仰，更多的还是希望在法国出生的两个孩子能有塞尔维亚身份，他希望有朝一日能和两个孩子回到南斯拉夫生活。当时佐兰已经十岁，达尼卡八岁半，然而东正教应该是成人后才接受洗礼的。那天的洗礼与礼拜在一起进行，领圣体者按顺序到主持弥撒的神甫前把用勺子装的两种圣体放进嘴里。多说一句，蒙西洛特别关注孩子的健康，由于担心他们会感染病菌，他把孩子们推到最前面第一批接受洗礼。

时间来到1931年。孩子们要离开“Baba”和蓝色海岸了，与父亲多年分离后他们终于可以相聚了。从那时开始，等待他们的是新的意外。

第二章

柏林，1931-1939

1931年5月，加斯东·杜梅格（Gaston Doumergue）将继任法兰西共和国总统的事被公开。选举结果宣告阿里斯蒂德·白里安失败，保罗·杜美（Paul Doumer）当选，但他在一年后被有共产主义信仰的帕维尔·戈尔古洛夫（Gorgulov）暗杀。月初在樊尚（Vincennes）举行的殖民地博览会仍由在任国家首脑杜梅格揭幕，展览大师莱奥蒂元帅一同出席了开幕式。参观者看到殖民地国家的奇迹时异常激动，特别是令人震撼、光彩夺目的吴哥窟的复制品，达尼卡三十年后第一次去柬埔寨时见到了真品，感到印象深刻，终生难忘。

这是法国当时的主要新闻，九岁半的达尼卡此时在姥姥和哥哥的陪伴下离开了尼斯，正在前往德国首都与父亲团聚的路上。达尼卡在去德国的火车上，靠在窗边阅读德语传奇故事，Zu（闭口音）

和 auf（开口音）便是她最早学的德语发音。

蒙西洛·塞莱斯科维奇和苏珊娜·雅克已于1929年到达柏林。尽管魏玛共和国统治末期的德国首都每况愈下，但很少有人真正意识到形势的严峻。时下人们还是无忧无虑，醉酒当歌：对于《柏林掠影》来说，酒馆里的节日气氛仍在延续。瞬间，《蓝色天使》预告铺天盖地出现在所有影院，一位名叫玛琳·黛德丽（Marlène Dietrich）的年轻女演员一举成为当红影星。

塞莱斯科维奇先是在知名柏林大学做斯拉夫语助教，后晋升为教授。对他而言，这是继贝尔格莱德、斯科普里和杜布罗夫尼克之后的重要升职。一切的一切都表明，凭借他的政治倾向，这在自己的故乡是不可能做到的。蒙西洛和苏珊娜看上了环城大道（Ringstrasse）25号的弗里登奥（Friedenau）住宅区，那里很安静。达尼卡来到柏林后喜出望外，她终于回到了自己喜爱的父亲身边。熟悉蒙西洛·塞莱斯科维奇的人都说他很严厉，不苟言笑。但他对两个孩子的态度却大相径庭：他在书房工作的时候，孩子们可以在他身边任意玩耍，有时候，达尼卡和佐兰甚至还在他的手稿上乱涂乱画，而他也从不发火。最初，达尼卡和苏珊娜在家里的关系还不错，孩子们叫她“Puć”[①]。达尼卡和她和睦相处，直到她和塞莱斯科维奇教授正式结婚。从他们结婚开始，继母和她的关系日渐恶化，因为女孩子很难接受另一个女人取代逝去母亲的位置。达尼卡

① 这个词的发音同法语的“putsch”，意思是“暴动、叛乱”。不知道什么原因塞莱斯科维奇给她的第二个夫人起了这么个外号。

还感觉到，她刚刚与父亲团聚，她深爱的父亲却被“Puć”夺走了。塞莱斯科维奇新夫人也埋怨达尼卡，说她妒忌心太强。而这妒忌也不无道理。达尼卡的几位朋友说，大概是达尼卡年轻时没有感受过这样的母女关系；实际上，完全可以相信，身边没有可以依靠和亲近的女性，这让青少年时期的达尼卡心如刀绞。与“Puć”的这种关系不属于母女关系。于是“Puć”千方百计想缓和关系，她给达尼卡买漂亮衣服，但一切努力都于事无补，反而显得非常做作：她越是强求，达尼卡越是反抗，穿着越是我行我素……

1931年开学，塞莱斯科维奇给达尼卡注册在奇利安斯克布勒（Cäcilienscbule）[①]女子中学，离弗里登奥不远，就在维尔默斯多夫（Wilmersdorf）城。之所以选择这所学校，是因为除了主课拉丁语外，法语是第一外语。最初，达尼卡和一个叫乌苏拉·汉芙（Ursula Hanff）的女孩在一起。第一年的大部分时间里，小达尼卡沉默寡言，因为她还不讲德语，上课时在座位上画画写写。德语和历史老师恩克女士很清楚，达尼卡天资聪慧，于是决定给她时间。第一学期期末，老师在家长通讯簿上写的评语是：“达尼卡取得了非常明显的进步”。老师的信任很快奏效，几个月的沉默后，一天早上，达尼卡用德语给大家背诵了埃贡·席勒（Egon Schiele）的《钟之歌》（Die Glocke）。六十多年后，在回忆这段经历时，达尼卡对这位老师的睿智仍然满怀感激，对著名诗人的诗句也记忆犹新。

就在达尼卡和哥哥到达柏林之前，德国政界发生了重大变化，

① 现在是一所小学，仍然在维尔默斯多夫的尼克尔斯堡广场。

其灾难性的影响不仅关乎德国，也影响了整个欧洲。与两年前的选举截然不同，1930年的选举对纳粹党来说可谓一场名副其实的海啸。

在1932年进行的选举中，希特勒虽然被保罗·冯·兴登堡（Paul von Hindenburg）击败，但兴登堡当时已85岁高龄……他任命范·施莱彻（Van Schleicher）将军做政府总理，采取各种措施对付希特勒及其心腹，他甚至宣布解散了德国纳粹党强大的半军事组织冲锋队（俗称SA），这个冲锋队当时几乎是国中之国的准军事武装，但这一切都是徒劳的。希特勒最初表现得很谦卑，宣称将“采取绝对合法的方式继续德国的征战”，并以民主信仰做担保。然而，第二年施莱彻辞职后的1月30日，兴登堡任命他做总理后，其真实面貌便暴露无遗。实际上，从这时开始，德国民社党已心知肚明，他们最担心的事情即将发生。路德维希·汉芙（Ludwig Hanff）博士[①] 便是其中之一：他是犹太人，第一次世界大战的老战士，获得过铁十字勋章。有一点可以确认，他的生命是在奥斯维辛集中营结束的。这位自由战士认定，宣布希特勒上台是不祥之兆，1月30日他听到电台这一消息后反应很强烈，险些把收音机砸烂。

让我们回忆一下那些历史瞬间发生的事情吧[②]：

1933年1月28日：前总理、将军路德维希·汉芙辞职。

① 在学校与达尼卡最亲近的那个小女孩汉芙的父亲。

② 讲述者名叫吉尔特·戈贝尔（Geer Gôbel），当时在柏林上中学，后来成为记者，娶汉芙为妻。

1月30日：国家元首兴登堡元帅任命希特勒为政府总理，其党魁在柏林城组织了大规模火炬游行。

2月1日：希特勒解散魏玛议会。

2月4日：颁布新立法，限制报刊言论和结社自由。

2月17日：赫尔曼·威廉·戈林（Hermann Wilhelm Göring）采取措施禁止“任何形式的反体制组织”。

2月27日：国会大厦起火。4000名政治异己分子被捕，左翼报刊被禁。

2月28日：两个禁令发布，一切反抗行为都于事无补。

1933年5月的选举中，希特勒支持者只获得43%的选票，但他宣布，只要取消共产党占有的81个席位他们就是绝对多数。新总理自此可以为所欲为了，他宣布：“给我十二年，德国将变成你们不再认识的模样！”①

3月12日，带有“卐”字（形）的旗子成为国家的正式国旗。政治犯人满为患，监狱已无处收容，第一个监狱建在奥拉宁堡（Oranienburg）。3月27日起，非雅利安人医生全部被解雇，被赶出柏林医院。禁止犹太人从事的职业从31日起扩展到所有自由职业。

4月1日，第一家犹太人商店站出来进行抵制。

这时，爱因斯坦已逃离德国，随行的还有很多犹太裔知识分子及知名专家。

那时达尼卡只有11岁，在后来的岁月中，她亲历了社会剧变，

① 1945年德国的情况证明，他不无道理。

成为很好的见证人。达尼卡和哥哥作为外国人可以不参加希特勒青年团，也可以不上宗教课，尤其是不用行纳粹礼，在成长过程中，他们逐渐意识到群众运动和当局组织集会产生的影响，很多事情让他们刻骨铭心。

事件接踵而至，悲剧逐渐蔓延，事态日益恶化：1934年7月，多尔富斯（Dollfuss）总理在维也纳被纳粹分子杀害。8月2日，兴登堡去世，希特勒掌管大权。

塞莱斯科维奇一家在柏林前后住了十年。在德国的这段时间，他们一直生活在社会的边缘，一家人几乎独往独来，即使有交往也仅限于法-德家庭：汉斯·波宁（Hans Bonin）医生，他夫人安托瓦内特是法国人，两个孩子让和玛德琳娜（也叫咪咪，Mimi）与达尼卡和佐兰年龄相近。让和佐兰在维尔默斯多夫的特雷茨奇克·奥伯雷亚尔斯克布勒（Treitscbke Oberrealscbule）同一个班上学，当时的小法国人还不会讲德语，为方便起见，老师把他安排在让·波宁旁边的座位上。四个小朋友很快就变得难舍难分，下课后他们常常聚在一起玩耍。冬天，他们一起乘有轨车去格鲁纽瓦尔德（Grünewald）森林里滑雪橇。让·波宁回忆说："1931–1936年，我常到塞莱斯科维奇家。我们一起玩扑克牌，打乒乓球，塞莱斯科维奇夫人如果有空，如果姥姥正好也来家里，我们就一起打桥牌。"让和佐兰打牌缺人手时，就让两个妹妹搭伴儿，孩子们时不时爆发出欢笑声，两个男孩喊着"Also spracb Zaratbustra"（索罗亚斯德是这样说的），他们一声不吭地望着困惑不解的咪咪，而达尼卡则不一样，她曾经读过尼采的著作。1936年之前，一直到让·波宁离开柏林到米兰皇家理工学院读书，四个孩子一直形影不离。1939年，波宁又去了美国，与父亲团聚。他的母亲先知先觉，老早就催促身为犹太籍丈夫赶快离开。后来家里的其他人也同波宁一样都走了。达尼卡在美洲再次与他们相遇已是十几年以后的事情了。

达尼卡从开始认字就喜欢上了阅读。儿童探险小说家卡尔·麦（Karl May）有德国的“儒勒·凡尔纳”之称，他的作品令达尼卡兴奋不已：书中有感情丰富的阿帕切印度人、设陷阱捕捉毛皮兽的猎人温乃图（Winnetou）、老沙特汉德（Old Shatterhand），还有其他令人着迷的人物，他们在令人憧憬的美国西部平原上神出鬼没。达尼卡特别喜欢收集整套图书，如果过生日时她收到的礼物图书出自她喜欢的作者，但又不是她想收集的那套书，失望之情便会写在脸上。

达尼卡年轻时的照片告诉我们，她不喜欢打扮，对化妆品不屑一顾，是个“假小子”。朋友们都说，达尼卡开朗活泼，聪明过人，周围的人对她印象深刻，因为她很热情，有同情心，很容易交到朋友。佐兰比她大两岁，但缺乏自信，性格胆小内向。据同时期的人讲，少年和青年时期的这对兄妹感情极好。

达尼卡身边的朋友都一致认为，她是活在当下、精神面向未来的人。后来她也曾回忆过去，但不是为了讲述自己，而是澄清事实，她从来不讲自己的事，这方面她真的很吝啬，因此，完成这本传记并非易事……

幸运的是，与咪咪·波宁女士一样，很多朋友对这个时期的情况记忆深刻，例如乌瑟尔·葛白尔（Ursel Gõbel）清楚地记得，1931年9月法国小女孩达尼卡从法国来到奇利安斯克布勒上课的情景。两个小朋友住得很近，下课后一起步行回家，从尼克尔斯堡（Nikolsburger）广场走到巴沃伊思彻（Bayrischer）广场的阿沙芬堡（Aschaffenburger）大街，小朋友们一路上谈天说地，相聊甚欢。有一天，大概她们15岁至16岁时，物理课的赫尔·哈斯（Herr Hase）教授（同学们叫他“小野兔”）上课讲了核裂变。放学以后的返程途中，两位少女准物理学家的想象力大放异彩：为什么人类不能用这项革命性的技术来制造黄金呢？走到萨尔茨堡大街（Salzburger Strasse）和舍嫩贝格市政厅（Schoneberg Town Hall）之间，达尼卡和乌瑟尔要分手时又想到另一个问题：未来人的生活会是什么样？一次去学校的路上她便产生了写一篇文章的想法，题目就叫做“蚂蚁社会”，她在脑海中勾勒出明天社会的样子：这个社会像什么？可能像蚁群，每个人都有固定的角色，他是工人，他是军人或研究者？可惜的是，尽管生物老师竭力支持，这项早期的社会哲学研究最后还是泡汤了。莫森·库科（Mommsen-Kruger）女士当时对她们说，等她们长大完成著作后她会非常高兴地拜读。

在最后一堂生物课上，达尼卡和乌瑟尔对诺贝尔医学奖的未来获奖者康拉德·洛伦兹（Konrad Lorenz）的野外动物世界研究热情高涨，尤其是他对老鼠做的第一个实验让两个女孩子着迷。洛伦兹证明，当老鼠在狭小空间中数量过多时，它们会相互攻击并消亡。

两个小朋友提出的问题是，如果不控制人口增长，如果人口大爆炸，地球人处于这样的情形下会怎样行动，会发生什么。这样的问题放在今天也不过时……

总体而言，奇利安斯克布勒女子中学的教师似乎都是人道主义者，他们不是狂热分子，没有人站出来公开反对现有体制，但他们也不是神。举一个很好的例子，在历史课上，迈尔·恩克（Mile Encke）坚持认为1931–1939年是远古时期。

有一点必须提的是，青春期时期的达尼卡已经显露出独特的批评精神：独立思考，善于思考已经变成一种习惯。但是，她周围的人，至少在学校里，思想不够开放，比较狭隘：学生非常喜欢的蒙姆森-克鲁格女士也不例外，性问题是绝对的禁忌。达尼卡和乌瑟尔最关心的一个问题是：如果一个妓女在先后与两个男人发生性关系之后生下一对双胞胎该怎么办？孩子有不同的父亲吗？这个问题过于微妙，在课堂上没有得到答案。因为，蒙姆森-克鲁格被这两个学生激怒，她说："两位年轻女士，我求你们闭嘴！"

有一张拍摄于1935–1936学年间上课的照片，达尼卡所在班的学生不多：14个女孩，其中两个，吉塞拉·海涅伯格（Gisela Heineberg）和朱莉安·雅各布斯（Juliane Jacobs）由于不是雅利安人血统，不久便被迫离开学校逃离纳粹德国。还有两个女孩来自"德国女青年联盟"，达尼卡和她的朋友很快就学会如何提防她们了。

从1933年开始，新的意识形态渗透到德国社会的方方面面（青春期、烹饪、教堂），自然也渗透到女孩子们的基础课程中。根据新政权对女性的理想定位，她们未来应该是虔诚的母亲，家庭主妇。因此，烹饪课很快成为女子中学的一门必修课。然而，1936年时奇利安斯克布勒学校里并没有必要的设备，学生们只能到校外上烹饪课。作为学年作业，乌瑟尔和达尼卡选择做爱尔兰炖肉，她们边玩边准备，还往里面加香料，十分开心。但在新的课程安排中，她们不再喜欢做饭，更愿意为弱势群体提供“社会服务”，比如帮助他们洗衣服。她们也喜欢其他的课外活动：比如和她表弟一起上西班牙语课。在乌瑟尔的同学中，只有女运动员达尼卡能入两个男孩之眼；他们称她为“哥们”！

在奇利安斯克布勒女子中学有个同学叫海拉，她的母亲是歌手赫尔穆特·克里格（Helmut Kriiger）。她有时也会邀请同学们去看父亲指导的歌舞排练。因此，这位幽默家偶尔会用大胆的讽刺作品做政治测试，想看看他女儿的朋友们到底能接受到什么程度……选择继续嘲讽纳粹政权的艺术家需要政治勇气，这是显而易见的，因为这样做会有生命危险。

蒙西洛·塞列斯科维奇全身心投入哲学研究。但他同时也对周围发生的事情日益关注，尤其是在他得知自己在法国和家乡的朋友处于危险的时候。1934年，他通过报刊获悉，国王在马赛被暗杀。王位的继承人彼得王子只有11岁，摄政权交给了国王的表弟保罗·卡拉佐德耶维奇（Paul Karadjordjević）。

在德国期间，塞莱斯科维奇一家每年都回家乡度假。这一年的夏天，他们的身影出现在亚得里亚海的班辛海海岸。

达尼卡那时12.5岁，但她的个子像16岁。实际上，青春期的达尼卡身高为1.5米，是班里个子最高的，只是从此她再没有长高，停滞在1.5米。

1935年假期，全家人先是到了克尼希施泰因（Kõnigstein），然后又回到了亚得里亚海岸，达尼卡崇拜的“Baba”这次也一起出行。他们一路上拍了许多照片，记录下沿岸风景如画的村庄：斯塔菲利克·卡斯特尔（Kastel Stafilic）、斯塔里·卡斯特尔（Kastel Stari）、比舍沃（Bisevo）、斯普利特（Split）和赫瓦尔岛（Hvar）。其中有一张镜头，我们看到达尼（家里人和熟人这样喊她）一家在赫瓦尔岸边，“Baba”和继母在一把阳伞下，远处是赫瓦尔港的天然屏障帕克林斯基·奥托奇（Paklinski Otoci）群岛。在另一张照片上，我们看到所有人都穿着白色衣服，达尼戴着一顶宽沿白帽，他们当时在中世纪的特罗吉尔市（Trogir），眼前是十三世纪著名的大教堂，这是克罗地亚雕塑大师拉多万的杰作。其他照片则是一家人在斯普利特的街道上漫步，在戴克里先宫（Dioclerien）或罗马柱廊前欣赏古迹。

贝尔格莱德城内都传说，蒙西洛·塞列斯科维奇拥有父亲留下的土地，可以在上面建造房屋。但这些土地被当时的政权冻结了多年，既不能建房，也无法出售。三十年代中期，他终于可以在“教师领地”新区中处置这些土地了。在贝尔格莱德以北三十年代建造的这个居民区，居住的大都是知识分子和商人。塞莱斯科维奇决定在德拉泽·帕夫洛维察（Draže Pavlovića）大街23号和25号建造两栋房子。1937年春天，塞莱斯科维奇全家去贝尔格莱德了解工程进展情况；在等待公寓完工期间，他们暂住在一个酒窖中，里面当然有家具和必要的设备。正是这次在那里居住让达尼卡和佐兰认识了索尼娅·拉多瓦诺维奇（Sonia Radovanović），她的母亲是苏珊娜·塞莱斯科维奇的一个朋友。三个少年关系很融洽，他们在卡莱梅格丹堡（Kalemegdan）公园一起打网球。贝尔格莱德的学期比德国短，那一年，索尼娅便陪着塞莱斯科维奇一家在柏林进修德语。她和达尼卡在一起学习差不多一个多月的时间，佐兰和索尼娅坠入爱河，只是差不多十年后他们才结婚。

达尼卡喜欢上学，喜欢各门功课。但她从小特别喜欢的还是体操和各类体育运动。在体育方面，她是班上最好的，尤其在跳高、跳远、跑步、自行车等项目上成绩出色，这在当时的德国是很不错的成绩。希特勒上台后，她拒绝佩戴带有卐形装饰的徽章……达尼卡擅长百米跑，1936年她在柏林全国中学体操运动比赛中获得了第一名。她是否想过要参加1940年的奥运会？如果真是这样，她一定会很失望，因为校级冠军和奥运水平无法相提并论。据传达尼卡应该是被选上参加1936年的奥运会，不过也许就是个传言，并无从查证。

青少年时期，达尼卡除了体育运动，还有一个跟咪咪相同的爱好，就是第七艺术。豪普斯特拉斯（Hauptstrasse）有好多家电影院，最大的放映厅是乌法帕拉斯特公园（Ufa Palast am Zoo）影院。咪咪还记得，1935年她和哥哥、达尼卡和佐兰就是在那里看的秀兰·邓波儿（Shirley Temple）的新电影《金环》。

大家哼唱流行歌曲，当然是美国流行歌曲，歌词烂熟于心："旧金山，打开你的金门大桥"（San Francisco, open your Golden Gate）和"一点点独立"（A little bit independent），后一句是佐兰在英国学的，他刚从英国的一个家庭回来。接待佐兰的那个家庭的儿子休也来到了柏林，他们在德国首都市中心瓦特兰豪斯（Haus Vaterland）的土耳其卡夫餐厅度过了欢快的夜晚。放学后，达尼卡和咪咪经常带着继母的小狗杜拉散步。当然，有的时候她们还是禁不住美国新电影的诱惑，不止一次撒谎说带着狗狗去散步，但却相约在环形大街，那里的门卫肯定被收买了。

1936年，希特勒将在当年举办的柏林奥运会上加冕。鉴于德国情势的变化，许多国家对是否参与奥运会举棋不定。法国便是如此。这个问题法国媒体有报道，而且是众议院辩论的主题。年轻的外籍爱国者达尼卡和佐兰通过报纸和周围的成年人对此有所了解，他们采取的做法是：计划借助柏林的公共交通工具寻找法国人，劝阻他们不要去参加希特勒的运动会。

当然，他们也像许多柏林人一样，会观看奥运会的一些比赛，如为美国黑人运动员杰西·琼斯（Jesse Jones）鼓掌呐喊，琼斯在多个项目上打破了奥林匹克纪录，用行动彻底击败了希特勒叫嚣的"人种至上"。

尽管人在国外，塞莱斯科维奇一家与法国语言和文化的联系却始终紧密。他们在家里一直讲法语。在柏林期间，"Baba"经常来看望自己的外孙子和外孙女。1936年她在柏林逗留期间，佐兰和达尼卡陪她乘公交旅游车游览了整个首都，城里到处都是带有“卐”的旗子。

达尼卡当时十岁，为了让来访的祖母能够与他人沟通，她非常自然地当起了翻译，学着乔丹（Jourdain）先生的样子本能地帮助不同语言和文化的人进行交流。当然，如果就此推断说达尼卡儿童时期就对翻译工作胸有成竹，这未免夸大事实。但是，从另一个角度讲，在多语言和多元文化环境中出生和成长对她的影响还是很大的。那时候，她也许还不那么清楚信息的“意义”传递是最重要的。后来在巴黎高等翻译学校[①]，达尼卡常跟学生讲，处于多语言和多文化环境中的孩子从一种语言到另一种语言的转换是自然的，他们从不考虑语法结构和词汇。这里暂不详细讨论这个问题，我们将会在本书的另一章中详细介绍。

在柏林，达尼卡一家通常与汉斯·波宁一家一起过圣诞节，达尼卡家的相册记录了一个个温馨时刻。两家人有时也一起外出度假。六十七年后，咪咪讲述了1938年他们在诺德奈（Norderney）东弗里斯兰北海一起度过的假期。塞莱斯科维奇一家、波宁一家、索尼娅·拉多瓦诺维奇和其他朋友都住在了易和马（Irma）寄宿学校，那里有“自来水、热水、冷水，距主海滩仅200米”。下午，大队人马都去斯特兰德（Strandcafe）咖啡馆跳舞或沿海滩漫步，达尼卡却很少跟他们出去，她喜欢一个人待在房间里看书。那年夏天美

① 达尼卡1957–1990年在该校任教。

国小说《飘》风靡一时。在诺德奈，达尼卡如饥似渴，一口气读完原版英语小说，这件事给其他人留下的印象无法抹去，因为她是那群人中最小的一个。那时，达尼卡和她的朋友们迷恋美国的方方面面。1937年，她第一次和同学们一起去美国游学。她住在一个美国家庭中，这个美国家庭的女儿后来到柏林，在塞莱斯科维奇家住过一段时间。

1938年夏天，塞莱斯科维奇教授因在柏林有工作，稍晚才到诺德奈。在此期间，达尼卡给爸爸寄去一张照片明信片，上面有三个人，她、咪咪·波宁和索尼娅·拉多瓦诺维奇在海滩上："亲爱的父亲：这是我们三个可爱的孩子在沙滩上的照片。虽然这几天阳光缺席，我们今天还是下海游泳了，海水并不凉。我们的沙堡今天早上被海浪摧毁了，退潮时海水后退还不到200米。你快来时写封信。吻你，达尼卡。"

假期转瞬即逝。1938–1939学年是达尼卡在德国的最后一个学年。春季，她与班里的同学一起去德累斯顿（Dresden）旅行，并在瑞士萨克森州骑自行车前往海恩斯坦（Hohenstein）。达尼卡非常开心，因为那里是她最喜欢的作家卡尔·迈的诞生地。

几年来，蒙西洛·塞莱斯科维奇的法国和家乡的朋友都催他尽快离开德国。尤其是1938年，各种预兆接踵而至：刚刚进入2月，希特勒就成为德国军队的最高领导人，也是在这个月，奥地利的前途开始变幻莫测。在贝希特斯加登的一次历史性会议上，奥地利政府首脑舒施尼格（Kurt von Schuschnigg）在希特勒面前让步。3月

13日，德军入侵奥地利，不费吹灰之力拿下了奥地利。这就是“统一”，而且在4月10日的全民公决中，超过99%的奥地利人投票赞成两国合并。几个月后，苏台德人被希特勒征服。这时的法国人却无忧无虑，法国领导人与德国签署友好条约后从慕尼黑返回，受到热烈欢迎。

1939年初，塞莱斯科维奇在夫人陪同下离开了柏林，回到贝尔格莱德。佐兰在特雷茨克·克斯库勒（Treitscb Kescbule）中学的学习在前一年结束，他已去英国伯明翰工程师学校继续深造[①]。

达尼卡一个人在柏林滞留了几个月，因为她想完成学业，想获得学士学位后再去贝尔格莱德找父亲。于是，她暂时借住在汉芙家，汉芙一家很高兴接待女儿的好朋友。正是这个时期发生了一件事，达尼卡年少时就已经养成的公平正义感显现出来。1939年3月，在离开德国之前的那段时间里达尼卡得知，墨索里尼吞并了阿尔巴尼亚，祖格一世（Zog Ier）国王被推翻，纳粹军队占领后，他流亡回到家乡。达尼卡的心被深深刺痛，她和乌瑟尔来到阿尔巴尼亚驻德国使馆，表示愿意为流亡的国王做些事情……

1939年上学期期末，德国中学会考被取消；德国当局夏天可能有其他更重要的事情要做。在贝尔格莱德的蒙西洛·塞莱斯科维

---

① 佐兰·塞莱斯科维奇1941年7月加入自由法国军事力量，当时27岁。他出征到过非洲、埃及、利比亚和突尼斯。1943年9月到达阿尔及利亚。他进入第二军团，并于1945年6月再次经过英国，作为年轻下士，他随勒克莱尔一起乘坐乌尔姆坦克进入巴黎，亲历首都解放。1945年他在尼斯撰写了《诺曼底八月的三周》，在书中描述了1944年8月25日星期五他乘坦克进入巴黎的场景。

奇催促女儿离开德国与他团聚。但达尼卡就一个心思，要拿着中学毕业证明离开，以便能在回到家乡后去医学院注册。在乌瑟尔的陪伴下，她骑着自行车跑遍柏林，到处寻找有资格开具结业证明的机构。最终她找到了一个部门，拿到这个珍贵的证明，终于可以放心地离开柏林了。到了跟柏林朋友告别的时刻，乌瑟尔和达尼卡承诺，战争结束后再次见面，并确定了约会的具体时间和地点：战争结束后，圣西尔维斯特除夕的第一夜。地点：巴黎埃菲尔铁塔下。

紧箍咒越勒越紧。汉芙夫人原本不是瑞典籍，但还是带着儿子去瑞典避难了。乌瑟尔借外出划艇的机会跟自己的未婚夫盖尔特·戈贝尔（Geert Göbel）一起逃到了瑞士。只有父亲汉芙没来得及逃离，在一次大搜捕中被抓住，后被送往奥斯维辛集中营，不久就死去了。

1939年8月，汉斯·波宁一家启程去了纽约，他们所乘的德意志船是战前最后离开汉堡并穿越大西洋的船只。汉斯·波宁博士比他的同事汉芙要幸运些，在芝加哥安顿好后全家人就拿到了美国籍，开始了全新的生活。

对塞莱斯科维奇一家，以及绝大多数欧洲人而言，1938年夏天意味着一个时期的结束。诺德奈的易和马寄宿学校上空飘扬起“卐”（形）旗，很快，其他浪潮席卷欧洲，其摧毁之力是冲毁沙堡的海浪远不能企及的。

第三章

贝尔格莱德，1939-1945

返回贝尔格莱德后，蒙西洛·塞莱斯科维奇和他的妻子在教师小区德拉泽·帕夫洛维察街25号安顿下来，那里的房子已经建好。他们的公寓占据了整个建筑的第二层。蒙西洛的母亲维多萨瓦（维达）·弗拉西奇（Vidosava（Vida）Vlasić）和她的女儿约万卡（Jovanka）一起住在23号楼一层。她在1944年盟军的轰炸中死亡。两栋建筑的其他公寓都出租了：拖缇（Tontić）家后来购买了25号的房产，这家人的女儿维拉（Vera）成为了达尼卡的好朋友。

在德国生活的十年中，蒙西洛·塞莱斯科维奇在凯撒·威廉大学专门研究哲学家康德，职业生涯一帆风顺。尽管他是德国著名学者，回到首都后在贝尔格莱德大学也找不到教师岗位。1940年4月他被任命为中央通讯社记者，索尼娅的父亲米洛拉德·拉多万诺维奇（Milorad Radovanovic）是部门负责人。但这个人与保皇党圈子很近，后来成为年轻国王皮埃尔政府的成员。不知道塞莱斯科维奇得到这个位置是不是因为他打过招呼。

根据蒙西洛·塞莱斯科维奇完成的自传所述，他当时收到的是皇室公文。中央通讯社办公室位于市中心，在涅曼金纳（Nemanjina）和内萨·米洛萨（Kneza Milosa）街角处。傍晚或闲暇时，塞莱斯科维奇继续他的哲学项目研究。薇拉·托尼奇（Vera Tontić）一直住在达拉兹·帕夫洛维奇（Draže Pavlovića）大街，直到2003年去世。她对战争前夕塞莱斯科维奇一家的返乡情景记忆清晰。她回忆说，教授英俊，帅气，有学识，心很细，给粗俗文化中长大的贝尔格莱德人留下了深刻印象。他远离日复一日的生活琐事，全身心投入到了研究和对哲学问题的思考上[①]。

1939年7月，达尼卡回到故乡时，除了见到父亲和继母外，还有父亲的一家人：祖母、姑姑热万卡和蒙西洛的小弟弟萨瓦。萨瓦个子高高的，是个音乐爱好者，当时是国家广播音乐节目的导演。达尼卡非常喜欢他，有时还会到贝尔格莱德广播电台的工作室去看他。但是，她很少能见到他，因为他与蒙西洛因父亲的房产继承问题产生了矛盾。达拉兹·帕夫洛维奇街区里还住着大姑奶维达·弗拉西奇（Vida Vlasić）的小妹丽莎（Liza），她住在25号的一处小单元房里，是一位退休教师，性格开朗，特别喜欢和年轻人以及孩子们在一起。她儿子米尔科·迪米特里耶维奇（Mirko Dimitrijević），

① 达尼卡在贝尔格莱德和在柏林的朋友都有点害怕塞莱斯科维奇，达尼卡想不明白，因为如前所述，严厉的教授对这个孩子却出奇的宽容。

即蒙西洛的表弟，后来与达尼卡成为好朋友。通常是丽莎准备午餐，然后喊全家人吃饭。达尼卡对丽莎感情深厚，当她不再能够独自生活时，达尼卡便把她安排到了养老院。但是丽莎远离了年轻人，周围都是老人，年华渐退，随后便撒手人寰……

为了拿到文凭，达尼卡到达贝尔格莱德后别无他选，只能重新参加中学毕业会考，当然也是为了提升自己的塞尔维亚语水平。随后她如愿在医学院注册，但似乎情绪并不高。实际上，她很快就感到兴味索然了：要把人全身的每块骨头名称都背下来，且必须烂熟于心，她对此意懒心灰……

根据当时熟悉她的人讲，年轻的达尼卡雄心勃勃。同许多法—塞族朋友一样，她在贝尔格莱德的法语学院上课，这是类似法语联盟的学院，专门针对渴望学习法语的学生，达尼卡对学校开设的一系列特别有吸引力的课程非常认可，授课老师都是从巴黎来的著名教授：安德烈·罗森伯格（André Rosenberg）教授上罗马法课，西卡德（Sicard）教授担任古法语中世纪文学课，院长穆塞特（Mousset）教授专门讲历史课。在法语学院，达尼卡结识了年轻的法语女教师维奥莱恩·卡斯特兰（Violaine Castéran），她后来成为米利奇（Miletitch）的妻子，还认识了修女奥布雷诺维奇（Obrenović）[1]姐妹，1945年她就是同这对姐妹一起回到法国的。她与苏珊娜·沃奇科维奇（Suzanne Woutchkovirch）[2]的友谊也是在贝尔格莱德法

① 这家人与前面讲到的皇家朝廷没有亲戚关系。

② 我们将在“达尼卡和朋友们”中详细介绍这些人。

语学院学习期间建立的。法语学院位于一座古老的宫殿内，这里原来的主人是奥布雷诺维奇朝代最后一位国王的妻子塞尔维亚德拉加·马辛王后（Draga Mašin）。1903年，在一次民众起义之际，愤怒的贝尔格莱德百姓将两个人扔出窗外，将他们杀死。1941年宫殿遭到轰炸，剩下残垣断壁上还留有对这位可怜王后的记忆。

达尼卡那时还结识了娜塔莉·马萨诺维奇（Natalie Masanović）。她们一直有联系，直到娜塔莉去世。

达尼卡在贝尔格莱德还找到了旧相识伊凡（Ivan）和多米尼克（Dominique）的兄弟扬科维奇。扬科维奇的法国母亲柯莱特是达尼卡母亲的好朋友，但他父亲与达尼卡的父亲蒙西洛却水火不容。1916年，柯莱特和朱丽叶一起去见了被遣散到巴黎的年轻塞族士兵，最后各自跟一个塞族士兵结了婚。伊凡和多米尼克也是法-塞族群的，1945年跟达尼卡一起回到了法国，回到巴黎后她们一直是好朋友。

像以前在柏林一样，达尼卡参加体育运动，主要是跑步，她最擅长100米项目。在全国冠军赛训练期间，她有时还会充当“野兔”（领跑人）。有一次，达尼卡甚至打破了记录，她的朋友可有话说了，认为该记录应该属于达尼卡，桂冠不应该授予那位冠军。在此期间，她还获得了田径运动一等奖。在德国占领并宣布停止体育和大多数休闲活动之前，贝尔格莱德人的活动并不仅仅局限于寻找食物和取暖用的木柴。

战争

欧洲战争已经打响。希特勒掌权的德国于1939年9月1日入侵波兰，敌对行动开始。两天后的9月3日，法国和英国在莱克对德国宣战。自亚历山大国王1934年在马赛被暗杀以来，保罗·卡拉杰多耶维奇（Paul Karadjordjević）亲王临时摄政，等待皮埃尔王子继位。保罗王子赞成与轴心国达成三方协议，他希望这样能使自己的国家远离即将发生的战乱。在塞尔维亚，大家总体上是反法西斯主义者，摄政分子不受欢迎。然而，他执政已成为事实，最重要的是他想保证国家的领土完整。1941年3月25日，总理茨韦特科维奇（Cvetković）与希特勒和墨索里尼签署条约，南国成为德国、意大利和日本的盟友。这与法国情况多少相似，同某兵团临时受命的将军一样，空军司令杜尚·西莫维奇（Dužan Simović）[①] 拒绝国家投降！在3月26日晚至27日，他在东正教和英国的支持下发动了政变，英国成为当时唯一与希特勒对抗的国家。1941年3月27日清晨，消息迅速传开：政权在没有流血情况下被推翻，17岁半的皮埃尔王子登上王位。广播电台整个上午一直在播送执政声明（这是执掌政权所必需的）。为还原历史的真实性，我们要注意一点，年轻国王既没有写也没有亲自宣读这一声明。声音出自一个惟妙惟肖的模仿者，一个军官，他叫乔沃维奇（Jovocić），除知情者外，任何人都没有

---

① 杜桑·塔迪奇（Dušan Tadić）是西莫维奇的叔叔，达尼卡的朋友，也是达尼卡1956年在巴黎的合租人。

发现这一点。这一天，贝尔格莱德大街上到处都是人，克拉格耶瓦茨（Kragujevac）和塞尔维亚其他城市也不例外。沸腾的人群一遍遍高呼口号，表达喜悦的心情：要战争不要条约，或要坟墓不要枷锁。抗议者涌向特雷兹吉（Terazije）广场，成千上万的平民举着旗子和横幅聚集到贝尔格莱德市中心的主要街道和广场上。达尼卡的许多朋友也成群结队地拥到克雷萨米洛萨（Kneza Milosa）和涅曼金纳大街上，在斯拉维娅广场（Slavija Square）的人群中，有维奥莱恩·卡斯特兰（Violaine Casteran）、苏珊娜·沃奇科维奇。当时只有9岁的小马里察·马泰（Maritza Mattei）[①] 也在场，她双腿骑在爸爸的肩膀上观看了这一幕。达尼卡多年后在巴黎遇见了她。街道上到处都是抗议者，他们高喊："废除条约！军队万岁！皮埃尔国王万岁！"塞莱斯科维奇教授清楚地记得，从他的办公室窗户可以看到涅曼金纳街上的抗议者，他们手里举着法国和英国国旗，他非常吃惊地看到一些示威者还挥舞着希腊国旗：后来他才明白，这是在向巴尔干半岛南部勇敢的东正教兄弟致敬，1940年10月28日他们对轴心国说不。达尼卡3月27日没有出现在游行队伍中，那天她要上法语课，她不想让学生放羊。她没去参加示威游行，而是留在达拉兹·帕夫洛维奇大街，远离游行队伍。

世界上主张自由的国家对3月27日发生的集会游行都表示接受，并感到欣慰。丘吉尔在英国众议院向议员宣布："我有好消息要告诉大家。""今天清晨，南国重拾回自己的灵魂。"在马赛，亚历

① 1990年她们一起为南斯拉夫战争的受害者塞尔维亚平民提供帮助。

山大国王墓碑成为鲜花的海洋，献花人群络绎不绝。自由法国领导人从厄立特里亚向年轻国王皮埃尔致贺电。

但人们的热情被迫戛然而止。希特勒的愤怒很快宣泄到贝尔格莱德，愤怒将是残酷的，报复将是惊悚的。维奥莱娜·米莱蒂奇（Violaine Miletitch）的母亲尼可尔·卡斯特兰（Nicole Casteran）每小时都记日记，她详细记录下了这些可怕的日子：

4月6日星期天的凌晨四点，丈夫接到联盟共和国阿瓦拉新闻通讯社的电话通知，他在那里做财务总监：飞机正朝贝尔格莱德飞来。他立刻赶往通讯社。他来到大楼顶部，发现天空好像飞来一大群鸟，黑压压的一片：这是第一批空军中队进城。六点三十分，意大利空军随后而来，袭击了贝尔格莱德。

星期天应该是美好的，因为贝尔格莱德人一般起得很早，市场上六点就已经人头攒动了。清晨的轰炸导致了很多人丧生。萨瓦·塞莱斯科维奇就在其中，他和妻子玛格丽特·尼科福罗娃（Margite Nikoforova）和孩子死在被炸弹摧毁的房屋下。斯塔诺耶维奇（Stanojević）也遭受了同样的厄运，蒙西洛·塞莱斯科维奇把他的战友和战友的第四任妻子奥尔加（Olga）接到达拉兹·帕夫洛维奇大街的家中。正是在那时候，斯坦诺耶维奇创作完成了青年达尼卡的素描肖像。这幅画留在了邻居维拉·托尼奇的女儿迪萨（Desa）家中。斯塔诺耶维奇是伟大的塞族画家之一，他的许多画作都被贝尔格莱德国家美术馆永久收藏。4月6日，拉多瓦诺维奇（Radovanović）的房子也被摧毁，塞莱斯科维奇又向拉多瓦诺维奇太太及其子女乔尔杰（Djordje）（也称Gogi，戈吉）和索尼娅伸出了援助之手。上届保皇党政府成员米洛拉德·拉多瓦诺维奇被意大利人囚禁在那不勒斯对面的圣·斯特凡诺岛上。年轻的索尼娅与达尼卡睡在同一个房间里，五年后成为达尼卡嫂子的索尼娅成为她那个时期的红颜知己。

预料过早也无济于事，毕竟1946年还遥遥无期……

对贝尔格莱德的轰炸持续了三天。4月6日（星期日）首都全天处于警报状态，晚上开始清点被焚烧的死者：17000人，其中大部分是平民。为避免受到伤害，大家都尽可能躲在地窖中。维奥莱娜·米莱蒂奇清楚地记得，最恐怖的是轰炸过后死一般的寂静……只要在父亲身边，达尼卡就不害怕了，但是她对轰炸的可怕记忆铭刻在心。1999年，北大西洋公约组织对首都贝尔格莱德实施空中打击时，这些可怕的记忆立刻在她的脑海中涌现出来。那个时候，达尼卡在巴黎，但通过贝尔格莱德朋友的讲述，令人悲痛的记忆又被激活。

一周后，即1941年4月12日星期六，凌晨一点，为了阻止入侵者从塞尔维亚首都北部攻入，他们做了最后一次绝望的尝试，抵抗者炸毁了这座城市的所有桥梁：先是炸毁铁路，五点钟炸掉泽蒙大桥。一个小时后，又一声爆炸，潘采沃（Pancevo）新桥顿时火光冲天。这是贝尔格莱德的骄傲。但这一切也都是徒劳的，全都于事无补……4月12日星期六下午四点，第一批德军攻入贝尔格莱德。4月13日星期日，敌军大兵压境。

达尼卡在德国生活了将近十年，她应该了解德国人，但贝尔格莱德被占领使她对德国人产生了一种不可名状的恐惧。

当然，正如达尼卡1998年描述的那样，1941年塞尔维亚“值得骄傲的疯狂的”行动并没有阻止纳粹军队入侵的步伐。希特勒在南国搞的闪电战因动用了维布马克六个师的兵力，延迟了德国人对苏联的进攻，这一点很少有人知道。塞尔维亚人民付出了沉重的代价，他们为盟军的胜利做出了巨大贡献，这一点更是鲜为人知……

塞尔维亚所有城市的命运与首都别无两样，特别是克拉古耶瓦茨城。该城1818年至1839年是塞尔维亚的首都，也是塞尔维亚机械工业的发源地，托萨·塞莱斯科维奇十九世纪下半叶在这里发挥了重要作用，这个城市成为德国人入侵后报复的目标，由于他们的军队遭到了袭击，于是德国人将一所著名中学的学生作为人质，封锁了学校大楼的所有出口，随后将他们全部击毙了。

在南斯拉夫境内白色恐怖此起彼伏，接踵而至。暴动发生后，摄政王保卫国家的希望荡然无存。随着德国的入侵，灾难深重的南斯拉夫迅速分裂。德国入侵让克罗地亚人分道扬镳，与入侵者沆瀣一气，他们在萨格勒布建立了纳粹卫星国，即独立的克罗地亚国。再谈这些无法愈合的伤疤毫无意义；但是，成千上万的犹太人、吉普赛人和塞族人的命运我们没理由视而不见，这些人后来受到残酷的虐待，并在合作政权的集中营中被处决。最最凄凉的是贾赛诺瓦克集中营，数百具尸体被丢入萨瓦河后漂流到贝尔格莱德。一天，达尼卡在河边散步，她看到浑浊的水中漂着多具尸体。片刻之后，残酷的事实表明：这些人应该是在婚礼庆祝活动中途遭到袭击的，先是新婚夫妇，后是家人和参加婚礼的朋友，他们被捆绑在一起。达尼卡后来跟朋友说，她永远不会忘记那对年轻夫妇的面孔……

德国人的占领是冷酷无情的。与萨格勒布不同的是，贝尔格莱德大学被占领国关闭了。达尼卡的医学学习到此结束……显而易见，接下来的主要问题是如何生存。达尼卡利用这段战争时间学习了俄语，并不断提升自己的英语水平，几年后她说，当时她就坚信俄语和英语将是战争胜利者的语言。

在塞尔维亚的山区，一位名叫德拉扎·米哈伊洛维奇（Draza Mihailović）的将军不甘于国家的沦陷，决心继续与侵略者作斗争。他在塞尔维亚西部拉夫纳格拉山上布置兵力。还有一个当时更是名不见经传的人指挥作战，他名叫约瑟普·布罗兹，共产党朋友都喊他铁托，很快他就在全世界闻名。

在达拉兹·帕夫洛维奇大街，大家都在密切关注着战争的变化和全球局势。塞莱斯科维奇回到家乡后养成一个习惯：夏天，苏珊娜·塞莱斯科维奇让人把椅子放在花园尽头的葡萄藤架下，晚上吃饭前，塞莱斯科维奇、拉多瓦诺维奇、斯塔诺耶维奇等几家人和其他朋友聚在一起，喝上一杯拉基亚酒，讨论相关事件，各抒己见。大家聚精会神地收听伦敦广播，尤其是达尼卡，她兴致盎然，认真听大家的讨论，从不会错过父亲的这些聚会。冬天，这些家庭和好友的聚会改在客厅里，大家一起听电台广播。那些日耳曼朋友与达尼卡不同，他们听不懂英语，因此，达尼卡有时会给他们做翻译。

在战争年代漫长的冬季里，读书成为达尼卡最钟爱的消遣。她常常和朋友一起整天整天地读书，陶醉其中。有个朋友叫莱拉·斯塔诺耶维奇（Lela Stanojević）（她是贝尔格莱德设计师的女儿，与画家维利科无任何关系），她回忆起在达尼卡家读书的情景时说：莱拉、苏珊娜·沃奇科维奇和达尼卡每个人都在一个角落里读书，聚精会神，全神贯注。

如前所述，蒙西洛·塞莱斯科维奇很内向，周围人有点怕他。但他喜欢动物，尤其是猫。他有一只猫，家里人都叫它“哲学家的猫”，他写东西时习惯于把猫放在肩膀上。这只猫享有各种特权，包括在塞莱斯科维奇办公桌的书稿堆上小憩。冬季的一天，塞莱斯科维奇火冒三丈，把猫赶到了户外，周围的人见此情景感到诧异。可怜的猫后来被冻死了，大家一直寻思，这只猫到底惹了什么大祸才会落到如此悲惨的境地。

达尼卡对父亲的依恋是发自骨子里的，她告诉所有亲戚，父亲是她一生中最爱的人。在女儿和儿子之间，塞莱斯科维奇似乎与女儿的关系更近，达尼卡成年后，父亲更多时候都是和她一起讨论家里的事或解决一些具体问题，而不是自己的妻子。在动荡时期这种情况更为明显，塞莱斯科维奇夫人并非没有嫉妒心，况且达尼卡对她态度又不是很好。事实上，塞莱斯科维奇的办公桌上始终摆着已故妻子（孩子们的母亲）的照片，这让她痛上加痛。于是，她对年轻的索尼娅敞开心扉，与她建立了友谊和信任关系，因为她实在不知道该怎么办，她无法与达尼卡和平相处。

1943年的1月特别寒冷，28日那天更是创了纪录。贝尔格莱德的宵禁定在晚上八点。任何想要在夜间进城的人都需要通行证。占领者对违章的人毫不留情：苏珊娜·沃彻奇维奇和达尼卡清楚地记得，她们看到有人被吊死在斯拉维娅广场的灯柱上……2月份更是寒冷刺骨。凛冽的北风和暴风雪席卷了多瑙河山谷，贝尔格莱德人无处可躲。穿着木底鞋去散步变成奢望。城内尸横遍野，居民们尽可能躲在房子内，为了取暖，喝杯迪夫卡酒，或围在燃烧木屑的炉灶旁喝杯用菊苣做成的假咖啡。大多数家庭已经没有木柴和木炭了。住在达拉兹·帕夫洛维奇大街的塞莱斯科维奇一家相对好些，因为全家人入秋后就开始储备柴和煤。夜幕降临，贝尔格莱德全城夜间禁止用电，家家户户都同达尼卡家一样，窗户内侧用一种蓝色包装纸糊上。由于已经买不到面粉和面包，能买到的也只有用玉米、麸皮和土豆做的食品……人们饥寒交迫，能够出门的便到周围的村庄里寻觅食物。蒙西洛想方设法出售了父亲留下的一部分遗产，以此勉强满足家人的生活所需；火车咆哮而过，胆大且能干的达尼卡拿起书包，去周围的乡村中寻找食物。一天，她从一位农民那里买了一只鹅，在返回贝尔格莱德的途中，这只鹅似乎知道自己的命运是死在塞莱斯科维奇一家人的餐盘上，于是作为对悲惨命运的报复，它在达尼卡的腿肚子上狠狠地咬了一口。

塞尔维亚人继续抵抗德国人。在周围的群山中，米哈洛夫的常规部队在坚守阵地，而共产党领导的游击队这时正在朝乌日策挺进。

为了换换脑子，不少贝尔格莱德人都跑到大众剧院看戏，这是大众熟知的剧作家蒙西洛·米洛夫维奇（Momcilo Milofević）新剧的首场演出，话剧的名字是《太阳、大海和女人》，轻松愉快的刻画和描述与所有人的真实生活形成了鲜明的对照。六十多年后的今天，塞莱斯科维奇一家人是否也在剧场看戏仍无法确定，作家是他家亲戚，与拉多瓦诺维奇和斯塔诺耶维奇的关系很密切。当时，在贝尔格莱德的资产阶级群体中，彼此都不陌生。

总体而言，眼下和今后一段时间内，百姓主要操心的还是吃饭和取暖问题，一句话，就是生存问题……在这艰难的岁月里，大家很难想象春天是否还会到来，在首都奥斯曼帝国的古老堡垒卡莱梅格丹公园里否还有茂盛的柽柳俯瞰凝视。鼓起勇气！这场残酷的战争结束后，我们还会重新看到恋人沿着著名的城墙漫步，随后在法国纪念碑脚下停留片刻，这个纪念碑是为了纪念世界大战期间法国对塞尔维亚的支援建立的。纪念碑上气势宏伟的浮雕是一个敢于逆风而行的女人，她为此进行斗争，并献出了生命。这座纪念碑是雕刻家伊凡·梅斯特罗维奇（Ivan Mestrović）[①]的作品，上面雕刻着一句话，请所有在纪念碑前走过的人“爱法国，因为法国爱我们”[②]。

与1941年德国的轰炸一样，1944年在盟军轰炸最糟糕的那段时

① 据报道，第一次世界大战后，蒙西洛·塞尔茨科维奇参加了巴黎会议，并与《评论报》合作。

② 在1999年北约轰炸时，这座法国纪念碑被盖上一块黑色帆布，以示哀悼，法国参与了北约的轰炸。

间，住在达拉兹·帕夫洛维奇街上的一家人都躲到了离贝尔格莱德不远的斯朗斯（Slance）村庄。当地农民接待了他们，把他们安顿在一个谷仓里，那里一共收容了大约十五名难民。

尽管乡村有些杂乱不堪，生活条件不够舒适，但这段乡村生活给达尼卡留下了美好的记忆。她在这里有机会亲眼目睹了粗犷农民的生活现状，她欣赏这些农民，尽管他们的生活非常贫困，但他们懂得荣誉的真谛。一个性格十分坚强的中年女人是这个小世界独一无二的统治者。达尼卡喜欢在她下田时，陪伴她，这已成为一种习惯。达尼卡对她印象深刻，这位农民女性说一不二，毫不做作：路途中有时尿急，她便停下来，不费力地岔开厚厚裙子下的双腿，然后继续往前走，仿佛什么事也没发生。达尼卡永远不会忘记斯朗斯村的农民，他们是那么慷慨大方地收留了她全家人，使他们躲过了轰炸。回到法国后，只要可能，达尼卡会第一时间为他们提供帮助。为了表达感激之情，六十年代她给他们邮寄了一台电视机，这在当时的家乡还是稀缺货，结果是引起了周围所有人的嫉妒。

还是在1944年，面对游击队势力的扩张和德国占领者的进攻，米哈洛维奇的抵抗力量开始撤退。在前往贝尔格莱德的途中，一些塞特尼克人（Setnik）会在斯朗斯塞莱斯科维奇家会面。战争期间，达尼卡很喜欢收听当地广播，听伦敦台英语广播，也许因为这个，她常常把BBC广播电台的内容翻译成塞尔维亚语，翻译给抵抗运动成员。

1944年9月，铁托与斯大林在莫斯科签署了一项协议。南斯拉夫于1944年底解放，全国的情况很快发生改变。“新南斯拉夫”将在旧南斯拉夫的废墟上重建。

新政权掌权后要尽快安顿退伍军人，于是他们把注意力集中到私人住宅上，不久后，他们便征用了这些住宅。许多塞尔维亚人也很无奈，只能与一家甚至是两家新政权支持者家庭住在同一个屋檐下……塞莱斯科维奇一家躲过了第一批，因为他们已经在大公寓里接待了拉多瓦诺维奇和斯塔诺耶维奇两家人。但1950年蒙西洛死后，苏珊娜太太被迫接受了两个家庭。为此，她只能蜗居在一间房内，里面存放了大部分房间的家具和两只猫。1949年后，小姑子热万卡看到，苏珊娜的单元房被征收，她只得住到保皇党亲戚家别墅的一间房内，这个家庭对她很不好。

我们先来谈谈达尼卡特别喜欢的这个姑姑。热万卡·塞莱斯科维奇性格率真，个性很强，对旁人的看法不屑一顾，但外语才华出众，她能流利地讲好几种语言。她终生未嫁，对于她这种条件的女性来说，这在当时很不寻常。某种意义上讲，达尼卡有些像她。

下面讲的这个插曲完全可以描述出这个女人是多么有主见：我们还记得前面介绍过热万卡的父亲，克拉格耶瓦茨城的天才发明家、塞尔维亚机械工业代表人物托多·托萨·塞莱斯科维奇。这个发源地后来成为新南斯拉夫工业之冠。1956年，意大利汽车制造商菲亚特与南斯拉夫领导人签订了一份协议，菲亚特希望在那里建设一个特许汽车生产厂。铁托决定建造两个半身雕像，一个用来纪念托萨·塞莱斯科维奇，另一个是他自己的半身雕像，命名为“红旗”（Cruena Zastaoa）。于是，市政府领导寻找托萨的后代，想请他们来参加落成典礼。当时还在南斯拉夫生活的只有热万卡，当接她的豪华轿车开到她所在的避难所门前时，她已经逃之夭夭，躲到了朋友家里。热万卡的朋友们怎么都想不明白她为什么如此胆大。庆典仪式自然如期举行，但没有托萨家的代表参加。令人奇怪的是，当局并没有对热万卡的行为大动肝火。1956年以后，政权开始不稳。这件事反而让热万科重新获得了公民权和身份证，当她申请护照时，也是即刻办理。从这时起，她经常往返于贝尔格莱德和巴黎之间，到法国去见达尼卡和朋友。1956年，达尼卡回到贝尔格莱德，这是1945年她重返法国后的第一次回国。南斯拉夫的家人和朋友都激动不已，因为她每次都带回大量食品。贝尔格莱德建筑师安德烈亚·马里克（Andreja Marić）与塞莱斯科维奇家是亲戚，（因为他娶了维多萨瓦·弗拉西奇，也称萨瓦），如今流亡在加拿大，他回忆说，达尼卡在冬季的一天来到贝尔格莱德，大衣兜里装满一盒盒冷冻咖啡，这在1965年的南斯拉夫是稀缺品。年轻钢琴家杜桑·塔迪奇一家与达尼卡家也有联系，他永远不会忘记，如果没有达尼卡发出的邀请，他在五十年代便无法拿到去巴黎继续学习音乐的签证。

我们还是来谈达尼卡：1944年底，即南斯拉夫解放后，为了赚钱，她在南斯拉夫广播电台工作了一段时间，她所在的工作部门就是负责收听外国广播，特别是德国广播，然后转写并翻译其内容。令她惊讶的是，有一天他的老板要求她严格监视同事，发现任何可疑行为必须告知他。她随后得知，这个老板跟每个同事都分别发出了相同的命令……

1945年4月的一个晚上，达尼卡同往常一样在贝尔格莱德电台收听德国广播，为此，她见证了希特勒政权发出的最后一次颤抖的声音。在一段传统古典音乐之后，播音员宣布：“希特勒死了”（Der Fübrer ist gefallen）。四个德语单词标志着噩梦的结束。

1945年11月11日举行的制宪议会选举中，共产党以超过90%的选票获胜。南斯拉夫妇女有史以来第一次参加选举。两周后的1945年11月29日，南斯拉夫联邦共和国诞生。

随着新南斯拉夫的成立，法国政府开始向法-南青年人提供赴法学习奖学金。一个专门的招聘委员会来到贝尔格莱德对候选人进行甄选。考试在法语学院进行，达尼卡这个法语高手成功通过考试。

1945年12月，达尼卡伤心地离开了父亲和贝尔格莱德，前往巴黎学习。这对她来说是一个艰难的选择，因为她的父亲生病了：父亲30岁那年患了癌症，但治疗很成功。1945年他去看牙医时，医生诊断他颚部患癌。达尼卡去法国最担心的是父亲在世时再也见不到他。1949年，蒙西洛·塞莱斯科维奇的朋友们帮助他取得了法国签证，但是蒙西洛清楚，自己时日不长了，因为他刚刚经历过两次手术，一次在贝尔格莱德，另一次在萨格勒布。

1945年12月，达尼卡和奥伯雷诺维奇（Obrenović）、米莱娜（Milena）、伊冯（Yvonne）、伊凡（Ivan）和多米尼克·扬科维奇（Dominique Janković）等赴法留学的伙伴整装待发。当月15号，他们登上东方快车，直奔巴黎。与南斯拉夫破旧的火车相比，这趟著名的列车虽然是战前生产的，但看上去很奢华。达尼卡的随身行李箱内装着沃尔特·斯科特爵士（Sir Walter Scotte）的著作，这是父亲在12月6日送给她的24岁生日礼物。火车缓缓开动，达尼卡透过车窗与贝尔格莱德火车站台上的家人和朋友挥手告别。

第四章

巴黎，1945-1950

1945年12月中旬，达尼卡出发奔赴法国。奖学金获得者法-塞族青年的旅途是漫长的。离开南斯拉夫以后，东方列车继续前行，经过特里亚斯特和威尼斯，而后穿过意大利北部。到达瑞士后，老车厢被现代车厢替代，车厢内还有暖气。与五年战争中所看到的匮乏相比，达尼卡和她的同学们来到了一个名符其实的富饶国度。

终于到达了巴黎，达尼卡和同伴们在巴黎东站一下火车就受到法国政府代表的迎接，随后被带到塞夫尔-巴比隆区的鲁特西亚酒店（Lutetia），这里离圣日耳曼德佩街区（Saint-Germain-des-Prés）不远。酒店建于1910年，是巴黎历史上第一家采用装饰艺术风格的酒店：毕加索、马蒂斯、基德、亚历山德拉·大卫·尼尔、约瑟芬·贝克和戴高乐将军都在这里逗留过，戴高乐将军旅行结婚时也住在这里。在巴黎被占领的五年中，酒店由阿布韦布授权，供德国军队的间谍和反情报部门使用。德军撤离后，鲁特西亚酒店又被一个法国将军征用成为司令部，巴黎解放后，酒店成为接待中心，接待各类遣返囚犯，包括集中营的幸存者。皮埃尔·阿苏琳（Pierre Assouline）①在他那本介绍古老宫殿的书中提到了那些囚犯，特别是从集中营回来的人，他们刚回来时状态堪称惨烈，在等待回家期间被临时安顿在酒店中。1945年9月最后一批返回的人已经离开鲁特西亚酒店。当法-塞青年人抵达时，酒店里已经看不出先前的任何踪迹。因此，达尼卡和她的朋友们没有遇到1945年夏天在酒店前的人行道上出没的“这些难以辨认的鬼魂，这些拒绝扔掉破衣烂衫的无声的幽灵”②。

实际上，这家酒店1945年还未被修复，虽然比不上宫殿，但对于达尼卡来说，酒店高档奢华，闻所未闻，酒店内还有暖气，每个客房都装有浴缸，还能有热水洗澡……

这一年的年底，第三帝国不复存在。墨索里尼被意大利游击队绞死，世界三大巨头在雅尔塔会议上瓜分了欧洲。

第二次世界大战虽然结束了，但达尼卡返回法国后看到的仍然是一个百废待兴的国家。法国的国民人均收入远远达不到1929年的一半。戴高乐将军刚刚组建了新政府，包括樊尚·奥里奥尔（Vincent Auriol）等人，这个人次年当选了共和国总统，还有安德烈·马尔罗（André Malraux）、乔治·皮杜尔（Georges Bidault）、

---

① 《鲁特西亚》，皮埃尔·阿苏琳，伽利玛出版社，巴黎，2004。

② 皮埃尔·阿苏琳谈话，J-L.Ezine编辑，《新观察家》，N° 2098，2005年1月。

法兰西克·盖伊（Francisque Gay）和共产党人莫里斯·托雷斯（Maurice Thorez）、马塞尔·保罗（Marcel Paul）和弗朗索瓦·比卢（François Billoux）。对贝当[①]的审判在7月进行，拉瓦尔（Laval）[②] 10月被枪决。10月22日全民投票公决，法国人选择摒弃第三共和国，并把权力交给议会。

对纳粹罪犯的审判于两天前的10月20日在德国纽伦堡开庭。由于我们讲的历史涉及到会议译员，所以必须说明，同声传译始于纽伦堡审判。在达尼卡后来的职业生涯中，她先后遇到了很多人，绝大多数都是审判期间被问询过的囚犯，先是在翻译学校任职的教师，因为学校离巴黎高等商业学校[③]（HEC）不远，随后是一起工作的同事。

虽然恢复了和平，但解放后法国人的生活仍然捉襟见肘：定量面包卡刚刚恢复发放，当局又开始担心1945–1946年冬天煤炭的短缺。因此，煤炭严格限量，甚至比德军占领时期还严格。从1946年2月9日《曙光报》的标题可见一斑：《要么去黑市买，要么等死！》当时计算得很精细，成人一月的消费量每天只有1000大卡，而在维希时期还是1176大卡……进入12月份后，新的节能措施生效：禁止商店橱窗照明，店面门头招牌也不能用电（天啊！这不禁让人想起

---

① 亨利·菲利浦·贝当（法语：Henri Philippe Pétain，1856年4月24日–1951年7月22日），法国陆军元帅、军事家、政治家、维希法国国家元首，是个集民族英雄和叛徒于一身的坎坷人物。1940年6月22日–1944年9月7日任“国家元首”，而非总统。

② 皮埃尔·拉瓦尔（Pierre Laval），1883–1945，律师，因与纳粹合作被判死刑，1945年10月15日被枪决。

③ HEC，Ecole des Hautes Etudes Commerciales, 巴黎高等商业学校。

1921年12月6日达尼卡出生那天的情景）。面包价格大幅上涨，7月份面包从每公斤7.40法郎飙升到15.80法郎。1947年，不易消化的玉米面面包换成了“土豆面包”。达尼卡和大多数巴黎人在战争刚刚结束时的生活情况基本如此：不是每天都能吃饱饭，她的家人嗜烟如命，她也步其后尘，有时还会到街上捡拾烟头。朋友苏珊的母亲西蒙娜·拉安克雷-沃特-丘维奇（Simone L'Ancre-Wout-Chkovitch）夫人每次到访巴黎，都会从布鲁塞尔给她带食物，还邀请她到巴黎高级餐厅享用丰盛的菜肴。达尼卡心里当然很高兴，但对拉安克雷女士的慷慨并不领情，因为她总是在想，餐厅一顿饭的价格顶她一个月的花销了……达尼卡也是在这个时期借机免费了解了法国和南斯拉夫餐饮文化的重要差异：在南斯拉夫，通常情况下，当你被邀请品尝某一道菜时，你要先拒绝一次，因为你心里清楚接下去人家还会请你吃。但法国不一样：对不起，达尼卡拒绝了第一次，她却发现，别人不再请她吃这个菜，而她实际上很想再多吃点那个菜！

佐兰·塞莱斯科维奇复员后在尼斯“Baba”那里住了一段时间，撰写上面提及的有关巴黎解放的回忆录，然后去巴黎找多年未见的达尼卡。他兜里分文没有，唯一的衣服还是那身退伍时穿回来的军装。尽管达尼卡也不宽裕，但她至少还有办法让哥哥偷偷地临时住在鲁特西亚酒店，一直住到他回贝尔格莱德最终与索尼娅·拉多瓦诺维奇结婚。战争将他们长时间分隔两地。

塞莱斯科维奇家也好，拉多瓦诺维奇家也罢，他们都不是严格按照教规办事的人。然而，佐兰和索尼娅的婚礼却是按照塞尔维亚东正教派教规进行的。佐兰是自由法国在英国的武装力量退伍军人，虔信戴高乐，可是索尼娅说，六十年代初，与佐兰离婚一段时间后她才得知佐兰1958年加入了法国共产党，这让她十分震惊。结婚典礼后，他们在达拉兹·帕夫洛维奇大街家里举行了一个特别美好的晚会，随后年轻夫妇便动身前往加蓬，佐兰将在那里的一家采矿公司任工程师。

尽管达尼卡在生活上遇到了诸多困难，但有一点可以肯定：对她来说，这是与过去的告别，与在贝尔格莱德的情况相比，她在巴黎获得了自由。尽管全国上下食品煤炭短缺，尽管还有各种各样的忧虑，但达尼卡在法国首都看到了一个全新的世界。1946年是巴黎圣日耳曼德佩街区的传奇时代，萨特和一群存在主义者在塞纳河左岸的花神咖啡馆和双偶咖啡馆重塑世界。这是标新立异的时代，以鲍希斯·维昂（Boris Vian）和朱丽叶·格列柯（Juliette Greco）为代表的爵士乐在塔布和其他非常有名的酒窖诞生……这个街区离鲁特西亚酒店只有几分钟的路程。达尼卡在诺德奈读过小说《飘》，那是1938年的最后一个假期，根据小说改编的电影1939年在好莱坞上映，她是在巴黎看到电影海报的。当时还有其他有影响的电影作品，如1946年9月首映的马塞尔·卡恩（Marcel Carne）的第一部电影《入夜》，首届国际电影节在蓝色海岸戛纳开幕。电影艺术盛宴在一种奇特的氛围中如火如荼，这种气氛下的法国与遭受种种危难的法国完全是两个世界。在戛纳的参赛影片有：让·德兰诺伊（Jean Delannoy）的《田园交响曲》、雷内·克莱门特（René Clément）

的《铁轨之役》、布雷夫（Breve）与戴维·利恩（David Lean）的《简短的会面》和比利·怀尔德（Billy Wilder）的《毒药》。这些电影在巴黎影院上映后，达尼卡和她的朋友们去看了大部分。

圣日耳曼德佩街区的节日气氛一直延伸到酒店所在的塞夫尔-巴比隆区，似乎达尼卡在第一年的学习中并不刻苦，但是第二年，她便迎头赶上了。实际上，1946年1月，达尼卡在索邦大学同时注册了两个学士学位：一个是英语，另一个是德语。战后的阶梯教室没有暖气，但座无虚席，学生们倾听那个时代大师的授课：拉斯·韦格纳斯（Las Vergnas）、法尔迈（Farmer）、兰德尔（Landre）。达尼卡的同学卢森堡人玛丽·特里斯·哈特曼（Marie Thérèse Hartmann）回忆说，大多数本科生都喜欢上英语翻译这门大课，上课的老师于松（Huchon）夫人特别棒，她让敢于尝试的学生到她身边，即席做文学作品的试译。玛丽·特里斯说，达尼卡总是主动上去做练习。

1946年末奖学金到期，达尼卡和同学们不得不离开鲁特西亚酒店，自己到城里寻找住处。有一段时间，达尼卡住在五区居维叶（Cuvier）大街16号的一间保姆房内，房子是姥姥的朋友的。这里离植物园很近，她非常喜欢，所以在十二年后，她又回到熟悉的居维叶大街。

纽伦堡审判1946年结束，战犯被判了刑。在恢复和平之后，参战各国需要建立新的世界秩序，以及新的机构来维护新秩序。在日内瓦，原来的国际联盟被联合国取代。联合国大会刚刚选出了第一任秘书长，挪威人特里格韦·哈尔夫丹·赖伊（Trygve Lie），先前提名的人选是比利时外交大臣保罗-亨利·斯帕克（Paul-Henri Spaak）。几年后，达尼卡在欧洲煤钢共同体又见到了斯帕克。

温斯顿·丘吉尔在美国发表的演讲[①]第一次揭开了罩在欧洲上空的“铁幕”，从“斯泰汀到特里亚斯特”，具体指的是前一年雅尔塔会议上三巨头希望将古老的欧洲大陆分割为两部分。对于丘吉尔而言[②]，将欧洲国家统一在一个共同架构中的想法并不新鲜：他赞同阿里斯蒂德·白里安最初于1929年向国际联盟提出的建议，他在1948年著名的海牙演讲中，又丰富并完善了这个方案。

在法国，新闻界和公众因连环杀手案件情绪激动，那个臭名昭著的贝蒂奥（Petiot）医生于1946年4月被枪决[③]。

法国政局如何？戴高乐将军执政时间不长。1946年1月22日，他决定辞职，把位置留给各政党及其联合党，即第四共和国最典型的特征（臭名昭著的两轮选举中的“联合”），戴高乐对此一直持谴责态度，直至十二年后回到政坛。制宪议会10月15日投票通过新宪法，签署诞生第四共和国。第三共和国成为过去。前民族抵抗运动成员、民族解放阵线主席乔治·皮杜尔担任新政权首任部长会议主席。也是在这一年，法国妇女终于首次参加了投票。达尼卡无法参

---

① 1946年3月6日在密苏里州富尔顿乡村学院的演讲。

② 1940年6月，让·莫内（Jean Monnet）提议成立法英联盟，以对抗德国。他说服了戴高乐，戴高乐征得了丘吉尔的同意。然而，当时在波尔多的法国政府在戴高乐的要求下选择了与德国合作。

③ 1946年，作为法国历史上最早的公开审判之一，贝蒂奥（Marcel Petiot）医生被判杀死24–27名病人，他们的遗体在其诊所的地下室被发现。在纳粹占领巴黎期间，贝蒂奥赢得了犹太人的信任，认为他可以帮助被迫害的犹太人逃出法国。然而，贝蒂奥却为了夺取财产将他们全部杀死。

加投票，因为她到法国时间不长，还没有在选民名单上登记。

1947年1月，法兰西新第四共和国迎来了第一任总统樊尚·奥里奥尔（Vincent Auriol）。戴高乐隐退后住到科龙贝双教堂村（Colombey-les-Deux-Eglises），但他继续批评“政党制度”。新政府总理拉马迪尔（Ramadier）与共产党部长分道扬镳。6月，马尔斯·霍尔将军在哈佛大学的一次演讲中作出援助欧洲重建的提议，并于6月17和18日被法国和英国接受。该计划于1948年生效，随后便成立了欧洲经济合作组织（OECE），监督马歇尔计划的实施。外交部官员康斯坦丁·安德罗尼科夫（Constantin Andronikof）于次年开始在巴黎高商译员翻译学校教授口译，他后来离开这个部门，着手建立译员部，招聘新译员。达尼卡的许多同事和朋友都是从这里开始译员生涯的，如约瑟夫（Joseph）、埃利亚内·乌曼斯克（Elyane Umansk），这些都是巴黎高商毕业的年轻人，还有克里斯多夫·泰利（Christopher Thiéry）。泰利一直在这个部门做译员组负责人，期间，这个机构变为经济合作与发展组织（OCDE）。达尼卡在卢森堡逗留后于1956年返回巴黎，她在这个部门以自由职业者的身份工作多年。

在1946-1947学年，还是学生身份的达尼卡最关心的还是生活来源问题。最初，她在国家图书馆为一位历史学家提供俄文和德文科学文献报告，以补充微薄的薪水。后来在跟朋友们谈起这段时光时，她说，正是在国家图书馆的工作，她学会了面对文字或演讲能单刀直入，辨析其意。但是助理的报酬不高，如果有朋友告诉她有一份薪水更高的小活儿时，她绝不会错失良机。这份工作需要懂德语，还必须会打字。达尼卡只满足第一个条件，她有些忐忑不安……但她很快学会了打字，而且随着时间的流逝，她打字的速度开始快得惊人，要知道她一直都是只用两个手指敲字。

1947年夏季，气温打破1921年7月28日后的高温记录（非阳光直射下38.4℃），根据《世界报》7月30日的报道，巴黎甚至达到40.4℃。顶楼的保姆房酷似蒸笼，闷热难耐……不仅如此，这一年还发生了连续罢工事件。通货膨胀和遥遥无期的经济停摆使得社会冲突加剧，银行、运输、公共服务等诸多部门受到影响。

尽管困难重重，在贝尔格莱德的达尼卡家里的生活条件与法国还是没有可比性的，家里的状况不断恶化：塞莱斯科维奇教授丢了工作，而且身体每况愈下。

冷战在东西方之间愈演愈烈。苏联人对东欧国家挥出的铁拳越发沉重。他们试图通过对城市实施封锁来切断西柏林与西方的联系。盟军进行了反击，建立了空中通道，向被隔离的柏林人运送药品和食品。1948年9月，以总理大臣康拉德·阿德瑙尔（Konrad Adenauer）为首的德意志联邦共和国成立时，苏联很快做出了回应，让东德共产主义领导人格罗特沃尔（Grotewohl）创建了德意志民主共和国。在世界的其他地方，中国共产党领导人毛泽东在战胜蒋介石后进一步巩固了共产党的政权。1949年10月1日，一个被称为“伟大舵手”的人宣告了中华人民共和国的诞生。

我们现在回到法国。除了学习，尽管手头拮据，达尼卡还是参加了一些娱乐活动。巴黎有各种演出：1948年2月，继卡波·卡罗惟管弦乐队主要成员迪兹·吉莱斯皮（Dizzy Gillespie）一举成功后，路易斯·阿姆斯特朗（Louis Armstrong）3月初凭借他的“热五”曲在普莱尔歌厅（Salle Pleyel）大获全胜。还有伊迪特·皮亚芙（Edith Piaf）在美国广播公司演唱团陪伴下进行的季度演唱。但达尼卡不喜欢她。

1949年，佐兰和索尼娅来到巴黎。在加蓬的工作并不顺利，他们在维利耶（Villers）大街租了一个小套房。1950年4月，他们的双胞胎克莱尔（Claire）和尼克尔（Nicole）出生。达尼卡离开了居维叶大街的保姆房，住进笛卡尔大街的一家宾馆。法-塞族朋友常常分别在不同人家里聚会。索尼娅、达尼卡和佐兰那段时间走得很近，佐兰对每周与妹妹和朋友的聚会更是特别期待。索尼娅承认，这段时光很不错，但也坦言，有时更愿意与丈夫单独待在家里。从经济角度讲，他们住在一个屋檐下，都没钱。有时为了缓解饥饿，星期天干脆一整天都躺在床上，等着周一学校食堂开门。达尼卡一生都会说，那段时间她总是饥肠辘辘，甚至觉得所有学生都跟她一样，实际上，约她见面的学生，如多菲内大学中心的大多数学生并非如此。战后法国工业重建如火如荼，各种工作很多，劳动力短缺。尽管达尼卡经济上捉襟见肘，但她从来没有产生过到工厂去打工的念头。

每个时期的学生都有不同的绕口令或口头禅。达尼卡和朋友特别喜欢逐字逐句地将塞尔维亚语的句子译成法语：“Hvalaleponapitanju”

（“谢谢您问我这个问题”），变成了“谢谢漂亮的问题”，然后他们捧腹大笑，可在场的法国朋友却满脸疑惑，搞不懂他们在说什么。

达尼卡拿到了两个学士学位后又注册了教师资格硕士学位。然而，她的经济状况不好，很难继续学习。她只有第一年的学费，好在这一年在马恩省维特里勒弗朗索瓦（Vitry-le-François）市中学的实习是有补贴的。巧合的是，前一年担任这个职位的是里内·皮尼亚斯（René Pinhas），后来他们在华盛顿生产力促进考察代表团（Washington Productivity Missions）里成为同事。达尼卡热衷于教授口译，她对天天面对维特里初一学生重复莎翁的基础语言兴趣索然，缺乏热情，她更喜欢给高二学生上课。然而，那年她不慎跌倒摔断肋骨住院时，来看她的并不是高二班的学生，而是初一班的学生。不管怎样说，她还是不喜欢遭受战争破坏的维特里勒弗朗索瓦城，1949年开学后她回到了巴黎。在这个时期，达尼卡从一个朋友那里了解到巴黎高商名下还有一个会议译员培训学校，这个朋友看到索邦大学墙上贴着一张海报，她觉得达尼卡会感兴趣。一点没错，达尼卡就这样开始了在巴黎高商会议口译员培训学校的夜校学习。

除达尼卡以外，巴黎第一所译员培训学校还培养了许多会议译员，在这里值得介绍一下。一批商人意识到，战争结束后会议口译员将有缺口，于是在1948年创建了这所学校，总部设在巴黎第八区的托克维尔（Tocqueville）大街。学校成立初期的第一任校长马克西姆·佩林（Maxime Perrin）从一开始就请联合国教科文组织和欧洲经济合作组织的许多早期知名译员到学校任课：拉韦特（Ravet）、斯塔克（Stark）、朗利（Longley）和安德罗尼可夫（Andronikof）等。入学要求规定，报名者需获得学士学位，掌握三种语言，并且必须参加严格的入学考试。自1957年达尼卡接管学校后，巴黎高等翻译学校的知名度不断攀升，这意味着巴黎高商口译学校走到了终点，该校最终在二十世纪六十年代初彻底关闭。但该校几十名毕业生至今还活跃在翻译圈内。

达尼卡的一位同学叫米雪琳·德·拉姆（Micheline de Ram），也是达尼卡在华盛顿生产力促进会项目的同事，她回忆说，口译班同学1949-1950年的学习条件十分艰苦，大家白天工作，晚上18：00-20：00上课，加上做课前准备，几乎没有任何娱乐时间。让·迈耶（Jean Meyer）是其中一位老师，他认为达尼卡·塞莱斯科维奇会在口译职业中有美好的前途。在纽伦堡审判期间担任翻译的年轻译员玛丽-法兰西·罗斯-恩库克（Marie-France Rose-Skuncke）也是巴黎高商口译学校的一位老师，她对达尼卡有重要影响。为此，达尼卡在1968年出版第一本著作《国际会议译员》[①] 时将题词写给她："献给玛丽-法兰西·罗斯-恩库克，教我学会口译的第一人"。

① 《国际会议译员，言语与交际问题》，Minard, Lettres Modernes, Paris, 1968。

会议口译

达尼卡·塞莱斯科维奇的人生故事是这本传记的核心，而会议口译是她一生的核心，那么，口译是什么职业？她为什么会在1949年到巴黎高商口译学校学习口译呢？口译是一个新专业。在追溯口译职业史的时候，人们总是习惯性地提及1945–1946年的纽伦堡审判。一直以来，人们借助“媒介”完成不同文化和语言之间的交流，这类实例自古至今举不胜举。然而，这个专业在1949年时还鲜为人知。

下面的介绍可以帮助非翻译专业的人士更好地阅读传记的后半部分。会议口译有两种模式：一是交替传译（连续口译），即口译员在讲话人结束一段话后开始翻译，译员用另一种语言完整地还原讲话内容。为了能够清晰记住讲话人的逻辑，译员记笔记，但不是速记，因为速记对口译毫无用处。实际上，译员翻译的不是单词，而是语言词汇所承载的意义。二是同声传译，译员在译厢内通过麦克风和耳机与讲话人连通，尽管比原讲话稍有延迟，但几乎同步完成翻译。译员通过耳机听讲话人的思路，需要边听边理解边分析，然后用另一语言重新表达。

国际联盟时期，在二战前主要领导人之间的会议上交替传译被广泛使用。这个时期有很多知名译员，代表人物是安德烈·卡明科（André Kaminker）[①]。据传，后证实是真的，在达尼卡眼中，

---

① 茜蒙·仙诺（Simone Signoret）的父亲姓卡明科。乔治·卡明科是安德烈的兄弟，也是会议译员。

卡明科是“会议翻译职业之父”，她曾这样描述经验丰富的卡明科：他能一动不动地连续听一个小时的法语讲话，他在本子上只做了一次笔记。然后他起身翻译，非常完整地用英语还原讲话的全部内容，包括所有细节和细腻的表达差异。他的同事很吃惊，百思不得其解，小心翼翼地朝他的笔记本瞥了一眼，上面却只有一个词：“however”（然而）！

一旦会议超过两种工作语言，交替传译的实用性就降低了，因为这种形式的口译会大大延长会议时间。随着增加语言的要求日益增多，采用交替传译变得不可能，甚至不可思议。在纽伦堡审判之前也做过几次同声传译的尝试：三十年代，国际劳工组织（国际劳工局）使用了一种系统，称为“电话口译”，似乎不太令人信服。1934年，安德烈·卡明科发明了一种同声传译系统，在法国广播电台现场直播希特勒的演讲时完成了即时同传[①]。

如今，口译已被普遍使用，几乎没有任何国际会议不采用交替传译或同声传译，电视转播采访时，在当今世界伟人之间沟通时，都会有第三个人出现在画面上，这已经不是什么新鲜事：译员的工作虽然让他们无法直接听到对方讲话的声音，但可以帮助他们相互了解彼此的想法。然而，在谈及会议口译时还存在大量的误解，这说明，口译职业还没有被广泛了解，仅从这个职业的称谓便可窥见

① 西蒙·仙诺在她1975年出版的回忆录《乡愁不在》中说，一天，父亲在家里接待她，那时候她13岁，他“因跟随法国广播电台翻译希特勒在纽伦堡的第一次精彩演讲而筋疲力尽”。

一斑。是用*interprétation*还是*interprétariat*？[①] 根据法语的罗贝尔词典，第一个词1160年就存在了，定义是“解释行为，对晦涩不清的东西做清晰的解释”。几十年后，作为口译理论家的达尼卡在谈及这一点时指出：“有什么东西比用不懂的语言构成的语篇更晦涩难懂，用另一种语言重新表达时能否给出更清晰的涵义？”[②] 罗贝尔词典采用了第二个词，并且给出的例子是*école d'interprétariat*，这里要特别指出，日内瓦和巴黎两所最著名的翻译学校一个使用的是*interprétation*，另一个则包括两个系，笔译和*interprétation*。况且，所有职业译员都声明自己做的是*interprétation de conférence*（会议口译），他们从来不使用*interprétariat*（口译职务）。

大家看到的译厢内的译员到底在做什么？或国际会议期间他们在领导人之间做什么？口头翻译？上面我们已经讲过，译员的任务不是将一种语言的单词转码成另一种语言，这是不可能的，即使是母语，也没有人能够重复讲话，因为，口头演讲的平均语速是每分钟150个单词。那么，他们怎么操作呢？在整个职业生涯中，从开始到生命结束，达尼卡只有一个答案：“口译，即理解并表达理解后的意义”。换句话说，即使涉及到两种语言，也还是言语的正常行为。在释意理论一章中我们还会讨论这个问题。

战争结束后，诸多国际组织雨后春笋般诞生，这些组织都需要

① Interprétation强调行为和动作，interprétariat在法语中指处、室，如秘书处secrétariat。故巴黎高等翻译学校用interprétation，而不用interprétariat。

② 见META，第XXI期。

口译人员。1949年，欧洲理事会在斯特拉斯堡成立，达尼卡经常去那里工作，法国、英国、比利时、荷兰和卢森堡都是理事会成员国。另外五个国家作为创始成员加入：意大利、丹麦、瑞典、挪威和爱尔兰。战前坚信欧洲能够统一的丘吉尔找到了适合他的平台。新机构的口译部门负责人则是职业高手安德烈·卡明科，他心里一直执念的就是聘请市场上最棒的从业人员承担口译工作。

在国防领域，北大西洋公约组织（OTAN）于1949年在华盛顿诞生。外交部长罗伯特·舒曼（Robert Schuman）代表法国出席。

这个时候，两位杰出的口译员相遇：一位是达尼卡的老师康斯坦丁·安德罗尼科夫，也是她职业生涯中的关键人物之一（在这本书中，他被多次提及，在谈国际会议口译员协会（AIIC）时还会专门介绍他）和西里尔·兹诺斯科-布洛夫斯基（Cyrille Znosko-Borowsky），布洛夫斯基是达尼卡认可的第一位法国翻译理论家。上世纪五十年代末期，这位联合国教科文组织的常驻译员，也是著名的文学翻译家，以埃德蒙·卡里（Edmond Cary）的名字在法国广播电台对各类翻译形式做了系列介绍。访谈内容于1985年由里尔大学出版社出版，标题是《如何翻译？》。卡里1958年前往印度参加国际会议，返回途中因所乘飞机在勃朗峰上空失事而遇难。达尼卡深感遗憾，因为她很喜欢与这位同事分享并讨论口译问题。

自1945年12月达尼卡到达巴黎以来，很多事情发生了变化，也发生了很多事情，这位年轻译员1950年才得以安身立命：马歇尔计划出台，让·莫内组建了计划委员会，以支持法国经济复苏。该机构总部设在马蒂尼亚克（Martignac）大街，组织内部设立了法国社会各部门的现代化委员会，委员会成员包括官员、专家、雇主和工人工会代表以及高层管理人员。这些代表分别进入名目众多的“任务团”，每个任务为期六周，分头了解学习1949–1956年美国各地生产力提升的经验。下一章我们会详细介绍这些“生产力”促进考察任务。1950–1953年，达尼卡作为会议口译员的职业生涯开始了。

1950年对达尼卡来说是非常艰难的一年。她终于又同父亲团聚了，但好景不长。1949年蒙西洛·塞莱斯科维奇最终拿到了离开南斯拉夫到法国接受治疗的签证，但为时已晚。实际上，疾病治愈的可能性已荡然无存，他是到巴黎结束生命的。

1950年1月30日，达尼卡经过努力把父亲送进拉里布瓦西埃（Lariboisière）医院。她要工作，还要上课，但她竭尽全力照顾父亲，并支付昂贵的治疗费用。她的经济状况我们心知肚明；他哥哥蒙西洛经济上也很拮据，经济状况不尽人意，而且随着4月9日双胞胎出生，生活负担变得更加沉重。达尼卡做了多方努力：先是在市政厅的社会服务部门咨询直系亲属享受社会保险的办法，然后又找到一家法德互助会寻求经济资助。2月底，她去见了一位协会主任，该协会专门向有经济困难的知识分子和大学教师提供贷款。这些努力有了结果，3月3日父亲接受了手术。在这个艰苦时期，正在读医学专业的米莱娜·奥伯雷诺维奇给她提供了很好的治疗建议，尤其是在精神上给了她很大支持。在达尼卡的家庭相册中，有一张父亲术后几天的照片，他坐在病床上，头上缠着绷带，眼睛里流露出沮丧的神情，但手指间仍然有一支香烟……

这几个月非常艰难，但达尼卡被拉里布瓦西埃医院照顾父亲的两位护士的奉献精神所感动，直到四十年后退休，她每年都会给她们邮寄大量礼品，以示感谢。

在3月份整整一个月里，达尼卡到处寻医，从一个专科医生到另一个专科医生，甚至找到了维勒瑞夫（Villejuif）癌症研究所，试图把父亲的病治好。希望虽然渺茫，但她始终没有放弃。3月24日，她父亲接受了最后一次治疗尝试：己烯雌酚，这种药通常用于治疗晚期前列腺癌。3月30日，达尼卡做了最后一次努力，找到喉内癌教授哈雷特（Haret）。

在达尼卡4月27日的日记中，有一个简单但有点神秘的注解："有毒眼镜蛇"。这是新药方吗？为了挽救父亲，她会毫不迟疑、不遗余力地得到它……

当时的情况如此，在达尼卡未来职业生涯中有一个至关重要的事件也许被忽略了：1950年5月9日，外交部长罗伯特·舒曼提出构建欧洲煤钢共同体（ECSC）。这个项目实际上由让·莫内完成。几年后，达尼卡出现在这个机构内。

整个5月份，达尼卡的日记都是空白的。这是蒙西洛·塞莱斯科维奇生命最后的日子，但他看到了4月刚刚出生的双胞胎孙女。1950年5月15日，刚过完4月17日60岁生日的他被疾病夺走了生命。他去世时妻子和孩子们都在身边。他被葬在巴黎北部的庞丹（Pantin）墓地中，达尼卡的骨灰也将被永久存放在墓地的棺木中。后来，蒙西洛夫人独自返回了贝尔格莱德。

父亲的去世对达尼卡打击很大。她一直无法从悲痛中真正解脱出来。很长时间内她一直纠结，总觉得如果经济条件允许，也许父亲的病可以治好。两年后英国国王乔治六世的去世让她多少得到些许安慰，因为英国王室堆金积玉，富可敌国，一国之王的病都没能治愈，这意味着即使拥有全世界的金矿，有些病也是没有良方的。

父亲在世的最后几个星期里，达尼卡通过考试获得了会议口译文凭。驻华盛顿的法国有关部门的两位译员，肯尼思·博伊尔（Kenneth Boyle）和亨利·鲍尔（Henri Bauer）到巴黎招聘译员，因为前往美国考察生产力促进的代表团需要译员的陪同。达尼卡成为幸运者。在动身去美国之前，达尼卡把自己的衣服卖给了一个废旧衣服收购商，又借钱给自己置办了一身与新世界相匹配的得体服装。父亲去世后，达尼卡对欧洲没有了一丝留恋，新生活即将开始。

第五章
美　国

生产力促进考察团

1950年6月10日，星期五，达尼卡前往美国时国际会议译员文凭在手，她当时计划移民美国，永久离开法国。一旦定居后，她还计划接姥姥到美国与她一起生活。

她与巴黎高商的同学米雪琳·德·拉姆相约在奥利机场见面，她们将一同穿越大西洋去美国。当时，去美国路途遥远，坐飞机要22个小时，途径三个中转站（香农、雷克雅末克，然后是纽芬兰的甘德）。飞机终于降落在纽约，但距离她们的目的地华盛顿还有四个小时火车车程。

到达华盛顿后，达尼卡和米雪琳暂时住在北街1739号塔巴德旅馆（Tabard Inn）内，她们两个人住一间房。大多数陪同考察团的译员抵达华盛顿后都住在这里。有几张照片是1950年7月拍摄的，照片上是达尼卡和同事们在露台上或酒店花园中，他们正在阳光下读书。这家旅馆的女店主是魁北克人，很能干，她负责照顾这些法国年轻人，这也给她提供了用法语聊天的机会。

新译员抵达后，法国代表处国际事务部负责把他们安顿在波托马克公园临时驻地，并为他们开设了相关研修课程：同声传译、交替传译和美国文明。年轻译员们需要快速掌握不同的术语，以便能够胜任不同领域的翻译。在接受了这样的恶补培训之后，新招募的译员便可以上岗承担口译任务了。最初都采用交替传译，随后借助“小喇叭”（bidule）[1]做同声传译。译员们在执行所有任务之前，都会在华盛顿有关部门召开会议，上午两场，下午两场，涉及的主题是稍后在该领域要研究和考察的问题。这些引导性会议都需要翻译，虽然工作一般都会在17点结束，但对于提供服务的译员来说，一天下来感觉还是很漫长。即使安排如此紧张，达尼卡看上去却总是精力旺盛，活力四射。让米雪琳感到不可思议的是，同事们晚上都瘫倒在床的时候，达尼卡却还在读丘吉尔回忆录，直到午夜，甚至凌晨一点。

达尼卡之所以能被选入生产力考察团做翻译，是因为她娴熟掌握英语，二十世纪三十年代她曾跟同班同学一起赴美国游学，后获得英语学士学位，而且她还在德国获得了德语学士学位。1949年夏

① 一种移动设备，译员不在译厢内做口译，而是借助麦克风与听众的耳机连接做耳语传译。中文也称“小蜜蜂”。

天，她到英国学习，住在英国赫特福德郡（Hertforshire）一个朋友家里。尽管这样，到美国后，她还是需要提高英语水平。为此，她便以埃德蒙·格伦（Edmund Glenn）为榜样，因为他说过，他的英语是通过看电影学会的，早上第一场他就冲进电影院，直到晚上最后一场结束才出来。达尼卡欣然接受了这种学习方法，在美国的那段日子里，她记了好多本笔记，上面记录的全是当时不认识的各种表达方法。

到达美国一段时间后，达尼卡离开了塔巴德旅馆，搬到了加利福尼亚大街。达尼卡有个同事叫莫尼克·冯（Monique Fong），住在同一条街稍远一点的地方，达尼卡常常在窗口跟她打招呼，并邀请她上去一起喝咖啡。一切都安顿好后，她又把姥姥接过来一起住，达尼卡的所有同事和朋友都无法忘记这位70多岁的健壮老人。老人家很内向，一直不习惯在美国的生活，而且也不讲英语，她为达尼卡照看家，给她和朋友准备简单但很可口的早餐。后来，达尼卡和同事克劳德·鲁雷特（Claude Roulet）一起购买了华盛顿郊区阿灵顿市北特洛伊街1915号的一处房子。再后来她把克劳德手里的产权买断，回欧洲之前又将房子出租。期间，米雪琳·德·拉姆与同事阿历克·图玛雅（Alec Toumayan）结婚后租住在达尼卡的房子里，他们搬走后，莫尼克·冯和丈夫克劳斯·韦斯特（Claus Wust）住在那里。达尼卡回到巴黎后，决定卖掉华盛顿的房子，用这笔钱补充购买撒丁岛的一处房子所缺的资金。

达尼卡在柏林的老朋友波宁一家于1939年移民美国。在美国能与他们相聚达尼卡非常高兴。我们前面提到过，咪咪和她母亲幸运地赶上最后一班游船离开了纳粹德国。拿到美国国籍后，他们把家安在芝加哥。波宁又重新学习完医学专业的所有课程，毕业后重操旧业，成为内科医生。咪咪则成为艺术家，到美国各地巡回演出。一天晚上，在华盛顿的一个俱乐部里，她正在台上演出时，吃惊地看到观众席中有个人举杯跟她打招呼，她很快认出那是达尼卡，高兴至极。中场休息时，两个发小相聚甚欢，“热情”两个字不足以描述出她们的幸福感。随着时间的推移，达尼卡的生活也在发生改变，她把节省下来的钱都放在波宁那里，这样就可以保证钱不被花掉，同时也不至于看着这些钱派不上用场。到达华盛顿不久后，哥哥佐兰来到美国与她会合。他在巴黎没有工作，1950年4月，佐兰的两个孩子出生，达尼卡帮他在生产力考察团找到一份工作。波宁医生在有关部门为他做了担保，因此他获得了居住证。达尼卡每次经过芝加哥都会去看他们，也是从那时起她与咪咪一直保持着联系。

我们还是来谈生产力考察团。考察团中的很多法国译员都跟达尼卡和佐兰一样，1949年至1956年学习了口译专业，实际上，500余个考察团的项目分散在全美各地，法国经济社会各领域的人都参与了考察团的活动。七年中，来自社会各行各业和不同领域的5000余名法国人就是这样考察美国生产力提升的秘密的。计划和生产力委员会希望这些“传教士”回到法国后，利用从美国学到的合理方法在法国实施美国的“生产力驱动”，以重振法国工业。

该考察项目由马歇尔计划资助，由驻华盛顿的法国大使馆工业分析部和经济合作管理局（ECA）共同管理。工业分析处负责人罗斯蒂斯劳·唐恩（Rostislaw Donn）是俄罗斯籍法国外交官，他是这段“史诗”的见证者，而且对很多精彩片段印象深刻。在七年的时间里，唐恩共为项目提供了130名译员。译员等级分为四大类。其中只有八名译员属于一类，包括达尼卡、佐兰和安德烈·瑙杜（André Naudaud）[①]。在华盛顿的长期陪同翻译有时多达30至40名。

生产力考察团的任务涉及多个领域：农业推广、时间与运动研究、钢铁、有色金属、冷链、纺织品、工会。考察安排得非常紧凑：早上8:30在酒店大厅集合，然后乘公共汽车出发开始第一个参观。例如，法国公路运输研究小组（1952）的访问考察期共六周，代表们要前往八个不同的州，与运输公司的代表会面，其中包括猎犬客车公司、太平洋快递货运公司和通用汽车生产公司等。在访问美国汽车协会时，代表们聆听了汽车在美国经济振兴中的作用。另一个考察团的任务是了解名牌管理学院的教学模式，如麻省理工学院和哈佛商学院。另外的代表团负责考察工会联合会，如美国劳工联合会–产业工会联合会（AFL-CIO，合并后），该协会建议法国人采用美国的集体谈判制度。因此，达尼卡和她的同事们几乎访问了美国的每一个州，对各个领域的情况都有一定的了解。有时，完成任务的同时还有旅游参观，如加利福尼亚大峡谷和约塞米蒂国家公园。在为期六周的考察期间，译员从早到晚都要与代表们在一起，

① 见第六章。

有时还要参加企业高管组织的晚宴。克劳德·鲁雷特最常讲的话是，任务开始前要保持矜持，看最终与谁最有缘分。不言而喻，脾气秉性是否相投会决定被迫“共同生活”的快乐程度。莫尼克·冯说，一些代表十分傲慢，于是她和安德烈·瑙杜一起编了一首拉布吕耶《品性论》，并称其为“理工男颂歌”：“粗人，视而不见，听而不闻，一窍不通——他是理工男，他无所不知。”

在众多的考察团成员中还有《费加罗报》当时的主编，他叫路易斯·加布里埃尔–罗比涅特（Louis Gabriel–Robinet），他非常欣赏达尼卡的聪明才智。他提出要帮助达尼卡获得奖学金，让她回法国继续学习后获得大学教师资格。达尼卡婉言拒绝了他的好意，因为她打算留在美国：她开始有不错的收入，终于结束了在贝尔格莱德和巴黎漫长的艰难岁月。但不久后她说，她非常遗憾没有接受这个建议，与学校教师资格的严格训练机会擦肩而过。

考察团成员中除巴黎综合工科学校毕业生和知识分子外，还有达尼卡的一位同事叫雷内·皮尼亚斯（René Pinhas），她清楚地记得，他们所在的那个团的人都是工会会员，住在中西部一个小镇里，由于他们以为women（女人）是men（人，男人）的复数，于是在女洗手间里出现了令人惊恐的一幕。一位胆子很大的美国女人看到这些法国男人进了女厕所便立即报了警，警察逮捕了他们，理由是他们违反了道德规范。到达街区警局后，雷内被叫去解围，他竭尽所能为其辩护，最终警察才被说服并释放了所有人。

两次考察任务中间，译员们将返回华盛顿，他们会利用任务间歇期在国务院参加进修培训。罗斯蒂斯劳·唐恩说，达尼卡不仅仅是佼佼者，而且还因其作为教员的天资脱颖而出。巴黎代表团的另一位同事米歇尔·柯蒂斯（Michel Curtis）坦言，他在达尼卡的课上收获很大。除了为口译人员提供进修课程外，唐恩还负责为年轻专家组织简要介绍会。实际上，除了生产力考察任务，大使馆的工业分析处还为法国精英学校毕业生组织“年轻专家”在美国的实习活动，实习为期九个月，三个月在一所大学，三个月到公司工作，三个月在国际机构。一天的工作结束后，具有教学天赋并在美国获得丰富经验的达尼卡则利用晚上的时间为刚刚到达美国的年轻同胞介绍整体情况。

尽管工作繁重，达尼卡在美国也还是有一些休闲活动的。我们前面谈到通过电影“教学”的例子，新电影一旦上映，她便到影院观看，其中就有经典的美国影片如比利·怀尔德（Billy Wilder）的《日落大道》、伊利亚·卡赞（Elia Kazan）的《欲望号街车》、加里·库珀（Gary Cooper）和格蕾丝·凯利（Grace Kelly）主演的《正午》。除电影院外，达尼卡还和朋友去夜总会听爵士乐和古典乐，有时参加唐恩举办的音乐之夜。唐恩是音乐迷，他珍藏着很少能听到的瓦格纳和其他伟大作曲家的作品，这让来他家的客人倍感幸福，音乐会有时持续到黎明，而且主人还会为大家准备丰盛的俄罗斯冷餐。达尼卡也喜欢瓦格纳，考察任务间隙回到美国时她绝对不会错过这些难得的机会。

法国译员二十世纪五十年代初抵达美国不久，麦卡锡主义便开始盛行。威斯康星州参议员1950年2月刚刚发表了著名的反共产主义演讲，尽管杜鲁门总统拥有否决权，但参议院还是在9月25日投票通过了法律，将所有所谓的共产主义公民排除在行政岗之外。猎巫行为顺理成章。达尼卡的一些同事，尤其是那些将继续生活在美国的同事，见证了当时令人窒息的气氛，以及联邦调查局（FBI）对法国大使馆雇佣的法国年轻人活动的监视，有时甚至是明目张胆的监视。莫尼克·冯回忆说，她曾受到联邦调查局的轮番审讯，因她在家组织翻译之夜时接触过苏联驻美机构的一位年轻俄罗斯人，这种审讯行为在冷战期间意味着美国当局对某人的怀疑。实际上，没有经过那个时期的人，50年后也很难想象当时在美国上空充斥的怀疑一切的氛围有多么恐怖。

达尼卡到达华盛顿时，朝鲜战争刚刚打响。就在一年前，11个欧洲国家与美国签署了《北大西洋条约》。当朝鲜军队沿着平行的38°线穿越韩国边界时，西方世界舆论一片恐慌，如何应对可能打响的第三次世界大战成为大臣们和媒体思考的重要问题。1950年整个夏季，北朝鲜的推进势不可挡，规模空前。6月，美国在联合国的支持下与韩国人一起参与战争。7月27日，法国政府决定以“大西洋联盟”的名义向朝鲜派遣一支增援特遣队，这已经写在了刚签署的协议中。

达尼卡和她的同事们正是在这种严峻的国际形势下在华盛顿生活工作的。美国刚刚在南太平洋埃尼韦托克环礁岛进行了核试验。联合国驻朝鲜总司令迈克阿瑟将军主张对中国在东北的军事目标进行打击，但他在1951年4月被杜鲁门解雇。

在谈及生产力考察团任务时法国译员的看法基本一致。有人说给他们发的薪水过低；其他人，如达尼卡，对此却保留着非常美好的记忆。雷内·皮尼亚斯早几个月被招募做译员，对于他来说，法国经济乏力，尽管配给时代已经过去，但法国人的生活仍然举步维艰，来美国等于进入“黄金国”。他说，除了物质丰富，这个国家的人看上去比法国人更开放，笑容更灿烂。有件事让达尼卡非常震惊，那就是所有美国女人的头发都很干净，不像法国女人，战后根本没有肥皂，没有洗发水。有一点大家的意见绝对没有分歧，那就是尽管工作充满挑战，条件有时艰苦，但对缺乏经验的年轻口译人员而言，这是很好的学习机会，裨益良多。1950年的华盛顿虽然还实行种族隔离政策，而且一直持续到1964年才废除，但这是一个热情洋溢令人轻松的城市，在这样的城市生活很惬意。

至于麦卡锡主义，虽然法国年轻人有时也听说好莱坞的某作家或某艺术家的职业生涯因此中断了，但他们在工作中只遇到一种反共表现，就是代表团内只能有工人力量（FO）或法国天主教工会（CFTC）会员，美国拒绝接受法国全国总工会（CGT）会员。

倘若一切正常，达尼卡有可能留在美国并拿到美国籍，像许多法国同事一样在美国谋生。如果她没有留下的想法，也不会将姥姥接到美国，更不会购买阿灵顿的房子。达尼卡与考察团的合同到期后，被原材料组织聘为译员兼译者。然而，1952年美国当局在没有提供任何理由的情况下拒绝了她的续签居留申请，这对她来说是一场噩梦。她始终都没搞清楚为什么美国拒绝她的申请。我们都清楚，当时正值冷战期间，两个大国之间关系紧张，随时有破裂的可能。一些人认为，可能是达尼卡的言论在美国国务院被指控具有颠覆性：在一次晚会上，她可能是这样说的，美国人从未经历过轰炸，因此对经历过四年战争的欧洲形势永远都理解不了。同样，她似乎在一个签证处的人面前还说过："你们这里比南斯拉夫还差。我在南斯拉夫至少可以想去哪儿去哪儿。"美国人对曾在共产主义国家生活过的人的言论并不陌生，这与达尼卡被拒签不无关联。

总体来讲，这段时间对达尼卡而言是一种煎熬。她在美国国务院眼中是不受欢迎的人，更难以忍受的是她还受到周围人的排斥，许多同事躲着她，甚至在食堂吃饭时拒绝坐在她旁边。受到美国国务院另眼相待的还有一些人，如达尼卡的另一位同事，也是她的好朋友伊娜·博格林-马里卡（Ina Boeglin-Marica），在达尼卡离开美国后不久，她也被美国当局认定是具有"颠覆性"的人。她也无法知道真正的原因，但她是美国国籍，当局无法驱逐她。

此次被迫离开美国对达尼卡打击很大。她患上了抑郁症，还染上顽固的湿疹，这种状况当然与此次遭遇的逆境脱不了干系；与此同时，她与哥哥的关系也开始紧张，佐兰一直都不能自食其力，反过来还责怪达尼卡把姥姥接到美国是要断他的后路，因为姥姥要到大西洋彼岸与外孙女团聚，她在离开尼斯居住的公寓前卖掉了所有的家具。

为了能留在美国，达尼卡四处奔走，寻求帮助。她找到蒙特雷美国部队语言学校指挥官，又找了纽约粮农组织语言机构负责人，然后又找了负责人马里乌斯·巴尔贝科特（Marius Barbecot）。总之，她竭尽所能，该试的都试了。但所有努力都以失败告终。居住证也已经过期了，达尼卡别无选择，只能带着姥姥重新穿越大西洋返回法兰西。

达尼卡几年后承认，尽管经历了这段时间的痛苦和困难，她还是很高兴命运让她回到家乡，因为自己的职业生涯将在法国开始，她在法国将重新找到幸福，梦想也将在法国得以实现。千淘万漉虽辛苦，吹尽狂沙始到金。

第六章

达尼卡和朋友们

这一章介绍那些在生活中或职业生涯中对达尼卡至关重要的人。

达尼卡的父亲是塞尔维亚人，母亲是法国人，早年在德国生活过，达尼卡童年时代就有机会接触多种文化。她喜欢开玩笑，给自己起外号，她最喜欢自己是混血儿，说自己是“多瑙河女农民”。

没必要由此得出什么结论，但有趣的是，她的大多数朋友都跟她一样，父母国籍不同。

童年和青年时期的朋友

前面谈及达尼卡在柏林的生活，讲到乌瑟尔·葛白尔，她的第一个儿时朋友。乌瑟尔是她到达柏林奇利安斯克布勒后第一个认识的人。乌瑟尔离世前一直是达尼卡的密友。乌瑟尔的母亲是德国人，与斯堪的纳维亚人有渊源，用德国当时的说法应该属于雅利安人，但她的父亲是犹太人，这在1931年意味的是后患无穷。我们清楚汉芙医生在纳粹政权统治下遭受的厄运。

按照时间前后顺序排列，达尼卡随后结识了另一个童年时期的德国朋友玛德琳娜（咪咪）。如前所言，她拿到了美国国籍，达尼卡每次去美国旅行或咪咪到欧洲时她们都相约见面。咪咪的母亲是法国人，而她的父亲与乌瑟尔的父亲一样是德国犹太人，是医生。

达尼卡和战争期间在贝尔格莱德认识的朋友始终不离不弃：奥伯雷诺维奇、伊冯、米莱娜姐妹，同达尼卡一样，她们的母亲是法国人，父亲是塞尔维亚人。前面我们已经提到，米莱娜在达尼卡父亲住院和去世前都给予了达尼卡极大的帮助。后来，达尼卡与佐兰产生矛盾，她又在精神上给予达尼卡极大的安慰。米莱娜在精神病学学业结束后便移居蒙特利尔，达尼卡每次经过加拿大都去看她。伊冯留在巴黎，直到二十世纪七十年代英年早逝，她一直是达尼卡的挚友。

对达尼卡而言，对罗马城的记忆与娜塔莉·马萨诺维奇密不可分。她们之间的友谊也源于贝尔格莱德战争年代。娜塔莉的父亲是马其顿人，母亲是俄罗斯人，他们一家是在国际冲突初期抵达贝尔格莱德的。德国占领期间她的朋友不经意间对达尼卡说他们是犹太血统，达尼卡对此深感不安，忧心忡忡。战争快要结束时，娜塔莉的父亲神秘失踪，而且没有再出现，娜塔莉和母亲后来离开了贝尔格莱德，抵达罗马。

娜塔莉后来没能上学，这让达尼卡感到遗憾。娜塔莉对自己的雇主非常忠诚，她受聘于一个小型农业国际组织，最终成为这个组织的秘书长。娜塔莉取得了意大利国籍，她对罗马市充满真挚的热爱和崇拜，对这个城市的每个角落都如数家珍，包括其历史和传说。达尼卡不会错过任何一次机会，每次都在她的陪伴下游览罗马，兴高采烈地参观名胜古迹，再加上娜塔莉熟悉的小罗马餐厅里的饭菜，罗马成为魅力永恒之城。也正是在好友娜塔莉的一再坚持下，达尼卡在意大利不再喝啤酒，为了纪念她在柏林和贝尔格莱德的青年时代，从此开始转喝葡萄酒。

1956年达尼卡回到巴黎，在卢森堡煤钢共同体短暂停留后（后面我们还会介绍），她又遇到了在贝尔格莱德结识的另一个青年时期的朋友苏珊娜·沃奇科维奇，她于2003年7月去世。这是个强悍的女人，父亲是贝尔格莱德人，母亲是比利时人，达尼卡对她的胆量和鲁莽印象深刻。苏珊娜对作者说："我们和达尼卡陷入危险之中"，但未说明是什么危险……有时与达尼卡一起，有时没有她，各种冒险都是苏珊娜一马当先。在贝尔格莱德当记者之前，她还曾被捕过一段时间，先在ACP，随后在《巴黎日报》和《法兰西晚报》任职，专门负责南美的汽车出口业务，有时也说不清楚干什么，但总是有点冒险的事。达尼卡很喜欢苏珊娜，她是性情中人，喜欢逞能，但很机敏，富有尖酸式幽默感。二十世纪六十年代她们各奔东西，九十年代在南斯拉夫战争期间选择的是同一条战线。必须要提的是，由于达尼卡从小失去母亲，她与童年和青年时代的朋友们的母亲保持着特别亲密的关系，如汉芙太太、波宁太太、马萨诺维奇太太和沃奇科维奇太太。

长大后的朋友

佩吉·玛纳斯（Peggy Manath）也是1950年代达尼卡的好朋友，一直陪伴着苏珊娜·沃奇科维奇。这位迷人的少妇来自沙勒罗瓦（Charleroi），在布鲁塞尔戏剧学院学习后于1953年到达巴黎，她之所以吸引了达尼卡，是因为她为人爽快、和善、不做作，75岁时依然风度不减当年。她的家境一般，是犹太布料商人的女儿，没有任何事情可以令她胆怯。她的朋友皮埃尔·纳德勒很年轻，当时是《巴黎日报》的总编，皮埃尔派她赴法国巴黎高档鸡尾酒会收集上层人士的八卦，准备刊登在报纸上。她被酒会上的大人物惊得目瞪口呆：马塞尔·埃梅（Marcel Aymé）、让·罗斯坦德（Jean Rostand），特别是那位爱德华·德·温莎公爵还吻了她的手……

1956年，年轻的塞尔维亚钢琴家杜思科·塔迪奇应达尼卡之邀，得以离开南斯拉夫，到巴黎继续音乐学习和深造。他与达尼卡在孔多塞街合租了一套公寓。这段合租经历让他们成为朋友。达尼卡经常提起他们共用顶楼和冰箱。达尼卡喜爱音乐，但投入精力不多，她只是坚信，塔迪奇才华横溢，肯定会成为出色的钢琴演奏家。但很可惜，塔迪奇本人没有这样的梦想，这一点让达尼卡倍感遗憾。她很高兴参加他的演奏会。杜思科有一套能让达尼卡走进音乐的办法：他给她解释，让她听作品的不同片段，从而使她能够聆听并鉴赏音乐。达尼卡并未接受过音乐训练。当然，16岁时她曾与父亲达成一种默契：她必须上钢琴课，这是她随同学一起去美国的前提条件。达尼卡信守诺言，最终也学会了弹钢琴，但她从未真正喜欢过钢琴，不过是弹奏几个曲子而已。但是，她对练习钢琴的过程印象深刻，后来她经常在课堂上提及，她认为练钢琴与学口译大同小异。

在达尼卡的亲友中，许多都是藏而不露但大名鼎鼎的人物。现在终于有一位露面了，他是法国一个名符其实的大人物，叫莫里斯·佩格尼尔（Maurice Pergnier），生于埃利尔的蒙吕松（Montluçon）。他在达尼卡的老朋友名单中占据重要位置。他与达尼卡的相遇可以追溯到二十世纪五十年代，是通过杜思科·塔迪奇认识的。佩格尼尔是语言学家，大学教授，文学博士，他不仅在达尼卡撰写第一本书时给予她很大帮助，还竭尽全力地投入到他们共同的研究工作中①。达尼卡一生中所有最重要的时刻他都没有缺席。正因如此，二十世纪九十年代南斯拉夫战争期间，达尼卡希望大家行动起来，为无法得到国际援助的人提供帮助。自然而然地，在为塞尔维亚平民提供帮助的人群中，达尼卡又看到莫里斯·佩格尼尔的身影。

① 这里指言语研究小组，在后面讲研究一章中还会提及。

译员朋友

达尼卡的大多数朋友都是会议译员。这里需要特别讲的是塔德·皮利（A.Thadé Pilley）。

塔德·皮利是波兰裔犹太人，出生于巴黎，在与父母定居英国之前在法国上小学，在伦敦读完高中后考上牛津大学。他有语言天赋，学了德语和荷兰语。他在皇家空军服役参战，在专门的情报部门工作，他主要负责使用战俘所讲母语进行审讯。他坚强的性格给达尼卡留下很深的印象，达尼卡觉得他很风趣。有人告诉他，说他的行为和睡觉的姿态很像“泰迪”熊。这种人性格开朗，聪明，富有创造力，当然也很健谈。与他同时代的所有同事都清楚地记得：国际会议口译员协会（AIIC）主席多次重复“*To the point*，*Pilley*”，以至于皮利自己也习惯于用这句话开始讲话“*To the point*，*Pilley*”。

皮利于1932年在伦敦成立了语言学俱乐部，这是翻译行业的传奇。俱乐部的基本模式就是分组活动，每个组中至少有一位讲母语的人，学生之间互动，从而促进外语的学习。伦敦这个语言学俱乐部是一个非常独特的场所，译员经过伦敦时可以在俱乐部见面，阅读，聊天或打乒乓球。皮利还设立了一个专门的工作晚会，经过伦敦的年轻译员如果表现出特别的天赋，皮利便训练他做同声传译。后来获得诺贝尔和平奖的埃利·维瑟尔（Elie Wiesel）就是其中一个。

皮利对自己的同传语速非常得意，有时当然也会引发议论，被定义为皮利语流、话语含混、不易理解、偶有不符……皮利是个敢说敢干的人，他的观点是，如果有事无法实现，那就应该向前冲，如果是禁止的话，当然更应该去做……一个“禁止入内”的牌子肯定会吸引他。钱只能借给富人，有关皮利施舍的类似传说不胜枚举。事实是，在译员圈盛传的故事有很多是真实的，这些故事恰恰反映出人物原本的可爱之处。达尼卡乐在其中。这里举几个例子，以飨读者。

一次在非洲某国家过境，达尼卡和皮利在转机前经历了36个小时的颠簸。皮利租了一辆车，请达尼卡顺便参观一下这个国家。然而，在返回途中，他们吃惊地发现，暴风雨冲毁了通往机场的那座桥，回机场变得无望了。但是这种突发事件对皮利来说不算什么，他坚信有办法搞定。他先去找渡轮，未果；这时他注意到，离他们所在地方不远处有栋楼，看上去像监狱。他便走过去，要求见狱长，那位狱长很快就被皮利说服了，同意派遣一个分队马上建渡河筏。一顺百顺，筏子很快造好，朋友们跟汽车一起被送到了彼岸，及时赶到机场，登上了飞机。

皮利对达尼卡说：“我会让你看到一大批国王。”的确，语言学俱乐部的几位前非洲学生都是国家首脑或酋长的翻译，达尼卡和皮利几次经过非洲都受到俱乐部学生首脑级别的接待。

皮利还有一个特点：睿智机敏。萨拉查（Salazar）统治时期在里斯本召开的一次会议上，皮利发现两个年轻同事没有收到总统府招待会的邀请函，他便提出带他们一起去。皮利对门卫说，“放心好了，他们和我是一起的。”于是一切顺利完美，几位同事不费吹灰之力进入了总统府。实际上，皮利自己也没有邀请函……后来有一次是维也纳美泉宫的盛大晚会，他故伎重演，走到“丈二和尚摸不着头脑”的门卫面前大声说：“I'm Pilley（我是皮利）。”

达尼卡提到皮利时说，她爱他像爱自己的哥哥，后来他生病了，在生命的最后时刻他却不想见任何人，这让达尼卡悲伤不已。

许多生产力考察团的同事都成了达尼卡的朋友，英裔美国人伊娜·博格林–马里卡便是其中一位。伊娜的母亲是英国人，父亲是美国人，她和母亲及兄弟们童年时代住在大西洋边的比利牛斯山脉下，并在这里上完了小学，后又读了一段高中。1940年6月21日，在芒市海峡被德国人炸毁前，她乘最后一批轮船回到英国。当时，法国抵抗军士兵听到了戴高乐将军6月8日在英国发出的号召，于是也乘这艘船抵达巴约讷，他们决定同戴高乐将军一起战斗。为了纪念这些士兵，伊娜所在的巴约讷市还命名了一条街道，叫“1940年6月21日大街”。回到英国后，伊娜完成了中学的学习，然后到剑桥大学读书。战争结束后，她来到巴黎，先是参与马歇尔计划项目，随后到生产力考察团工作。正是在考察团的时候她和达尼卡成为朋友。1955年她回巴黎成为北大西洋公约组织的公务员，后在孔多塞大街与达尼卡共租了一间公寓。她们亲密无间，当伊娜决定到另一个国家定居时，达尼卡虽然对她的离开深感伤心，但还是愿意帮助她，她让伊娜闭上双眼，然后轻轻地转动地球仪，把手指放在地球仪的任意一个地方。伊娜的手指停在了墨西哥。伊娜后来在那里生活了几年，非常快乐。她最终选择在蒙特利尔定居。正是在墨西哥逗留期间她改变了想法，开始近距离了解AIIC，后成为其会员。

达尼卡喜欢伊娜身上散发出的艺术气息和对不同文化的包容态度。伊娜观察能力很强，而且还能立刻将看到的东西描绘出来或变成油画，达尼卡对此记忆犹新。她非常欣赏伊娜对艺术表现出的那种热情，那种执着，即使著名的展览或建筑所在地十分偏远，她也不会错过。

达尼卡挚爱的另一位同事是安德烈·瑙杜。他才华横溢，也参加了生产力考察团任务。他们的友谊从未间断，直到安德烈去世。安德烈是名副其实的英法双语者，在英国长大，父母是法国人，是波尔多葡萄酒进口商。他比英国人更英国人，有点花花公子的样子，聪明绝顶，机智幽默，很有教养，喜欢背诵法英小说家希莱尔·贝洛克（Hilaire Belloc）那些脍炙人口的诗歌。他的画也很漂亮，他还为AIIC设计了一只漂亮的鹦鹉做会标，协会当时还在巴黎档案大街。即使没有这个鹦鹉会标，瑙杜的聪明才智也会刻在同事们的心中。他和达尼卡志同道合，互相扶助，在达尼卡撰写第一本书的时候，他也是唯一的对话者。达尼卡面对纸张些许有点胆怯，她说需要先把自己的想法跟别人说一遍。很长一段时间内，听她讲话的人都是瑙杜。达尼卡与打字机寸步不离，每当她思考口译和其机制问题时打字机都在，她会随时告诉瑙杜她到了哪里，是在度假还是正在执行任务。

华盛顿的任务完成之后，安德烈·瑙杜继续在经济合作与发展组织的职业生涯。能够再次相聚，他们非常开心。1956年达尼卡结束在卢森堡的逗留后回到巴黎。1956年瑙杜还在ESIT指导过达尼卡，他们一起合作了一段时间，直到瑙杜因厌烦教学离开学校。

再次谈到AIIC，进入我们眼帘的是俄裔美国人弗拉基米尔·波吉达耶夫（Vladimir Pojidaeff），他和达尼卡之间的友谊可以说是亲密无间。在后面的章节中我们会看到，达尼卡在所谓的美国事件中在他身边扮演的角色。很大程度上讲，如果没有弗拉基米尔，大西洋彼岸的会议口译职业不可能诞生。弗拉基米尔在美国时经常聘用欧洲译员到美国完成口译任务，达尼卡、伊蕾娜·托思特里-费里（Irene Testot-Ferry）和乔伊·博科纽（Joy Bokownew）都是应弗拉基米尔之邀并在他的帮助下去"征服美洲"的：他们给美国译员带去口译职业的口碑，然后又把这些美国译员吸纳到AIIC。

1950年，达尼卡在巴黎和康斯坦丁·安德罗尼科夫建立了非常特殊的关系。康斯坦丁有格鲁吉亚王室血统，是拜占庭帝国皇室家族成员，他是神学家，在教堂做牧师，也是AIIC的创始人之一。达尼卡担任该协会执行秘书时，安德罗尼科夫任协会主席。她在《徽标之耳》① 中谈到了他们的合作，这本书是马克·安德罗尼科夫（Marc Andronikof）为纪念父亲去世而出版的。达尼卡曾说，"我们一直都不是挚友，但我们的关系分量很重。"他们彼此尊重，对口译职业看法一致，并都为其奋斗，这让"多瑙河女农民"和俄罗斯

① Marc Andronikof，L'oreille du logos, I'Age d'homme，Lausanne，1999.

贵族心心相印。达尼卡确信能从康斯坦丁·安德罗尼科夫那里得到支持，这样的信心铸就了他们之间的关系，一直延续到他去世。

达尼卡的另一个朋友叫乔伊·博科纽，也是“居维叶研究中心”[①]的创始成员之一，几十年中她一直都跟达尼卡一起承担翻译任务，她出生在爱沙尼亚的塔林，母亲是英国人，父亲是德国人，她在波罗的海度过了自己的童年，父母分手后，她与母亲和姐姐一起前往英国开始大学生活。母亲在战争中去世后，她断了经济来源，别无选择，只能中断学业，闷闷不乐地去当了英国女兵。她和部队一起被发配到希腊和奥地利，在那里照顾难民。战争结束后，她移居巴黎，并跟伊娜一样，曾在马歇尔计划行政部门工作。她是AIIC第一任秘书，当时的执行秘书是克里斯多夫·泰利。泰利发现乔伊的语言知识极为丰富，于是鼓励她到巴黎高商学习口译。达尼卡和乔伊在AIIC的合作很密切，一直到2000年10月乔伊离去。也许是巧合，达尼卡纪念乔伊的文章与宣布她离去的消息被刊登在AIIC通信的同一期内……

在翻译圈的朋友中，还有安妮·罗斯·比耶尔·夏布雷尔（Anne-Rose Biehl-Chabrel），她是德国人，是达尼卡完成众多任务的伙伴。除专业素养外，达尼卡最欣赏的是她的忠诚，能经受各种考验的忠诚，还有她那极强的组织意识，当然还有她的热情洋溢和慷慨大方，她常邀请大家到位于沙特尔（Chartres）附近的鲁永（Rouillon）的家中做客。

① 这是达尼卡1975年创立的译员招聘办法，是以她当时居住的居维叶大街的名字命名的。

达尼卡有时会说："安妮·罗斯，给我一块奶酪蛋糕。"达尼卡儿时在柏林吃过这样的蛋糕。安妮·罗斯生于萨尔布吕肯（Saarbruck），这个地区与法国相连，她在这里长大，自然从小就与法语有接触。她很开放，愿意接受其他文化，喜欢旅行，她听说巴黎开设了一所口译学校，便于1954年来到巴黎，在索邦大学下属的巴黎高等翻译学校[①]注册学习。几年后，达尼卡成为这所学校的校长。达尼卡多次对安妮·罗斯说，很遗憾她没有当过罗斯的老师。1956年毕业后不久，她被征召入职，为《罗马和欧洲原子能条约》签署前的谈判做翻译，地点在布鲁塞尔附近的瓦尔杜切斯（Val Duchesse）。安妮·罗斯与达尼卡的相识是1957年在巴黎举行的一次国际会议上。达尼卡着手改组ESIT口译系后，她便请安妮·罗斯担任法德口译教师，直到退休。罗斯负责德语系的工作。达尼卡后来在位于档案大街的AIIC担任执行秘书时，罗斯是她部门的核心成员之一，一直到达尼卡任期结束，这与伊蕾娜·托思特里·费里继任执行主席时的情况一样，罗斯当时是执行秘书助理。1975年，当达尼卡决定设立"居维叶研究中心"计划时，罗斯自然而然成为创始成员之一，在后来远赴各地工作时，她成为达尼卡团队的成员。罗斯也是设立达尼卡·塞莱斯科维奇奖协会的创始人之一，这个协会是为纪念达尼卡退休而设立的。四十多年中，罗斯与达尼卡的友谊始终坚如磐石。

---

① 她在这所学校负责口译系工作长达25年。达尼卡自1956年开始在这里任教，一直到退休。

在我们的这份名单中，有必要多用些笔墨给克里斯多夫·泰利。二十世纪五十年代中期他们第一次见面，先是在AIIC协会内，后又在ESIT相处共事多年。许多同事都清楚，在达尼卡退休之前，ESIT的这两位搭档可以说是珠联璧合。达尼卡说，泰利是纯正的双语者。他父亲是法国人，在英国定居三十多年，但他拒绝学英语，理由是避免英语污染了他的法语。他母亲是爱尔兰人，他在伦敦读的是法语中学，战后回到法国开始读医学专业。实际上，他是纯粹的双语者，与康斯坦丁·安德罗尼科夫的一次会面让他成为了会议口译人员。尽管在行业内的多次论战中，泰利与达尼卡并不总是意见一致，但他们之间的友谊坚如磐石。在ESIT，泰利给予达尼卡很多不可或缺的帮助，因为泰利是法国外交部口译部负责人，这一岗位让他与各大部委都有联系。正是由于他的推荐，在让-皮埃尔·谢文纳（Jean-Pierre Chevenernent）担任教育部长时高商口译学校开设了同声传译班，还让ESIT得到了一个教授岗位。学校多年积累的声誉开始名扬四海。

艾莉亚内·乌曼斯基（Elyane Umansky）和尤塞夫·乌曼斯基（Joseph Umansky）也是达尼卡译员圈的朋友（俗称“双U”），他们都是巴黎高商口译学校的第一批毕业生。1956年达尼卡进入自由职业译员圈时与“双U”结识，并一直保持联系。

在二十世纪五六十年代，达尼卡与维蒂亚·赫塞尔（Vitia Hessel）关系亲密。维蒂亚是俄罗斯犹太血统，1917年出生在圣彼得堡，1986年去世。她与外交官斯蒂芬·赫塞尔（Stephane Hessel）

结婚。她去世时，她的朋友艾琳·巴鲁埃特（Irene Barluet）在AIIC记事簿上对她做出了极高评价："她个头不高，女性特征明显，透着智慧、机智和活力。维蒂亚身上有着截然不同的特质：思维严谨，但也会突发奇想，信念坚定，但为人温和。她幽默至极，但愤世嫉俗。按照赫塞尔大使的说法，相同的生活方式让维蒂亚和达尼卡走到一起，她们都有敏锐的直觉，绝对不会被假象所迷惑。她们两个认识时，维蒂亚和斯蒂芬·赫塞尔、门德斯·法兰西（Mendès-France），还有乔治·鲍里斯走得很近，门德斯当时是部长会议主席办公厅主任。六十年代初期，"双U"在让·穆兰俱乐部（Jean Moulin Club）训练指导达尼卡。这个亲左翼俱乐部1958年5月13日成立，为首的是斯蒂芬·赫塞尔和让·穆兰的秘书达尼尔·科尔迪埃（Daniel Cordier），俱乐部1970年关闭。这个内部俱乐部当时的宗旨是，将其建设成能为"新共和制公民"服务的思想碰撞实验室。一段时间内，维蒂亚是法共道路上的同行者，虽然没有人称其为左翼"鱼子酱"，但她是一个左翼激进分子，尤其是年轻时，她还曾是法国大学生联盟成员。很多年中，达尼卡经常与"双U"见面，维蒂亚也成为巴黎大区枫丹白露附近的马莱特（Marlette）乡间别墅的常客。

达尼卡六十年代初与特雷斯（雷尼亚）·罗默（当时叫"尼斯基"）（Thérèse（Renia）Romer（Niski））第一次见面后一直保持着彼此的友谊和情感。1960年，特雷斯以AIIC在加拿大的会员身份来巴黎参加协会全会。巴黎的协会会员负责接待外省和其他地区来的人，特雷斯被达尼卡接到了自己在居维叶大街的家里。在以后的多年中，他们只是偶尔见面，但彼此一直保持联系。达尼卡去世后，特雷斯在AIIC简报上用精湛的文字表达了对这位挚友的怀念。

2001年达尼卡去世后，我们可以看到，那些仍然健在的朋友，包括童年时代和青年时期的朋友，与达尼卡是那么恋恋不舍。这本书中也有一些人是达尼卡只在某个时期频繁接触过的。从1967年到1977年的十年间，达尼卡与露丝·威利特（Ruth Willett）曾密切接触，她也是国际会议译员，在海德堡口译学校做老师。她们在口译问题上非常默契，而且露丝还是达尼卡的粉丝，赞同达尼卡的观点和她的教学法。达尼卡在给她的一封信中曾写到："我感觉咱们是姐妹，正在尝试同样阶段的试验。"她们彼此写信，经常约好在当时召开的研讨会上见面。达尼卡很欣赏露丝，还引用过露丝发表的论文中关于从理解到知识的定义。达尼卡做出很大努力，想让她读博士，但终因各种理由，计划没能实现。但她们始终友好如初。

卡拉·德让·勒·菲阿尔（Karla Dejean Le Feal）多年中一直是达尼卡忠实的朋友，并且也是居维叶研究中心的创始成员之一。1975年她在达尼卡指导下完成了博士论文，后在ESIT任教多年。没有人想过，包括卡拉自己，达尼卡有意让卡拉接替口译系的工作。二十世纪八十年代末发生的一次争执致使她们自那时起老死不相往来。达尼卡去世后，卡拉在跟作者谈起这段往事时显得很失望。

很多年中，达尼卡与杰拉德·伊格（Gérard IlG）关系也很紧密，但先后因AIIC和ESIT问题发生争执，最后分道扬镳，主要是杰拉德不赞同达尼卡的翻译学研究。1996年达尼卡协会授予他桂冠时反而遭遇嘲讽。然而，在达尼卡对获奖新人讲话时，令人吃惊的是她一直保留着对杰拉德的那份友谊。

在很多人眼中，玛丽雅娜·勒代雷（Marianne Lederer）是达尼卡唯一的名符其实的朋友。玛丽雅娜虽然出生于巴黎大区的布洛涅，但她的生活也并非风平浪静。在二十世纪三十年代初，随着纳粹分子进入奥地利，他的父亲（犹太裔生物化学家）被迫逃往德国，然后又逃到了年轻妻子的家乡法国。在法国他没有找到工作，于是又与家人一起到了列宁格勒，在那里滞留了两年，在一所大学任研究员。玛丽雅娜正是在涅瓦河岸上蹒跚学步的，她与保姆用俄语说出了第一个单词。是不是这种多元文化也让她同达尼卡一样，后来进入语言交际工作呢？对细心的观察者而言，达尼卡和玛丽雅娜看上去有很多相同之处。实际上这两个人很容易区别，只是一种罕见的价值观把两个人捆绑到了一起；她们对世界和对利益的看法完全重合。达尼卡吝啬谈心事，很少主动敞开心扉。一旦她要倾诉，那对象肯定是勒代雷。达尼卡性格外向，乐意接近他人。玛丽雅娜则相反，很内向，其他方面也大相径庭。然而，如果有谁愿意证实第一印象的话，他会立刻发现，玛丽雅娜的人格特征十分丰富，他也会立刻明白，达尼卡在与玛丽雅娜共同度过的四十多年里是溢满幸福的。毫无疑问，玛丽雅娜对达尼卡的爱和陪伴在她的生活和职业生涯中起了决定性作用。她们在撒丁岛的比利时的邻居、朋友——女演员玛莉安·奎伊林（Marion Quoilin）盛赞说：“大家都说玛丽雅娜是达尼卡的影子，实际上，她是达尼卡的阳光。”

第七章

重返欧洲

达尼卡将离开美国，重新回到欧洲。1953年，对法国乃至全世界来说都是多事之秋。8月，1936年以来最严重的罢工活动致使法国处于瘫痪状态。印度支那危机持续，法国军队进入奠边府，第二年以失败告终……在巴黎，安托万·比内（Antoine Pinay）刚刚接手公共事务管理工作，他常戴圆边帽，是坚挺法郎的强硬派人物。年底人口普查结果公布，法国人口已经达到了4240万，根据12月24日报纸的消息，根本不为大众所知的议员勒内-儒勒-古斯塔夫·科蒂（René-Jules-Gustave Coty）当选共和国总统，成为樊尚·奥里奥尔（Vincent Auriol）的继任人。这是在凡尔赛议会厅经过十三轮投票后才选出的。

英国人在1953年为年轻的伊丽莎白女王三世加冕[①]，斯大林也是这一年去世的。在美国，麦卡锡主义仍在肆虐，受害者代表罗森伯格夫妇被处决。在国外，朝鲜战争结束，于7月签署停战协议。

“二战”后八年，一个新的和平的欧洲开始起步。1953年5月，《波恩条约》解除了德国的占领，捋顺了德国与西方盟国之间的关系。德意志联邦共和国从此成为主权国家，可以在欧洲舞台上发挥其作用了。首先，1951年4月西德、法国、意大利和荷比卢等国之间签定了《巴黎条约》，开启了欧洲煤钢共同体的建设。1950年5月9日“舒曼计划”在巴黎出台，旨在将联合法德煤钢的想法变为现实。1953年8月10日，欧洲煤钢共同体高级管理机构成立大会在卢森堡大公国举行。比利时人保罗·亨利·斯巴克（Paul-Henri Spaak）当选为欧洲煤钢共同体大会主席，另一位伟大的欧洲人让·莫内担任高级机构的首任主席。莫内在开幕词中强调，欧洲正在经历的事件意义重大，成员国所做的承诺远远超越了国家范畴。1919年至1923年，莫内是国际联盟副秘书长，1939年被法国和英国任命为战争协调委员会主席，1940年6月负责法英国家融合项目。莫内是国际经济和金融专家，钢铁行业问题专家，他借助欧洲煤钢共同体找到并投入到了想做的事业中。

此时达尼卡在做什么？1953年6月，正是达尼卡完成生产力考察团任务后被迫离开美国的痛苦时刻。她因此回到了巴黎，开始寻找

① 达尼卡喜欢隆重的典礼仪式，未能观看由雷昂·兹特罗（Léon Zitrone）点评的电影加冕礼新闻，她很遗憾，表示非常期待下一次加冕礼……

工作。她写信给驻巴黎的各个国际组织口译部负责人，先是写给联合国教科文组织的布瓦洛（Boireau），随后是欧洲煤钢共同体康斯坦丁·安德罗尼科夫的继任人鲍里斯·梅利科夫（Boris Melikoff），还有斯特拉斯堡欧洲议会的安德烈·卡明科。达尼卡还找到当时在欧洲议会工作的主要译员，包括让·艾赫贝尔（Jean Herbert）。然而，在1953年对于一个想在欧洲口译市场立足的人，参加赴美国生产考察项目还算不上高等级翻译任务，故不能加分，不仅如此，参加美国华盛顿考察的人的工作条件和薪资水平还低于当年11月11日AIIC[①]制定的标准。

那个时候，在巴黎召开的国际会议不太多，根据达尼卡的工作日程记录来看，她从美国回国后接的工作并不多，她参加了6月在巴黎召开的一次重要的旅游会议；海牙的一位同事亨利·梅托尔斯特（Henri Methorst）找她担任联合国教科文组织青年学院在德国巴伐利亚州高廷市召开的一次会议的口译员。根据此次活动期间拍摄的一张照片，一起承担口译任务的三位同事的工作条件足以让今日最勇敢的译员胆战心惊……在这里，达尼卡结识了欧洲煤钢共同体的罗伯特·皮特维尔（Robert Pittomvils）。当她得知新机构正在寻找懂德语的口译员时，她决定投简历给卢森堡高级管理局人事主任和让·莫内办公室主任。

在等待卢森堡答复期间，达尼卡利用暑期参加了驾驶证考试，因为如果要在大公国生活，她就必须开车。她一次拿下交规考试，

① 后面会专门介绍该协会和达尼卡在其中发挥的作用。

次日参加路考。第二次尝试成功，拿到驾驶证。达尼卡一生开车都游刃有余，唯一的遗憾是她方向感很差。

达尼卡被欧洲煤钢共同体口译部录取。在姥姥的陪伴下，她再次奔赴国外，尽管这次是在邻国卢森堡。

欧洲煤钢共同体

新创立的煤钢口译部的服务管理委托给了一位法国律师，一位根本不懂口译的斯皮拉（Spira）先生。新机构成立初期没有固定的总部，高级管理机构会议分别在卢森堡首都不同地点的会议室举行，而在奥尔德林根大街（Rue Aldringen）的“006”和“008”会议室一直使用到1970年。有关铁路运输的会议在卢森堡市政厅召开，会议内容通常技术性很高，有些表达方法很少使用，诸如取消铁路货运中过境费用中断系统（als/ob）。让·莫内做高级管理机构主席或德国副总统埃特尔（Etzel）做主席时，会议通常都放在市中心的梅斯广场（Place de Metz）。

达尼卡在卢森堡又与罗伯特·皮特维尔相遇，同时还结识了先后来到口译部的阿曼德·阿莱施（Armand Alesch）、勒尼·赫兹（范·霍夫-哈弗坎普）（Renée Herz, van Hoof-Haferkamp）、赫尔曼·勒鲁（Hermann Leroux）、安德烈·道达（Andrée Dowdall）和多米尼克·法拉利（Dominique Ferrari）。德语译员中有厄休拉·帕德伯格（Ursula Padberg）、莉洛·德赛尔（Lilo Dressel）、约翰娜·布里希塔（Johanna Brichta）、安妮莉丝·韦格尔（Anneliese Weigel）、安娜·弗洛克（Anna Flock）和厄休拉·温恩梅克斯（Ursula Wennmakers），这些人全部是慕尼黑口译学校的第一批毕业生。还有意大利语译员弗朗卡·亚诺（Franca Arno）、吉尔达·高登茨（Gilda Gaudenz）和玛丽亚·罗韦拉诺（Maria Roverano）。

后来担任欧委会口译部部长的雷妮·范·霍夫（Renée van Hoof）表示："欧委会译员团队之星既不是达尼卡，也不是我，无可争议，肯定是厄休拉·温恩梅克斯"。这个才华横溢的年轻德国女孩在旅行中不幸感染了一种热带病，随后故去。她的英年早逝，令人震惊和痛心。让·莫内在回忆录中还专门向她表示哀悼。

达尼卡曾说，她和雷妮曾在奥尔德林根大街狭小的同传厢内并肩工作多年，除此之外没有其他来往。保留在雷妮记忆中的只有达尼卡对同事口译质量表现出的态度，达尼卡凡事谨慎小心，但对自己的着装根本不讲究。雷妮是个优雅时髦的女士，五十年后，她都没忘记与达尼卡在狭窄的空间里一起工作的情形，她还记得，达尼卡起身离开时还蹭坏了她的新丝袜，但连句道歉的话都没有……可以说，她们两个除了在业务上的共识外，没有太多共同语言……

毫无疑问，达尼卡在同事中很出众。她32岁时，由于比其他人年龄大，经验更丰富，而且她不畏习俗——这不可能不被人注意到。与欧洲煤钢共同体官员在伦敦访问的某一天晚宴结束时，达尼卡在女王面前点燃了一支香烟！礼宾司负责人赶忙前去制止。达尼卡以为别人在开玩笑，毫不在意地继续抽烟，丝毫没有考虑到这会引发丑闻。不仅如此，开会不能准时到是个大问题。参会不能迟到，这一点她心知肚明，也尽量提前预测各种意外。但有时延误似乎不受她的主观控制，有时甚至是命运故意捉弄她：一次去海牙参会，喜欢开车的达尼卡决定开车去会场。知道迟到的怪事有可能发生，她建议同事们先走，不要跟她一起走，但其中有人一再坚持，她又想给大家提供交通便利，于是最终让步。为了避免迟到的风险，她同意提前离开。但是她的运气就是不佳：当他们停在荷兰某处的交道口等待火车通过时，火车却发生了故障。无法穿越铁道，他们只能掉头走另外一条路。可她对这个国家的道路并不十分了解，她的方向感也不强……译员们最终到达开会地点时会议早就开始了。达尼卡总结说："我应该提前告知你们！"

和她共事的安娜·弗洛克–丹尼斯（Anna Flock-Denis）说，每次她与达尼卡在巴黎马蒂尼亚克街粮食计划署一起参会，达尼卡都会习惯地说："弗洛克，您的酒店就在隔壁，明天早上一定要准时啊，我会很早就出发的，然而，谁也不晓得路上会发生什么"。

同时期的人都一致认可达尼卡高超的翻译技巧，实际上，达尼卡刚在卢森堡上岗就被莫内注意到了。所有同事都清楚记得，有位女士，年龄说不准，但智力超群，富有同情心，非常自我。日内瓦翻译学院年轻毕业生阿莱施说，那个时候达尼卡翻译教育家的天分已经显露，只要你愿意听她讲，她就会热情地给你提出建议。至今他仍然记得其中的一些具有指导意义的建议，她对口译的论述已接近"科学"。德国口译员之一厄休拉·帕德伯格证实，达尼卡在很多问题上都给同事们留下了深刻的印象，尤其是她的口译方式。“帕迪”曾回忆说，德国代表们很自负，自吹说他们听得懂法语，开会时习惯于逐字逐句听译员的翻译。实际上，其中有的译员的母语并非法语，他们热衷于透过法语单词寻找德语原语单词。达尼卡的翻译方法让他们不知所措，至少在初期让他们产生或感到反感，因为他们无法继续逐字逐句听发言。也正是在欧洲煤钢共同体时期，达尼卡坚定了自己的认知，即把母语译成外语和把外语译成母语在质量上很难同日而语。

后来担任欧洲议会翻译处处长的罗伯特・皮特维尔在谈到达尼卡的个性时说，达尼卡会做事，重友情，他自己也被达尼卡出色的翻译所感染。他还讲了颇具特色的一桩逸事：在一次充斥着统计数据的会议上，一位德国代表发表了很长且高技术性的讲话，并在黑板上用许多数学计算和公式加以说明。他的演讲结束后，达尼卡女士起身走到黑板前，在代表们恐怖目光注视下擦去了所有内容，然后逻辑非常强地用法语翻译了讲话内容，包括所有公式和数字。罗伯特・皮特维尔最后说：“这就是达尼卡，谦虚但自信。”在场官员对其精彩的翻译纷纷表示敬佩，这里无须赘述。弗兰卡・施密特-阿诺（Franca Schmitt-Arno）则这样描述达尼卡，人们可以通过那双绿色眼睛了解到“她那种智慧魅力”。赫尔曼・勒鲁用更为简洁的方式说：“就一句话，这是一位伟大的译员”。

尽管达尼卡与同事们相处得很好，但与他们交往不多，而且她自己感觉没有融入卢森堡。她到达卢森堡后心里就想：“我在这里不会待十年。”回到巴黎后，她仅与玛丽亚·罗韦拉诺保持联系，两人定期在欧洲理事会相见，后来每次到罗马她们都会相聚。年轻的玛丽亚是罗马人，每次都在罗马自己的住处或厄尔巴岛的家中接待达尼卡。

在卢森堡逗留期间，只要时间允许，达尼卡便自己开车回巴黎与朋友们一起度过周末。这些人有时也到卢森堡去看她，例如佐兰和新婚妻子杰奎琳·梅内特里耶（Jacqueline Ménétrier）[①]，伊娜对那个时期的一件事记忆深刻。

一个周末，伊娜和达尼卡决定去德国黑森林郊游。伊娜周五晚上从巴黎过来，她们开车出发时夜幕已降临。达尼卡驾驶的是新买的标致203。她们先是穿过了一片森林，伊娜有点累，开始打盹。刚刚闭上眼睛，达尼卡的一声尖叫让她从迷糊状态中清醒过来——她看到一只豹子从斜坡上跳起狠狠地撞在汽车顶上，豹子瞬间死亡，达尼卡的车被撞坏了……庆幸的是，汽车只是车体受损，还能开，于是达尼卡把车开到最近的一个村子里，她一直琢磨，是不是需要报警，告诉警察路中间有一只死豹子。可是，警察过来后首先想到的是达尼卡是否把死豹子藏在了后备厢内。实际上，法律禁止把因交通事故被撞死的牲畜带走。到达德国边境后，海关人员看到达尼卡的车况后也是同样的反应，在确认后备厢内没有死豹子后才放行。对达尼卡而言，将豹子带走也不算什么，只是她很伤心，不仅

① 佐兰与前妻索尼娅·拉多瓦诺维奇离婚后于1954年与年轻同事杰奎琳·梅内特里耶结婚，他们是在华盛顿生产力考察团相识的。

撞死了豹子，还把漂亮的新车撞坏了。从那以后，伊娜每次坐达尼卡的车都保持清醒状态，达尼卡对她说："你不能闭眼！""你闭眼会给我带来厄运。"

让·莫内的团队在卢森堡致力于欧洲煤钢共同体的工作。1953年2月10日煤炭共同市场成立，5月1日钢共同市场诞生，随后取得了欧洲合作的很多务实成果。但是，1954年在五个合作伙伴国批准的情况下，法国却拒绝了欧洲防务共同体（CED）项目，这是一拳重击。该项目由前部长里内·普利文（René Pleven）发起，旨在解决德国的重新武装问题，但戴高乐将军在1952年签字时就言词锋利地反对该计划。戴高乐主义反对派胆小怕事，总之，欧洲防务共同体无法与任何法国政党达成一致。在国民议会辩论开始时，先就一个前提问题投票，并最终以319票赞同、264票反对的结果，宣布之前授权批准的欧洲防卫共同体的法律被无条件驳回。让·莫内对此非常反感，提出不再连任高级管理机构主席的位置，以示抗议。

然而，这位坚信欧洲未来的人并没有因此放弃自己的理想。对他来说，这是一场战役的失败，而绝不是战争的失败。1955年他重返领导岗位，并创建了欧洲行动委员会，总部设在巴黎。从那时起，欧洲重要人物，尤其是德国重要人物参加的会议越来越多。为确保新机构的翻译任务，塞莱斯科维奇次年回到巴黎后，莫内便经常请她承担翻译任务。莫内的行动目标始终如一：将欧洲国家团结在一起。上世纪五十年代还有其他政治家的理想和抱负与莫内相吻合，如意大利外交大臣加埃塔诺·马蒂诺（Gaetano Martino），1955

年6月1日至3日他在墨西拿（Messina）组织了一次历史性会议，并邀请了法国、比利时、荷兰、卢森堡和德国同行参加。比利时的保罗-亨利·斯帕克（Paul-Henri Spaak）在他的回忆录中描述了当时谈判的艰难。谈判从6月2日至3日持续了一整夜。清晨，大家终于达成了一项协议，这次会议意义非同小可，因为这不仅使建设统一欧洲的想法回到了正轨，还直接导致两年后《罗马条约》的签署。达尼卡与其他译员一起经历了这一欧洲建设中的历史时刻。经过漫长之夜的讨论后，她对墨西拿黎明时分的记忆恰如保罗-亨利·斯帕克细腻的描述：在举行会议的宫殿花园里，第一缕阳光冉冉升起，部长们面带倦意，但异常幸福，他们放声齐唱《我的太阳》。

在欧洲煤钢共同体做口译并非易事，因为有时需要工作到深夜，周末也不能休息，而且会议内容技术性很强。然而，所有参与的译员都一致表示，这个时期的工作激动人心，这给他们的职业生涯打上了深深的烙印。所有人都感到自己是这项共同事业的一部分，与法德之间的和解密不可分。雷妮·范·霍夫指出："大家都感觉亲自参加了自己所翻译的会议。"达尼卡则认为，能够为让·莫内提供翻译服务是极大的荣幸。当然，"欧洲之父"对达尼卡也表示出崇高的敬意，最好的证明是，他一般不给别人写序，却在1975年为达尼卡出版的《语言、言语与记忆》一书作了序。让·莫内这样写道："我们的工作没有这些译员无法完成，其中包括很快就加盟的达尼卡·塞莱斯科维奇。"他还说，"达尼卡除了具有口译员的特质外，她总是随叫随到，热情地帮助他人相互理解，并能将思想和情感的细微差异翻译到位。”这是一位伟人对她的赞誉。

让·莫内是对达尼卡影响深远的人物之一，达尼卡对莫内和他完成的创举赞不绝口。即便如此，她也没有选择终身做欧洲公务员，让·莫内的离职更是加速了她做出离开卢森堡的决定。达尼卡胸有大志，内心感到自己的职业生涯在其他地方。此外，她怀念巴黎和朋友。姥姥当时也年逾八旬，感觉日子漫长难挨，说很不习惯卢森堡的肉食。1955年底，达尼卡辞职，离开了卢森堡大公国。

巴黎

达尼卡此次从卢森堡回到巴黎时已34岁，这已经是第四次从国外返回家乡了——1925年和1945年从南斯拉夫回来，1953年从美国返回。这次，她下决心留在巴黎，不再离开。战争爆发以来，巴黎出现了严重的住房危机，很难找到栖身之处。达尼卡和姥姥回到巴黎后，姥姥住到了巴黎附近查卢佐兰夫妇那里，达尼卡也很幸运地在孔多塞大街10号找到了一间小公寓，也就是她出生的街区。从她的厨房窗户望去，她能看到童年时代住过的房子。她与伊娜·博格林住在一起，伊娜清楚地记得房子当时的状况：到处是蟑螂，达尼卡紧张地处理，坚持不懈地连续熏蒸多次，房子才变得能住人。

很多口译员都不会忘记当时巴黎口译市场上的残酷竞争情况：如果跟一位招聘你的译员一起做会，其他人则不会再找你签翻译合同。伊娜回忆说，当时巴黎的译员看上去优越感极强，他们对起步于华盛顿生产力发展项目的译员可以说是嗤之以鼻。然而，1956年的达尼卡已经不是初出茅庐的译员了，她的专业经验也不再局限于那几年在华盛顿翻译的工业领域，在煤钢共同体的三年工作，让她积累了丰富的经验。她具有杰出的专业素养，这一点很快就得到了雇佣者的认可。而且，佐兰先前也从美国回到了巴黎，当妹妹从卢森堡回到巴黎时，他已经在巴黎口译市场占有一席之地。佐兰在刚刚成立的AIIC做财务主管，事业一帆风顺。达尼卡也开始了辉煌的自由职业生涯。除“自由市场”外，她还在斯特拉斯堡的欧洲委员会工作，在那里，首席翻译安德烈·卡明科时常聘她做口译，达尼卡成为欧委会和其他驻巴黎的国际机构的常客。

除巴黎和日内瓦，国际代表大会有时也在布鲁塞尔举行。一次，达尼卡被聘去做会。她准备开车前往比利时首都。那时伊娜正准备考驾驶证，需要练习驾驶。达尼卡便希望她陪自己前往布鲁塞尔，这样可以熟悉开车。隔壁邻国比利时当时还没有规定开车必须持有驾照。达尼卡的教学法是让“学习者”对自己有信心，让他们能够发挥潜能。达尼卡在后来的教学中将这种方法付诸了实践。达尼卡很慷慨，把自己的车借给一个还不会开车的朋友，而且还是在布鲁塞尔。

那个时期，达尼卡与定居巴黎的贝尔格莱德朋友经常往来：伊冯和米莱娜·奥伯雷诺维奇、建筑师兼业余摄影师伊凡·扬科维奇、他的兄弟多米尼克，还有后来成为记者的苏珊娜·沃奇科维奇和佩吉及她的朋友。伊娜还跟其中一些朋友讲述了在巴黎圣心教堂附近的皮加勒大街发生的一件逸事：一天晚上，他们要找夜总会，于是向在勒皮克街遇到的一位年轻女子问路，毫无疑问，这位女子站在那里是为了用姿色做交易。这位女士很友善，告诉他们怎么走，达尼卡很热情地邀请她一起去。年轻女人有点生气地说："你不知道我在工作吗？"的确，达尼卡并没有意识到这位年轻女人是在做"自由"职业……

达尼卡离开欧委会前，取出在欧洲公务员制度三年中向该机构缴纳的养老基金和可观的积蓄，而后回到了巴黎。她投资购买了位于布洛涅的在建公寓，公寓交工后便将其出租了。在此期间，苏珊娜·沃奇科维奇和佩吉·玛纳斯住在公寓里，等了一段时间他们才在巴黎找到一个小套间。后来达尼卡把这个公寓变卖了，用来购买位于居维叶大街的小两室一厅。

1956年法国最有标志性的政治事件当属两年前开始自治的摩洛哥和突尼斯获得独立。戴高乐将军是推行非殖民化政策的先驱，这在法国舆论中引发了大地震，这一点我们将在阿尔及利亚事件中看清楚，法国当时对非殖民化的规模和影响还远远没有成熟的想法。

对于达尼卡本人而言，1956年最重要的事件无疑是与苏联关系正常化一段时间后南斯拉夫的解冻。前面讲到，五十年代中期，铁托在克拉格耶瓦茨市为托萨·塞莱斯科维奇半身像举行了落成典礼，此后姑姑热万卡和苏珊娜·塞莱斯科维奇的情况得到改善。烦恼终于结束了，热万卡拿到了护照，1956年她可以随时动身去巴黎了。这时候，苏珊娜决定不再回南斯拉夫，于是便与她的一个姐妹在法国南部的塞特市定居了。她一直待在埃罗省，经济上有达尼卡资助。父亲蒙西洛生病，后来去世，这期间达尼卡与苏珊娜已经和解了，因为，达尼卡看到这个后妈在父亲生病后竭尽全力地照顾他，她很感动，从那以后，童年和青春期对她产生的怨恨消失殆尽。

在1956年夏天的暑假，达尼卡和伊娜前往意大利。伊娜对古代镶嵌艺术充满热情，她带着自己的朋友到拉文纳、威尼斯以及有总督之城的托尔切洛岛上，欣赏威尼托–拜占庭大教堂墙壁上那些十六和十八世纪的镶嵌艺术作品。虽然达尼卡对镶嵌艺术没有太大兴趣，但她还是很喜欢意大利，并愿意与伊娜同行。她对意大利人的热情印象深刻，更被伊娜对安格尔小提琴的痴情所震撼。

1957年，伊娜也找到了住处，达尼卡随后便接待了年轻的塞尔维亚钢琴家杜思科·塔迪奇，并与他合租了孔多赛大街的房子。杜思科对这段生活有非常美好的回忆，他忘不掉与达尼卡和许多朋友一起度过的一个个欢快的夜晚。两位合租朋友经常一起外出：在巴黎圣母院旁的“两座桥”上看海伦·马丁（Helene Martin）的表演，当然也在巴黎观看了五十年代的许多其他演出。

达尼卡后来也离开了孔多塞大街，在第五区植物园对面的居维叶大街16号买了一套小两居。她对这座建筑物并不陌生，因为1946年她在那里租了一间保姆房。达尼卡对五区和植物园恋恋不舍，在那里居住了二十多年，直到1978年她搬到巴黎郊区的另一边。

居维叶大街

达尼卡要购买的小两间单元房位于居维叶大街，在楼上五层，没有电梯，厕所位于楼梯边，而且住户也还没搬走。租户找到了八区一个门房，为了让他们尽快搬走，达尼卡提出替他们支付搬家费用。

1957年，达尼卡搬进了新家。第二年，她要去突尼斯参会90天，我们后面还会谈这件事。达尼卡正好利用这三个月的时间装修房屋，她准备改造出一个小浴室。一两年后，住在同一楼层的邻居卡尔韦罗特小姐计划卖掉她的公寓，因为她实在受不了天天爬五层楼，达尼卡便决定买下她这套房。就在这时，另一个住在楼上的房主出现了，他经济上比达尼卡宽裕，提出以更高价格购买，达尼卡自然是忧心忡忡，害怕房子就这样眼睁睁地被别人买走。卡尔韦罗特小姐很不喜欢那个人如此虚张声势，也许是出于同情，她还是选择以较低的价格将房子卖给塞莱斯科维奇小姐。达尼卡终于可以搬进更大的公寓了，同时还可以将那套小房子出租。出售合同签字后离开公证处时，卡尔韦罗特小姐将支票退还给达尼卡，出于信任，同意她分期付款。很显然，达尼卡对买房的决定不会后悔。后来那个小房子她也不再出租了，而是将两套房改造成一个大四居，采光非常好，还能欣赏植物园的景色，达尼卡的朋友都清楚记得在她家度过的那些快乐时光。

1957年6月上旬达尼卡出发前往南斯拉夫。自从1956年国家相对开放以来，她开始定期返回贝尔格莱德，与家人和朋友相聚，同时带去当时还很稀缺的食品，如地道的咖啡，直到1965年咖啡才出现在南斯拉夫商店的货架上。在与贝尔格莱德的家人和朋友团聚之余，达尼卡还要去斯朗斯，就是1941年和1944年轰炸期间接待他们全家的那户农民家所在地。

她又在意大利度过了那年的夏天。首先去了佛罗伦萨，然后应玛丽亚·罗韦拉诺的邀请到厄尔巴岛，她家在首府费拉约港附近的乡村。佐兰和他的太太，还有他们的大女儿朱丽叶和刚出生的皮埃尔也一同前往。那里有为拿破仑建的斯特拉堡和利古雷塔，他们在费拉约港小巷沿着拿破仑的足迹漫步，随后在附近美丽的海滩边游泳，晚上在海边渔民家的小酒馆里开心地赏鱼。

同年10月，前苏联向太空发射了人造卫星斯帕特尼克I号，距地球900公里。11月，全世界都屏住呼吸，关注着人造卫星斯帕特尼克II号上的乘客莱卡狗的命运。前苏联和美国卫星发射数量比例为二比一。达尼卡一生都十分关注美国和前苏联两个超级大国在太空的探险活动。

然而，1957年对达尼卡而言是转折点：她开始投身于教学和巴黎高等翻译学校的工作。我们将在《达尼卡与翻译教学》一章中详细描述。也是在这个时期，达尼卡开始将更多的精力投入到AIIC的工作中。

国际会议口译员协会（AIIC）

年轻的自由职业译员达尼卡刚刚在巴黎定居，她没有理由不对1953年成立的国际会议译员协会产生兴趣。达尼卡1956年加入该协会。协会建立初期，其秘书处设在执行秘书克里斯多夫·泰利在纳伊的家里（他一直说，协会的档案不是存在他家浴缸下面，而是浴缸里，他还为此受到大家的调侃，说他根本不用浴缸），后来秘书处搬到档案大街的33号楼内。

依照传统，国际会议翻译协会利用一次午餐机会成立，时间是1953年11月11日，在场的都是“大咖”译员：煤钢共同体口译部负责人康斯坦丁·安德罗尼科夫（他曾在法国外交部就职）、欧洲委员会口译部负责人安德烈·卡明科，还有联合国教科文组织口译部负责人汉斯·雅各布（Hans Jakob）。该协会成立前，瑞士和英国译员协会已经存在。瓦迪·凯泽（Wadi Keizer）、克里斯多夫·泰利、佐兰·塞莱斯科维奇和塔德·皮利（Teddy Pilley）等人一直认为，应该将这些团体融合在一起，实际上这些协会在AIIC成立时已经受到影响。该协会的第一次大会推举康斯坦丁·安德罗尼科夫任主席，克里斯多夫·泰利任执行秘书，佐兰·塞莱斯科维奇负责财务。在介绍达尼卡在协会中的角色之前，还是先看看克里斯多夫是如何描述二十世纪五十年代初期和中期巴黎口译市场的。克里斯多夫是AIIC创始成员，他不仅是那个时期的见证人，更是市场上最活跃的译员：“1953年，AIIC成立那年，国际同声传译公司（SIIS）也在巴黎诞生。这两个截然不同的事件彼此还是有影响的。”

随着会议数量和语言种类的增加，同声传译开始发展。如果会议在没有设备的会议厅举行，这在当时很正常，组织者一般会租用IBM的移动设备。这是因为，IBM不仅有法林——芬利系统[①]许可证，他们还开发了一种可移动安装的无线设备，只是与会代表脖子上要戴一个装有灯泡且很重的盒子。

1952年春天，北约落户巴黎，办公地点是前一年在特罗卡德罗花园为联合国大会建造的临时场所。苏格兰高级音响工程师菲利普·韦伯斯特（Philip Webster）有望为北约媒体大厅购买一个新的无线电设备，产品由法国西屋公司设计。这样，与会人员就可以不再佩戴笨重的IBM盒子，而是使用装在一个小黑塑料盒中的微型矿石接收器，看起来像个牙刷盒（没什么好奇怪的，本来就是一个牙刷盒……）。收听效果虽然不太好，但当时也只能如此。然而，接收器的重量很大程度上又被发射器的重量所抵消：在坦克上用的马可尼天线重25公斤，两侧的供电设备重40公斤。每一种语言都需要一个发射器！麦克风也很重：由于菲利普在质量上很苛刻，法国广播电视局用的麦克风都是Mélodium（悦耳）品牌。环形天线悬挂在会场周围。一种语言一根线，四个通道的线路看上去就像一条巨大的晒衣绳！

菲利普·韦伯斯特来自英国一家录音公司，这家公司偶尔也接同声传译的会。菲利普认为，如果有一家公司能够经营无线设备租

① 该许可证以战前第一台真正的有线设备发明人Filene-Finlay的名字命名。

赁便可以与价格昂贵的IBM产品形成竞争。他便与北约签约译员克里斯多夫·泰利（1952年至1953年）谈了这件事，于是他俩决定创建同传公司。泰利先从北约辞职，做自由职业者，韦伯斯特在同传公司有能力付给他工资后也辞了职。

接下来要做的事是撰写公司章程和寻找地址。公司的第三个合作伙伴出现了：艾莉亚内·乌曼斯基。艾莉亚内的岳父是香榭丽舍大道一家电影院的经理，他提供了一个非常理想的公司地址，于是他们便成立了一家有限责任公司，泰利通过父亲筹集了主要注册资金，负责管理这家公司，韦伯斯特则带技术入股。

公司位于巴黎著名的蒙帕纳斯公墓对面，第一次会议在蒙索皇家宾馆召开。会议承办者是大型纸袋生产商。主席宣布会议开始时，韦伯斯特还在桌子底下连接电缆，耳机里听不到声音，于是译员把头从译厢内伸出来听；参会代表还是听不到译员的翻译，泰利蒂尔开始讲话：“这是法国第一台同传设备，是法国第一家同传公司，稍安勿躁，马上就好……”上午的会确实断断续续，但第二天大家听会就没问题了。

当时，其他译员的操作程序也大同小异。日内瓦有一位女士叫玛丽·金斯伯格（Marie Ginsberg），近40岁，她创建了Simulta公司，而查理·冯威勒（Charlie Vonwiller）也开始自己做业务。在伦敦，塔德·皮利则借助一种便携式设备为小型会议提供服务，这种设备不需要译厢，讲话人也不使用麦克风。后来，“小喇叭”一词广为流传。再后来，皮利带着这套轻便的必备工具和设备出差，跨越边境。

对于同传公司来说，操作起来也很麻烦，因为设备本身很重，而且马可尼天线的使用受到卢森堡无线电台的限制，还要符合相关军事天线设备的使用法规。接下来还有译厢问题，最早是箱子的一半放在桌子上，随后是电话亭式箱子和完全可以拆卸的箱子。再后来的译厢是用毡子制成的，靠铝管结构连接。最麻烦的是所有这些设备进出每个国家都需要许可证。同传公司有一次接的业务是从芬兰到土耳其，途径葡萄牙和意大利等国，每次都要出示进出口许可证，办理所有过境手续。1953年，从西班牙到里斯本，携带的同传设备被归为“马戏团家什”类别。当时，同传公司还量身定做，在泰利的一辆小型敞篷车后面增加了一个小拖车。后来，公司买了一辆莱伯妮，介于雷诺旅行车和卡车之间的一种车，这种车装的是著名的“1000公斤”货用发动机，有点像之前那款粗犷的ESPACE车，后来不再生产了。

同传公司还随着设备的开发完成了相关材料或文档的撰写。首先撰写的是一份面向会议组织者和译员的承诺书。作为一家译员和工程师协会，同传公司提供“打包”服务：当然，雇主与口译员之间签署的合同必须与公司的商业活动完全分离。该承诺书样本也成为AIIC早期推出的承诺书。

同传公司还针对不同的设备撰写了不同的说明书：无线电环路（1954年菲利普公司首先推出的半导体收音机接收功率变大）、线路安装，还有同传公司移动设备，这个设备主要针对“小喇叭”开发，很轻便，但配有演讲人话筒和译厢。可拆卸译厢是根据AIIC后来的草图标准制作的。

会议日益增多，旅行更为频繁，相应的风险可以想象，经常会有预想不到的事情发生：一次忘记带专门的连接线了，现场必须找到替代品，在伊斯坦布尔或其他地方，这谈何容易啊。另一次，乘火车穿越英吉利海峡时装载设备的汽车被海关大人完全解体，说是要查找违禁食品。

同传公司不断发展，工程师从一个增加到三个，还增加了一个非全职财务和一个秘书。其中的几年，公司设备租用给三十多个会议使用。营业额在增加，各种费用也在攀升。管理工作变得繁琐，需要占用大量时间，这时候经验变得十分珍贵。实际上AIIC后来间接从中受益，因为泰利在管理岗取得的经验先是用于执行秘书的工作，后来他当了协会主席后也受用。乌曼斯基通过夫人也经历了同传公司的创建和发展，他学到的基本能力后来在分管AIIC财务工作时都派上了用场。

况且，同传公司与口译职业领域的合作有积极意义。同传公司帮助确定了职业规则，同行们对这些管理新兵态度热情，甚至在月底揭不开锅的时候还有同事借钱给公司。

同传公司在经营七年后的1960年解体，既无盈利也无亏损。SATI接手了公司的客户和办公地点。但这家公司也很快解散了，又转手给在同传公司工作过的一个人……“世界运转无非如此。”[①]

① 这是缇埃尔1997年在蒙特利尔AIIC全会上的叙述，这里引用已得到作者的批准。

达尼卡与泰利第一次相遇是在1957年初的一个星期天，AIIC办公室的康斯坦丁·安德罗尼科夫、瓦迪·凯泽、克里斯多夫·泰利和佐兰·塞莱斯科维奇要到诺伊泰利家里开会。佐兰因有其他事情无法出席，于是派妹妹顶替他。达尼卡名声在外，泰利早就有耳闻，但他只知道达尼卡是优秀译员，对她的个性、能量和后来他说的“超群”悟性并不知晓，他是后来慢慢才真正了解她的。

1957年2月，在巴黎召开协会全会，当时的成员并不多，会议在巴黎市政厅会议室召开。有两张记者当时拍的照片，一共有31个人，其中有达尼卡、佐兰、泰利、安德罗尼科夫、凯泽、珍妮·德·克拉伦斯（Jeannie de Clarens）、弗雷德·特雷迪尔（Fred Treideil）等。

达尼卡很快就在协会承担了部分工作。先是在安德罗尼科夫主席领导下接替了哥哥佐兰的财务工作，1959年2月又接替泰利做执行秘书。尽管巴黎房地产市场不景气，协会最终还是转移到档案大街33号办公室，这次搬家得益于乔伊·博科纽（Joy Bokownew），他在房地产中介机构做了大量工作。另一位协会创始人露丝·霍尔（Ruth Hall）认为，在二十世纪五十年代巴黎住房危机形势下还能找到这样的地方应该是“奇迹”。为了拿到这个办公室，协会决定向会员借款，让·艾赫贝尔（Jean Herbert）是业内的活跃分子之一，他答应所缺部分由他来填补。两个小房间，没有水（印刷机开动后或去洗手间后洗手要靠秘书自带水），厕所在院子里，没有照明。

达尼卡全身心投入到协会全新且有意义的工作中。一天的口译结束后，她晚上就在档案大街度过。正是这个时期，弗朗辛·托马斯–拉杜克斯（Francine Thomas-Radux）在秘书处做了一段时间办公室秘书工作，达尼卡与她建立了合作关系。达尼卡是通过朋友苏珊娜·沃奇科维奇与她认识的，苏珊与弗朗辛的母亲都在《法兰西晚报》工作。协会第一份年鉴于1959年发布，只包含一部分首字母，但弗朗辛在设计的时候计划每一期增加介绍一个国家的地理，双条目年鉴实际上是在1960年才最终定型的。十五年后，在居维叶研究中心，弗朗辛又成为达尼卡的特聘秘书，一位难能可贵且不可或缺的合作者。

AIIC新任执行秘书面对的挑战不可小觑。首先，达尼卡要协调协会的内部组织工作，然后要思考新会员入会标准问题：需要确定协会性质、入会资格和入会程序。最终的解决方案是：申请加入协会需要五名会员的推荐，要确保其语言组合的口译质量，同时申请人要遵守协会的职业道德守则。达尼卡只要不做会时就到档案大街工作，这已成为她的一种习惯。她身边有一群挚友：乔伊·博科纽、米歇尔·柯蒂斯、杰拉德·伊格、安妮·罗斯·比耶尔和1960年入会的玛丽雅娜·勒代雷。达尼卡·塞莱斯科维奇对事业的奉献精神和坚持不懈的努力感染着周围的同事们。她不仅是执行秘书，还扮演了宪兵的角色，她在任期内所参与的“战役”和获得的“战绩”数不胜数。

上任执行秘书后，达尼卡的首要工作就是对译员的工作条件做出描述和规定。关于职业道德准则，达尼卡执行起来毫不含糊，始终如一，而且希望非AIIC译员也严格遵守相同准则。一位同事出差购买的是二等舱的票，但他要求客户支付一等舱的钱，他想用差额部分支付陪伴他出行的妻子的票款，让客户承担妻子的旅行费用。回国后等待他的是执行秘书发出的函件，要求他对此做出解释……达尼卡惊奇地注意到，尽管她无权制裁当事人，但多数情况下，一封信函足以让一个人对自己的不良行为道歉，并回到正轨上。AIIC协会的行规和运行机制是在协会主席安德罗尼科夫领导下、达尼卡担任执行秘书期间诞生的。

1961年协会全会时有一项内容，就是讨论是否开除某会员，因为他被怀疑违反职业道德规范，在招聘译员中采用了非正规手段。根据当时的一条行规，后来成为伦理标准，雇佣合同必须是译员与客户直接签订。这位同事，还有其他人，企图从被招聘的译员报酬中提成，违反了“直接合同、直接付酬”的原则。会议期间，先是当事人为自己辩护，很多人几乎被其说服，想就事论事。但达尼卡不同意，她说这是“圣徒来索要路易十六的头颅”（引自露丝·霍尔），她还提醒说，AIIC译员应该用道德准则约束自己的行为。伊娜·博格林-马里卡态度开始也很强硬，但最后有所缓和，变得平和冷静，同意暂时取消这位同事的会员资格。这里要插一句，年轻的玛丽雅娜·勒代雷很了不起，她当时已怀身孕，但还是接受到场作证，证明自己没有拿到标注自己姓名的直接合同，那位同事是用自己的个人支票支付的劳务费。全会最终表决，取消当事人会员资格两年。

达尼卡任执行秘书期间还要完成另一项重要工作，就是让所有国际组织承认AIIC。在朋友塔德·皮利的帮助下，达尼卡开始与联合国谈判，但该机构有个出了名的毛病，就是始终不同意在合同上标注会议结束日期。这样，译员被绑定，没办法签约服务其它会议。联合国日内瓦办事处的口译负责人表示，如果能签字画押，他就同意将已经在未标注结束日期合同上签字的译员名字告诉达尼卡，这样她就会把火迁怒到当事译员身上。在巴黎召开的国际航空协会全会上，达尼卡和主席安德罗尼科夫动员AIIC译员举行了罢工，目的是争取在合同上标注会议结束时间。与该协会的合同最终按照这个原则进行了修改。纽约联合国总部的态度本来也是很强硬的，但这次罢工起了作用，联合国的所有下属机构最终均接受了AIIC提出的条件。

也是在这个时期，联合国教科文组织有意同几位自由职业者签署框架合同，相关译员对此感到很兴奋。有望签协议的人中有维蒂亚·赫塞尔（Vitia Hessel）和艾琳·巴卢埃（Irene Barluet），他们始终就没考虑过拒绝签合同。但是，达尼卡不同意，她通过认真计算证明拟签合同条款不具备优势，口译员做自由职业者反而更合适。达尼卡最终说服维蒂亚和其他人拒绝接受该组织的合约条件，并要求提高待遇。联合国教科文组织最终做出让步，接受了达尼卡提出的条件。就这样，未来“框架合同”内容的补充水到渠成……

那时候，有些人认为“翻译是天生的，不是教出来的”，但持反对观点的人认为翻译应该经过专业培训。达尼卡坚持第二种观点，她认为，成为译员固然需要天资，但同时也需要经过严格的职业训练。在她看来，通过亲属或朋友关系介绍和接纳新会员应该逐渐让位于文凭。对未来新译员的培训实际上也是达尼卡上任执行秘书后的工作任务之一。作为ESIT的教师，达尼卡自然对这个项目特别关注。1958年全会之后，AIIC便开始讨论研究与部分高校合作的原则，1959年协会全会通过了资格"认可标准"，法国巴黎高等商业学校、巴黎高等翻译学校、瑞士日内瓦大学翻译学院、德国海德堡学校成为合作院校。在1960年召开的全会上，由安德罗尼科夫主席和杰拉德·伊格提出的关于这一主题的提议得到通过。伊格当时在档案大街与达尼卡一起工作，非常活跃，后来也是伊格完成了面向学生的职业指导手册的起草工作。

围绕AIIC会员候选人问题，特别是对希特勒的前翻译和查理曼军区的前担架员菲利普·戴斯图施（Philippe Destouches）[①] 能否加入协会问题大家意见分歧，争议的核心是协会能否接受过去政治上有"污点"的人入会。达尼卡的态度鲜明：她反对不加区别地打倒一切，主张重点看其现在的工作表现和是否遵守协会道德准则。本书的作者曾与戴斯图施一起工作，可证明其一直严格遵守AIIC的各项规章制度，而且对达尼卡一直很尊重。戴斯图施的一条腿在东线作战时被截肢，他常说："我为青春时期的错误付出了代价。达尼卡很信任我，我永远都应感恩于她。"

① 法国志愿者，混编在55号炮台，在东线与布尔什维克作战。

1963年协会全会时达尼卡任期届满，她与乔伊·博科纽合作整理出一个非常全面的“档案”材料，其中包括她在任期间执委会和全会所有重要的讨论和决定的详细说明。她认为，让继任者清楚地了解协会的规则和判例十分重要，因为这有利于协会继任者能够在充分了解情况的基础上做出未来的决定，继往开来。继任者是否曾使用过这些资料则不得而知……

同行们普遍认为，达尼卡·塞莱斯科维奇在担任执行秘书期间对AIIC和整个口译行业的贡献是巨大的。佐兰的贡献也很大，但在这里我们不谈他。达尼卡天生条理清晰，善于管理，她把秘书处的资料全部分类归档整理。艾琳·泰特–费里（Irene Tester-Ferry）接替达尼卡担任了执行秘书，她首先向达尼卡表示祝贺和致敬，还同玛丽–弗朗西斯科·斯肯克（Marie-France Skuncke）和瓦迪·科泽尔（Wadi Keiser）一起撰写了感谢信，为她对AIIC发展所做的贡献致敬。大家一致认为，在档案大街担任协会执行秘书期间，达尼卡是一位能够与男性比肩的领导人，她的组织意识和权威是协会和会议译员职业迅速发展的主要原因。任何机构都没有像达尼卡这样对所做的事情头脑清晰的人，并且她能够冲锋在前，遇到任何紧急状况她都会在第一时间带着自己的团队成员出现，这个团队坚不可摧，随时准备与她一起为捍卫自己的职业而战。

关于法国政治，继1954年的恐怖袭击后，1957年6月在阿尔及尔又发生了一系列恐怖主义袭击。欧洲人与阿尔及利亚人之间的关系日趋紧张。第四共和国历届政府疲软无力。更为不幸的是，各个部委亦步亦趋，紧随其后，毫无作为。从1957年开始，恐怖活动蔓延到阿尔及利亚各地。1月9日，马苏将军临危受命，负责阿尔及尔秩序的恢复。声援法国殖民地国家独立，特别是支持阿尔及利亚独立的示威活动在巴黎爆发，达尼卡勇敢地参加了游行活动。有一次安德烈·瑙杜陪着她，但他态度并不坚定，跟着达尼卡也是违心的。很难在这里用笔详细描述那个时期的动荡：在阿尔及利亚发生的可怕事件、阿尔及尔1958年5月13日的游行、其后来的影响、还有戴高乐将军的重新掌权，等等。

1958年暑期，达尼卡和杜思科·塔迪奇与在德龙省的乌曼斯基一家汇合，乌曼斯基刚刚在孔狄亚克乡村购买了一处别墅。假期的部分时间用来内饰粉刷，穿插着散步和朋友间的会餐，大家乐在其中。

尽管达尼卡非常崇拜戴高乐将军，但在她的记忆中——至少作者感觉如此——达尼卡对1958年最重要的记忆并非戴高乐重返政治舞台，反而是影响她一生的一次相遇：结识玛丽雅娜·勒代雷。

达尼卡和玛丽雅娜1958年才认识。欧洲煤钢共同体口译负责人保尔·乌姆温（Paul Unwin）有一天问达尼卡是否认识能出差去突尼斯的译员，会期100天，从9月一直到11月，任务是陪同一个美国代表团，随团做农业科普课程翻译，对象是突尼斯年轻人。“我呀，我很感兴趣”，达尼卡回答。乌姆温已经找到巴黎高等商业学校刚刚毕业的一位年轻人，名叫玛丽雅娜·勒代雷。那个时候，达尼卡在圈内已经占有一席之地，而勒代雷是初出茅庐的译员。她们彼此并不认识，因此去突尼斯也没有一起乘飞机。在飞行途中，达尼卡备受关注。头发不多，衣冠不整，一只手摆弄打字机，另一只手扶着一个篮子，里面是她的那只爱猫。不可能没人注意她，尤其是那只猫还从篮子里跑掉了，消失在机舱中。百般无奈之下，在乘客离开马赛机场飞机舷梯时，达尼卡征得机长同意后留在机舱中，最后才找到了逃跑的猫咪……达尼卡对此次如此长时间内与一位刚毕业、什么都不懂的人一起做翻译心里犯嘀咕，更何况玛丽雅娜并非毕业于巴黎高等翻译学校。出发前，她还跟朋友玛丽亚·罗韦拉诺吐露了心声。

到达突尼斯后，达尼卡和玛丽雅娜下榻同一家宾馆。开始合作后她们感觉很默契。玛丽雅娜被达尼卡的口译水平所折服，而达尼卡听玛丽雅娜开始翻译后也打消了原来的疑虑。有教育家天赋的达尼卡的同传经验和建议对玛丽雅娜帮助很大。勒代雷45年后袒露，正是这三个月面对面的课程让她掌握了同传的方法，巴黎高商1958年的课程表里还没有类似的课。

谁也没有料到共同的命运会把这两个女人连接在一起，表面上看，她们两个迥然相异。然而，第一次同传合作就让她们发现了彼此的互补性和相同的追求。在这次百日的口译中，她们几乎形影不离：翻译之外，她们驾车出行，偶尔汽车还会“气喘吁吁”，她们去发现并观赏突尼斯美景。除了好望角（Cape Bon）外，她们还沿地中海向南，经过哈马马特（Hammamet）和苏斯（Sousse）。在苏斯和斯法克斯之间，她们还参观了保存完好的埃尔杰姆罗马圆形大剧场。她们继续前行，一直到加布斯（Gabes）绿洲，然后乘渡轮前往巨大的绿洲杰尔巴（Djerba）岛，上面有150万棵棕榈树和60万棵橄榄树，还有突尼斯最美丽的沙滩。后来，她们还重游了神圣的伊斯兰城市凯鲁万，曾经的首都。她们虽然不是博物馆爱好者，但还是花时间去参观了突尼斯巴尔多宫。由于未婚夫是摩洛哥人，玛丽雅娜也曾去过摩洛哥，因此，在突尼斯首都老城麦地参观时便自然而然地成为达尼卡的向导。不知何故，久而久之，勒代雷名声远扬，成为北非专家。她们参观了香料市场神学院，然后穿行于大街小巷和嘈杂的露天市场，那里有地毯、黄铜器皿、各种手工艺品等，两个法国人眼前的世界简直就是活生生的《一千零一夜》，她们在突尼斯千余年的历史中自由地徜徉。

达尼卡和玛丽雅娜去参观了腓尼基人、罗马人和古代突尼斯奇特的遗迹。旅行中，她们从日常口译职业经验出发，数小时一起深入探讨言语和记忆，发现彼此都具有理性和深刻的思考。达尼卡正是在这次突尼斯之行中完成了她第一篇有关口译的文章。她们在突尼斯先是住在一间令人窒息的公寓里，后来在迦太基高地上的一间小旅馆安顿下来，这里距古老且风景美如画的小港渔村西迪·布·赛义德（Sidi Bou Said）不远，她们晚上经常去那里吃饭。突尼斯海湾的壮丽景色让她们着迷。她们本来打算租一个别墅，但别墅里条件很差，只能望而却步。在迦太基，她们并没有陶醉于大海和布尔科宁（Boukornin）的风景，达尼卡继续完成她的文章，写完后还将其发给安德烈·瑙杜，而玛丽雅娜则洋洋洒洒地写情书。

突尼斯的这次同传让她们建立了友谊，并开启了两个人后来四十余年成效显著的合作：先是会议口译，随后是口译教学和学科建设，再后来就是翻译学研究和一些基础性论文。

达尼卡想象力丰富，但想法不能形成法语表达结构（要知道她最早接受的教育是在德国），而勒代雷的严谨精神给予她很大帮助。勒代雷成长在一个科学家家庭，她是七个孩子中的老大，善于判断，思路严谨，她懂得如何用笛卡尔的严谨和恰如其分的方法让达尼卡把握好与生俱来的斯拉夫式热情和思维，贴切表达自己的想法并与现实相结合。还有一点必须清楚，勒代雷是个严苛且内向的知识分子，这对达尼卡的作品不无影响，而且她甘愿退居到性子暴躁且年长于她的达尼卡身后。这些年中她们完成的研究成果已经融合在一起，难分你我，也很难确定哪个想法是达尼卡或是玛丽雅娜提出或完善的。然而，两个人在思想和研究上的长期合作却因2001年达尼卡的突然离开戛然而止。她们的合作是建立在彼此精神和智力上的默契与互补基础上的，唯一能够将其击破的只有死亡。

我们来到二十世纪五十年代末。法国发生了巨大变化：戴高乐将军重返政坛，1959年1月，第五共和国党诞生。总理是米歇尔·德布雷（Michel Debré），政府成员有安德烈·马尔罗（André Malraux），莫里斯·顾夫·德姆维尔（Maurice Couve de Murville），安托万·比内（Antoine Pinay）等人，改组后还增加了利奥波德·塞达尔·桑戈尔（Léopold Sédar Senghor）。自1954年以来，阿尔及利亚发生的事件使法国遭受创伤，大家希望新政权能够终结这种局面。10月，弗朗索瓦·密特朗声称在巴黎天文台花园遭受了一次奇怪的袭击，法国政坛对此提出质疑。这一年在世界上具有里程碑意义的事件中，我们看到，一位名叫英迪拉·甘地的妇女当选为印度国民大会党主席，古巴革命将菲德尔·卡斯特罗送上领导岗位。在美国，木星火箭将两只小猴子送入太空，Explorer IV卫星发回在太空拍摄的地球的第一批照片。

进入二十世纪五十年代，达尼卡先是送走了父亲，在物质上生活拮据，但五十年代末期预示着幸福的降临。从38岁开始，达尼卡迎来了属于自己的生活，在接下来的四十年中，她经济上有了很大改观，而且在巴黎拥有一套公寓，在翻译行业得到大家的普遍认可，在索邦大学从事教育工作。一切迹象表明，灾难成为历史，一个崭新的时代已经来临。五十年代成为历史，六十年代万岁！

1919年4月，巴黎第五区，达尼卡的父母蒙西洛·托多·塞莱斯科维奇和朱丽叶·卡朗的结婚照

蒙西洛·托多·塞莱斯科维奇

达尼卡、佐兰与父亲

达尼卡、佐兰与姥姥

1935年，达尼卡在克尼希施泰因（学校组织郊游）

1935年，达尼卡、姥姥和继母在赫瓦尔岛（达尔马提亚）

柏林环城大道25号，17岁的达尼卡

1936年，柏林，达尼卡参加排球赛前

1938年，诺德奈，咪咪·波宁、索尼娅·拉多瓦诺维奇、达尼卡和她的小狗

奇利安斯克布勒中学（1936–1937），最后一排从左到右，乌瑟尔·葛白尔、旁边两位不详、达尼卡在老师赫尔·哈斯旁（Hãschen）

1941年，贝尔格莱德，20岁的达尼卡（维利科·斯塔诺耶维奇创作）

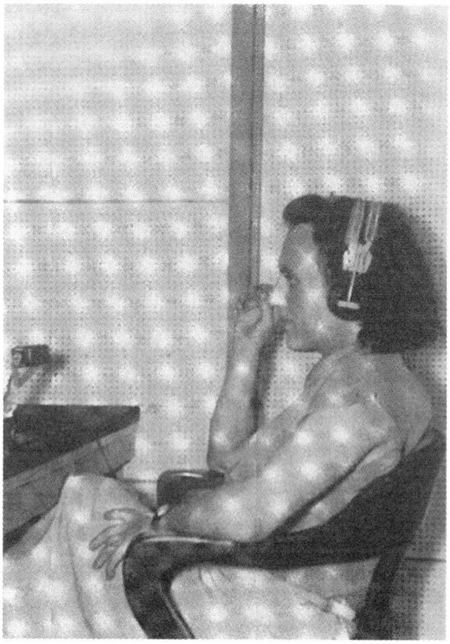

1950年，华盛顿，译员职业生涯开始初期

1950—1953年，华盛顿，生产力考察团团员

回到欧洲。巴伐利亚高廷，与亨利·梅托尔斯特及罗伯特·皮特维尔在一起

AIIC，与塔德·皮利和杰拉德·伊格在档案大街33号

达尼卡与康斯坦丁·安德罗尼科夫（1960年AIIC全会）

法–塞朋友（第一排从左到右：达尼卡、佩吉·玛纳斯、米莱娜·奥伯雷诺维奇；第二排：莱拉·格奥尔基耶维、伊冯·奥伯雷诺维奇、苏珊娜·沃奇科维奇）

居维叶研究中心组工作中，交传

与玛丽雅娜·勒代雷一起做同传

1977年，威尼斯，“言语、口译与交际”研讨会（劳拉·贝尔托内、瓦迪·凯泽、达尼卡）

乔治敦大学，研讨会(博文家所在地)

1980年，克里特，“理解言语”研讨会，达尼卡、克里斯多夫·泰利（面朝里）、丹尼尔·莫斯科维茨

档案大街，达尼卡与弗拉基米尔·波吉达耶夫

ESIT，从左到右：汉娜·泰西尔-杜克克罗斯、达尼卡、伊丽莎白·冯·罗森柴尔德、卡罗尔·费拉特（作者，1975届）

ESIT，学年末酒会

在穆拉韦拉的办公桌

皇后镇（Boury-la-Reine）

人间天堂：穆拉韦拉

达尼卡在穆拉韦拉海滩

胖猫猫

1994年，本地治里市，翻译学研讨会

1998年，贝鲁特，贝鲁特口笔译学校（ETIB）设立博士学位点启动仪式

1992年在首尔大学

1993年第一位塞莱斯科维奇奖得主瓦迪·凯泽

2000年，ESIT，“身份、他性与对等”研讨会

在帕斯特拉特，达尼卡与玛丽雅娜及安妮·罗斯

帕斯特拉特，达尼卡在自己家的花园里

达尼卡画像

第八章

六十年代

二十世纪六十年代的十年在达尼卡人生中是一个特别重要的时期。新的十年为她带来了情感上的稳定和事业上的成功。正是在这十年中，ESIT在她的努力和推动下发展成为享誉全球的一流口译和笔译教育机构。也是在这十年中，她对思想、记忆和言语之间的关系有了清楚的认识，并形成了概念，最终将多年的思考落笔成书，于1968年出版了专著《国际会议译员》[①]。后面会详细介绍这本书的背景。

1956年达尼卡决定返回巴黎以后，与哥哥的关系逐渐恶化。到了六十年代，两个人走向决裂。达尼卡感到撕心裂肺，伤心欲绝，用了很长时间才从中解脱出来。这件事对她的打击太大，她患上了失眠症，饱受折磨数月，无法挣脱，最后甚至去求助精神科医生。

① 《国际会议译员–言语与交际问题》，Minard Lettres Modernes, Paris, 1968。

她最遗憾的是必须放弃看望魂牵梦绕的姥姥的权利，因为姥姥从卢森堡回到巴黎后就跟佐兰住到了巴黎大区的沙都（Chatou）。直到了1960年，达尼卡借假日连休在圣诞节后第二天在佐兰家吃了团圆饭，兄妹彼此讲话了，达尼卡终于又见到了姥姥。

大家对达尼卡称赞有加，是因为她那与生俱来的魅力还是因为她高超的口译能力，这一点很难说清楚。达尼卡对周围的人，特别是她教过的学生，吸引力极强，译员扎雷斯塔·霍夫（Zaresta Hoff）曾说，达尼卡就是个巫师，目光令人着迷。扎雷斯塔也是斯拉夫血统，二十世纪六十年代初期，她每年的12月6日都会去看望达尼卡，给她过生日。达尼卡边喝茶边给她抓牌算命。在扎雷斯塔看来，她对未来的预测从未应验，用牌算命只不过是两个人都喜欢的智力游戏。达尼卡实际上也根本不信，只是摆摆样子：算命并不难，不过是用点心理学的词汇，讲些别人想听的话而已。然而，达尼卡对思想的传播坚信不疑，说有些现象无法用长篇大论合理地加以解释。至于对未来的预测，达尼卡不愧是印度占卜师，有些预言虽轻描淡写，却在后来很多场合都应验了，这倒让她自己始料未及。

总体而言，二十世纪六十年代达尼卡见老朋友的机会越来越少，尤其是年轻时结识的法-塞朋友。她周围的人发生了变化。在回忆录中，大家可以看到的有：玛丽雅娜·勒代雷、乔伊·博科纽、安妮·罗斯·比耶尔·夏布雷尔和赫塞尔一家，还有那些能与她分享研究和思考兴趣的人。

我们还是先来看看当时的背景：在法国近代史上，二十世纪六十年代是大家熟知的“光荣的三十年”的第一个阶段。在这十年中，法国发生了巨大变化，社会取得了进步，迎来了繁荣景象。新法郎于1960年1月1日开始流通；同年2月，法国在阿尔及利亚撒哈拉沙漠的雷格甘发射了第一颗原子弹，进入了核大国俱乐部。但是，六十年代初法国社会仍然麻烦不断，法国人因非殖民化意见不统一而饱受煎熬，尤其是阿尔及利亚事件。

刚刚进入1月，阿尔及尔发生流血事件，在一个叫拉盖拉德的人组织下，抗议人群上街，街垒四处可见，人们抗议马苏将军被召回法国。（众所周知，马苏将军是法国军队的总司令，是法属阿尔及利亚的虔诚捍卫者，军方本应在此刻保持克制，但他在接受《南德意志日报》采访时批评戴高乐将军的阿尔及利亚政策，这一举动激怒了国家元首）。这场危机2月初才结束，戴高乐将军发表了措辞严厉的讲话，并亲自处理此事，国民议会投票通过，授予总统为期一年的全权处理权。拉盖拉德被捕。6月25日至29日在巴黎大区的梅伦举行了与阿尔及利亚民族解放阵线代表的谈判。戴高乐将军在新闻发布会上宣布：“前进，阿尔及利亚人民的阿尔及利亚”，并表示将就阿尔及利亚的未来举行全民公投。

发生这些事情的时候达尼卡未在国内，1960年6月整整一个月她都在埃塞俄比亚，远程跟踪了事态的发展。当时她是口译团队负责人，正在参加在埃塞俄比亚举办的关于非洲发展的亚的斯亚贝巴不结盟国家会议。非洲大陆的6月是凉爽的季节，因此，达尼卡、乔伊·博科纽夫和玛丽雅娜·勒代雷一行到达埃塞俄比亚首都时，天气不是特别热。逗留期间，她们住在一个由古老意大利军营改造成宾馆的公寓中。酒店建筑内有小庭院和室内花园，小羚羊在那里欢跳，这些小动物已经被驯服，但如果您不小心没有关好窗户，它们也会跳入房间并躺到床上。

很显然，达尼卡并不是唯一一个借参加会议观赏世界各地风景的人，有人说，“这没啥了不起的，我们也周游了世界。”对此，本书作者只能说“对不起”：达尼卡在二十世纪六十年代初开始到法国以外国家，包括非洲，她喜欢去探索罕见的奇迹和异国情调。下了飞机到酒店后放下行李，她就迫不及待地要去参观并了解这座城市。她很纳闷，为什么从日内瓦来的一位同事经过漫长的旅途后反而喜欢去理发店消磨时光？

大会由海尔·塞拉西国王揭幕，国王在开幕式上用阿姆哈拉语发表演说。但为会议提供口译的译员中没有一个人懂这种语言，大会组织方将讲话的英语稿贴在麦克风上，法语译员很幸运，他们几乎可以保持与讲话人同一个节奏，在同一时间内完成翻译，但其他语种的译员就另当别论了，念稿子跟不上，译文混乱无序。出现混乱的原因不只这一个，会议中间被迫停了很多次。达尼卡利用间歇有幸结识了一位阿尔及利亚代表团成员，几天后，他要与法国当局举行谈判。这个人叫穆罕默德·亚齐德（M'hammed Yazid），有些人认为他只是民族解放阵线代表团成员，但对起义者而言，他是阿尔及利亚人心中的英雄。他热爱新闻事业，是阿尔及利亚独立战争的象征性人物之一。他于2003年10月逝世，享年80岁。同绝大多数朋友一样，达尼卡是阿尔及利亚非殖民化和国家独立的虔诚支持者。达尼卡对这位与她同龄的民族英雄非常钦佩，尽管事件频发，但他决心不变，坚信终有一天和平会出现在阿尔及利亚和法国之间。他对达尼卡说，“看，我口袋里一直放着一张地铁票……”他希望国家独立后巴黎和阿尔及尔能平起平坐……很遗憾，后面的事情告诉他结果并非如此……

亚的斯亚贝巴市总面积二十多公里，地势起伏不平，徒步游览几乎不可能。达尼卡和同事们希望游览埃塞俄比亚首都和周边国家，但会议组织者租赁的汽车无法马上到位，需要等一个星期才能拿到汽车钥匙。

第一周工作结束后的周末，达尼卡终于跨上了第一辆出租车，开启阿罗波大区之旅。道路（或称车道）穿过了绿油油的草地，眼前掠过冠状树，美丽无比的景象和村庄。阿罗波是玲珑“水之城”，围绕温泉而建，达尼卡、乔伊和玛丽雅娜下榻的酒店里有游泳池，但水的温度太高了，因为池水就是温泉水。酒店周围植被茂密：咖啡树、柠檬树、橘子树以及其他各种热带树和当地的植物，蜿蜒而上。在返回亚的斯亚贝斯途中，中途休息时她们发现了一栋奇怪的建筑物：那是一座科普特人教堂，外墙上有粗线条绘画，象征豹子、狮子和智慧树。在这些圆形建筑中，三个祈祷殿内一眼就能看到牧师，裹着白色头巾，手里拿着珍珠棒。在祭礼中，最前面两个祈祷殿内外，朝拜者蹲伏着，妇女把孩子放在膝盖上，男人从头到脚裹着纱，所有人都一动不动地聆听牧师的吟诵，这位牧师也是唯一一个能进入第三个祈祷殿的人。

几天后，达尼卡、乔伊和玛丽雅娜继续埃塞俄比亚之旅：这一次，他们的目的地是距亚的斯亚贝巴四十五公里的东非大裂谷火山区，在比绍夫图附近。比绍夫图四面是火山湖，从酒店可俯瞰其中的一个湖。异国鸟群种类繁多：红绿色、黄兰黑色，无论头顶上是否有冠，样子都很奇特，在灰色静谧的湖面上自由飞翔。在返回亚的斯亚贝巴的路上，汽车开了几公里后水箱开始漏水，只能停下来。幸运的是，一群孩子不知从哪里突然冒出来，后面跟着裹着白色头巾，手持珍珠棒的科普特牧师。她们得救了。牧师派孩子们去取水，给水箱灌满，为了感谢牧师，达尼卡建议他随车一起回村。牧师很有尊严地上了车，但是还没走几公里，他就告辞了，他还是喜欢继续步行返回。

在亚的斯亚贝巴举行的为期三周的会议结束前，海尔·塞拉西国王举行了丰盛的宴会，宴会以非洲传统方式进行：不提供餐具，每个人都用手抓着吃。达尼卡与同桌就餐的法国代表很快聊起来，并开玩笑地说要给他看手相：他接受了，将手认真擦干净后伸给达尼卡。他们全神贯注，没注意到很多人闻风而动，很快排起了长队，一双双手（有的还带着油）都伸向了达尼卡，但她很快就对这种算命游戏兴趣索然了。

在埃塞俄比亚的旅行结束，达尼卡又和朋友们一起去肯尼亚度假十天。

他们到达内罗毕后，达尼卡被肯尼亚这个英国殖民地和埃塞俄比亚之间的差异所震惊，埃塞俄比亚从未被殖民过：1960年的肯尼亚首都内罗毕是英格兰的一部分，它简直就像是被移植在黑非洲上的一片土地。街上擦肩而过的是欧洲人、印度商人，很少有黑人。这样的情况又持续了三年，这个国家才从英国统治下独立出来融入英联邦。

在肯尼亚的行程包括安博塞利自然保护区，该保护区现已成为国家公园，距内罗毕约200公里。到达后次日，达尼卡和朋友在诺福克饭店门前见到等待他们的司机，他戴着一顶非常时髦的黑色帽子，用职业司机的方式为她们打开了绿色雪佛兰的车门。

从内罗毕到安博塞利的旅程用了四个小时。在旅途中，达尼卡和朋友们第一次亲眼看见非洲动物：长颈鹿、猴子和其他野生动物与她们擦肩而过。沿路前行，马萨伊战士赤裸的身体裹着红色毛毯，手握长矛，耳朵上挂着硕大的耳环，他们注视着为数不多的汽车驶过。抵达保护区后他们看到了更多的动物：除长颈鹿、斑马，还有一种奇怪的动物：马、牛、鹿相间，四不像，名字叫wildebeest，似乎是角马，很难用另一种语言精准表达。

在安博塞利，达尼卡、乔伊和玛丽雅娜成为营地中仅有的客人，那里的设备和设施却令人难以忘却，完全称得上豪华：帐篷内配备了浴室，浴缸是用橡胶制成的，立柱式洗手盆，水罐和洗漱镜。帐篷后面是厕所，上面有“Ladies”标志。在营地中心立着一个大帐篷，这里便是餐厅，厅内摆放着两个大冰箱。英式晚宴非常丰盛，优雅讲究、身穿绿色长裙的男孩子为我们提供服务。达尼卡就餐的位置极佳，可以欣赏到乞力马扎罗山的壮丽景色。海拔五千多米的绵延山峦日落时分雄伟壮观。帐篷周围的篝火晚会仍在继续。

次日清晨，达尼卡和朋友们在向导的陪同下乘吉普车出发去探索该地区的动物群落。1960年，旅游人数不多，非洲的野生动物还处于自然状态，生存条件尚好。在自然环境中自由生活的动物品种很多：狮子、大象和鬣狗等。在附近的山坡旁，一群河马正在下面的池塘里戏水。

从安博塞利出发后，他们踏上另一个游览路线：肯尼亚北部的纳库鲁和著名的“火烈鸟”湖。达尼卡和朋友们中途来到与该国南部稀树草原截然不同的风景中，她们在酒店停留，酒店实际上是一幢英式豪宅，风格高雅。餐厅的天花板高耸，酒店内不仅有休息室，还有可供阅读的图书室，有壁炉用的木柴，这可不是摆设，因为晚上天气偏凉。酒店外面，有硕大的花园，草坪柔软蓬松，在那里可以欣赏山丘的美妙奇观。花园里植物丰富多样：玫瑰、康乃馨、大丽花，中间还有金莲花、羽扇豆和九重葛。建筑物的屋顶五颜六色。第二天，她们恋恋不舍地离开了这个梦幻般的世界，重新启程去纳库鲁。实际上，她们没必要后悔，因为到达目的后等待她们的是更为壮丽的奇观：成千上万的火烈鸟在静谧的水中映出倒影，它们静静地停留在水面上，这时的湖面看上去像是粉红色的桌布，一群群鸟在上面翩翩起舞。应该说，即使是今天，这个盐湖仍然是鸬鹚和鹈鹕等数百种鸟类栖息之地，鸟类的天堂，旅游者不可忘却的观赏之地。纳库鲁在马萨伊语中的意思是“尘土飞扬之地”，这个限定词与湖岸很贴切，河马和白犀牛在这里饮水，有时还有黑斑羚和豹子飞驰而过。离开肯尼亚，达尼卡、玛丽雅娜和乔伊继续赶路，前往埃及。经过凉爽的黑非洲之后，她们来到开罗，进入暑热之城。她们在金字塔旁的梅纳楼酒店下榻。一路下来，她们终于可以脱掉长筒袜和毛衣外套了。

几位朋友在埃及只逗留了24个小时，她们参观了金字塔和开罗考古博物馆，这家博物馆成为达尼卡一生的钟爱。由于还有几天假期，她们便启航前往罗德岛。多德卡尼斯的这个岛屿历史上曾经是商业海上中转站，在埃及、腓尼基和希腊之间，得益于爱琴海的优越地理位置，成为重要商业海上通道。公元前十二世纪这里非常繁荣。1960年，这个岛屿尚未遭到大规模旅游业的破坏，魅力诱人：早上下海游泳，下午达尼卡和朋友们沿着古老的城墙漫步，徜徉在中世纪伊斯风景如画的街道上，参观罗得岛昔日的辉煌古迹。九重葛、芙蓉花，尤其是数不清的玫瑰，让这个岛屿闻名天下，也让她们难掩激动之情。达尼卡发现了数种地中海植物群，这些植物几年后走进了撒丁岛她家的花园。

假期结束，她们回到了法国。当时，法属阿尔及利亚还在。事件一直持续了整整一年，1961年4月，阿尔及尔因将军叛乱等重大事件频发，使国家再一次陷入动荡之中。戴高乐在揭露“四位退休将军”暴乱行为的同时，在电视台——关键时刻——宣布再次取得特别权利，最终控制了局势。

在法国人的记忆中，二十世纪六十年代仍然是“戴高乐时期”。所有经历过这个时代的人都清楚记得当时的新闻，戴高乐将军在爱丽舍宫台阶前隆重迎接来访的国际政坛首脑：1960年3月，焦点人物苏共第一书记赫鲁晓夫对法国进行正式访问，法国举行欢迎仪式。但值得一提的当属1961年5月美国新上任的总统约翰·肯尼迪和他年轻美丽的妻子杰奎琳·鲍维耶，要知道杰奎琳是法国人，这次国事访问堪称史诗级别，取得了圆满成功。看到自己的妻子在法国如此家喻户晓，美国总统对法国媒体说：“I'm the guy with Jackie Kennedy（我是杰奎琳·肯尼迪的老公）”。外交部译员康斯坦丁·安德罗尼科夫为此次访问担任翻译工作。达尼卡很想近距离接近戴高乐将军。但戴高乐是典型的军官，偏爱男性译员。尽管如此，他也表示非常欣赏塞莱斯科维奇女士，对她的口译服务质量给予了高度评价。达尼卡说，将军不能使用女性译员，因为男士们的咖啡匙有时会掉地上，作为国家首脑，他不想因捡拾掉在地上的咖啡匙影响会谈。达尼卡是这样讲述的，只是叹息这样的事并未发生在她身上！

二十世纪六十年代，两个超级大国针锋相对地展开太空竞赛。1961年4月，苏联人捷足先登：加加林少校乘坐东方沃斯托克一号飞船首次进入太空轨道，成为第一个进入太空的地球人。巴黎《曙光》日报头条这样写道：“官方消息：今天是4月11日，一位俄国人完成了绕地球飞行。”当年9月，苏联宇航员到访巴黎时，受到巴黎人的热情欢迎。第二年，美国宇航员格伦飞上太空。达尼卡一生都对美国和俄罗斯宇航先驱者的创举热情追捧。但有一点必须说，1961年，还有另一个标志性事件：5月1日，玛丽雅娜·勒代雷的儿子皮埃尔·卡里姆（Pierre Karim）诞生。达尼卡成为他的教母。孩子出生后，教母的礼物雪片般从未间断。此后，我们发现，达尼卡与这个男孩子的关系和感情再也无法割舍。

早在二十世纪初开始，欧洲领导人举行了多次会议，旨在建立一个欧洲政治联盟。可惜这个古老的大陆并没有沿此路而行，就在1961年的8月，“铁幕”在柏林竖起，这座城市被一分为二，达尼卡少年时期生活的城市弗里登奥、维尔梅尔斯多夫和舍恩贝格与西部城市分割长达28年。尽管欧洲大陆后来成立了欧共体和欧洲联盟，直至1989年柏林墙倒塌，欧洲国家之间的政治联盟与1961年时的状态仍相距甚远，还只是一种美好的愿景。

1961年8月，达尼卡前往印度参加在德里举行的国际教师大会，参会的还有荷兰口译员亨利·梅托尔斯特，他现在是AIIC负责人，他对这次仲夏会议记忆犹新。当时正值印度大陆的季风季节，国会大厦会议厅酷热难耐，空调刚刚出现了故障；街道上的水深四十厘米，有一个人被淹死。会议结束后，达尼卡开始几天的休假，离开当地后去泰姬陵和贝纳雷斯市等印度文化圣地旅游参观。虽然这是达尼卡第一次到印度，但与生俱来的权威性格让她自荐担任向导，安排参观路线，选择并预定了老殖民者留下的、客房内装有老款吊扇的酒店。亨利当然乐在其中。中途停下来休息，他们会在路边很受欢迎的摊位吃饭，然后参观神庙，祭台上的神牛正自由自在地吃着花草。令他们惊讶不已的是，被命运抛弃的底层百姓明明就在眼前，可特权阶层的人经过时却视而不见。恰恰是在这次旅行中，达尼卡的一次相遇让她永生难忘。在一个小村庄里，一个占卜者似乎对她的过去心知肚明，甚至清楚地知道1958年那次特别的见面。占卜者为她描述了未来，预测她的因果报应将在海边兑现。达尼卡时不时会想起他的预测。

同年，在哥本哈根的一次会议上，达尼卡遇到了儿时朋友咪咪·波宁。前面已经讲过，第二次世界大战前夕她与家人移民到了美国。她现在是杂剧艺术家，正在欧洲巡回演出，恰巧也在丹麦，在这里与达尼卡偶遇。两个朋友近十年未曾见面，她们非常高兴又有机会在一起度过愉快的时光：达尼卡租了一辆车，带她参观了丹麦首都及其周围的景色，晚上，还邀请她在著名的蒂沃利餐厅共进晚餐。

1961年底，达尼卡出发前往斯堪的那维亚的斯德哥尔摩，与柏林的另一个朋友乌瑟尔·葛白尔在一起过圣诞节和新年。二十世纪五十年代初以来，乌瑟尔与家人生活在瑞典首都。在乌瑟尔一生中，每次达尼卡到瑞典开会，都会为这位“瑞典朋友”预留见面时间，乌瑟尔也常到法国去见她。达尼卡和哥哥之间的关系还在继续恶化，乌瑟尔记得，这件事对达尼卡影响很大。

时间来到了1962年，这一年法国彻底结束了对北非的殖民。2月，反对阿尔及利亚战争的法国左派人士上街游行，达尼卡也在其中，但在巴黎夏洛讷地铁站遇到了针对示威者的暴动。《法兰西晚报》刊登文章称：“8人死亡，260人受伤。这是巴黎解放以来最血腥的一天。”然而历史仍在续写：春天，法国人通过全民公决批准了依云协议，7月4日起阿尔及利亚不再属于法国。达尼卡很想知道，亚齐德口袋里的那张地铁票是否还在……

从1962年4月开始，戴高乐结束了殖民地和法兰西帝国时代。政府改组，乔治·蓬皮杜入主总理府，取代了米歇尔·德布雷。这一年，美洲国家组织加大了行动力度，但时代创伤不可能短时间内愈合。巴黎人忧心忡忡，担心袭击随时会发生。8月，戴高乐将军在小克拉玛（Petit Clamart）遭到恐怖袭击，这是他回科龙贝双教堂村住所的必经之路。其直接后果是，国家元首请全体法国人通过全民投票方式批准以普选方式选举共和国总统。

1962年秋天，达尼卡、塔德·皮利和克里斯多夫·泰利一同前往墨尔本，参加在那里举行的世界能源大会。三位朋友为丰富这趟旅行，决定中途在大溪地和波拉波拉岛上停留，岛上的珊瑚和水生动物闻名遐迩。泰利绘声绘色地讲述了独木舟历险记。他们游了一天泳，戴着浮潜面具欣赏了环礁湖的湖底景观。三位朋友准备返回旅馆。达尼卡和克里斯多夫充分享受了阳光，可怜的皮利却严重中暑了。他发高烧，不能再划桨，而且他的独木舟里灌了不少水。怎么把他带回去？克里斯托弗有颗航海心，他不想丢弃小船，但第二条独木舟无论如何都无法承载三个人。唯一的解决方式是将皮利放在大点的独木舟上，克里斯托弗划桨，达尼卡被拴在小艇后面，一边游泳，一边拖曳着皮利的独木舟前行。她咬了咬牙，鼓足勇气，让克里斯托弗发誓，保证海里没有大鲨鱼。克里斯多夫并不能确信，但还是发了誓。最终，经过与海风搏斗，他们终于成功到达岛的尽头，来到环礁湖的入口处，停靠在“第一站3000公里处”。筋疲力尽，劫后余生。几位朋友安然无恙地赶往墨尔本去参加能源大会。

达尼卡当时旅行很频繁，口译把她带到华盛顿和斯里兰卡的科隆比，然后她多次回到南斯拉夫。斯洛文尼亚的卢布尔雅那和杜布罗夫尼克是她非常熟悉的地方，三十多年中全家度假都在这个地方。1963年7月，一场悲剧袭击了南斯拉夫联邦共和国，当时的马其顿首都斯科普里在一场可怕的地震中被摧毁，1922年达尼卡和父母曾在那里居住过。

正是从这个时候开始，撰写一部口译著作的想法在达尼卡的脑海中诞生。自从开始口译工作，她就一直思考思想与语言之间的关系问题。她阅读了所有关于言语和语言学的研究成果，如1963年出版的维内（J.P. Vinay）和达贝尔奈特（J. Darbelnet）的《法英文体比较》（*La Stylistique comparée du français et de l'anglais*）、穆南的《翻译的理论问题》（*Les Problèmes théoriques de la traduction*），还有20世纪30年代一位叫理查兹（Richards）的人撰写的《意义之意义》（*The Meaning of Meaning*）。这些著作让达尼卡坚信，那些谈翻译的人并不真正了解真实的翻译，他们只是讨论由于语言能力欠缺而导致的语言问题。实际上，这些作者不是口译笔译从业者①，

① 西里尔·兹诺斯科–博罗夫斯基（CyrilleZnosko-Borovsky），别名埃德蒙·卡里（Edmond Carry）例外，因为他是译员和文学翻译者，1958年他在电视台做了一系列法语节目，专门讨论翻译问题。达尼卡在她的第二本书中引用了卡里的专著《如何翻译？》，1985年又重新整理发表了卡里的这些谈话，该书由里尔大学出版社出版。

某种意义上讲，正是这一点促使她撰写了第一部专著。

最初，达尼卡缺乏经验，不知道从何下笔，于是她求助于一位同事。这个人是译员，天主教哲学家，是雅克·马里坦（Jacques Maritain）的前秘书，名叫约翰·科尔曼–霍尔姆斯（John Coleman-Holmes），他的写作能力众所周知[①]。霍尔姆斯给达尼卡提出了写书的宝贵建议，告诉她如何在写作前先把想法整理成一个个主题。作为交换，达尼卡给他上了交替传译提升课程。在此期间他们定期见面，在科尔曼的指导下，达尼卡利用学到的写作方法在几年后完成了第一本书的撰写。

达尼卡和法国人都忘不掉，1963年10月13日，备受爱戴的诗人让·科克多（Jean Cocteau）和歌手伊迪特·琵雅芙永远离开了这个世界。肯尼迪总统11月22日在达拉斯被谋杀，全球为此感到震惊。肯尼迪总统在柏林发表演说时的经典之句“Ich bin ein Berliner”（我是柏林人）备受欢迎，至今依然在众多人耳边回响。

在这十年的前三年中，达尼卡仍然担任AIIC的执行秘书，在档案大街的工作成为她生活的重头戏。1963年3月初，在索邦大学召开了AIIC理事会和译员大会。在庆祝AIIC成立十周年之际，大家回顾了协会所取得的成果，协会主席安德罗尼可夫用如下词句描述了执行秘书的重要作用：“这个岗位很艰辛，无回报，任务繁重且不易坚持！这个人必须是资深职业人，在组织内外都具有公认的权威；

① 科尔曼·霍姆斯发表了巴黎口译市场资料，题目是《咀嚼棉花》，由《Entre-Temps》出版社出版，巴黎，1971年。

此人需当机立断，对信息能机智敏捷且准确地加以判断；这个人必须拥有思辨能力，道德崇高，坚持公正，具有独立精神和爱心；这个人应得到同事和会议译员的信任。列举以上特质，我是想赞扬达尼卡·塞莱斯科维奇。”从这时开始，达尼卡的任期结束。她没有谋求连任的主要原因是与哥哥的矛盾。他们心照不宣，达成一致，佐兰不再参与巴黎高等翻译学校的管理工作（他在该校任教一直到1969年），达尼卡在协会不再担任任何职务。然而，第二年发生“美国事件”后，达尼卡再度在协会任职。

“美国事件”

从“口译员协会”创立之初，协会成员就致力于将全世界的口译员团结在一起。AIIC与在美执业的口译人员的关系令协会领导人感到担忧。“美国事件”就是在欧美成员之间发生的。在这场冲突中，达尼卡同弗拉基米尔·波吉达耶夫站在一起，因为她认为弗拉基米尔受到不公正攻击。

AIIC在半个世纪中经历了诸多沧桑，毫无疑问，“美国事件”值得一提。这一事件使协会处于破裂边缘，险些导致协会的解体。这里有必要说明的是：二十世纪六十年代初期，AIIC成员、美国国际会议口译团队的召集者弗拉基米尔·波吉达耶夫根据会议的语言需求征募来自南美、加拿大或欧洲的同事。他是美国语言专家协会（TAALS，90名口译员中有44名是AIIC成员）主席，波吉达耶夫在美国译员协会采用了AIIC的职业守则。同皮利一样，他是一个行动力极强的人，为横跨大西洋的AIIC做了大量的工作，达尼卡非常感谢他的付出。

这件事始于1964年。美国口译员阿尔瓦罗·卡尔文（Alvaro Galvan）、哈里·库尔特（Harry Coulter）、让-克劳德·波森（Jean-Claude Porson）和胡安妮塔·福尔肯-皮克林（Juanita Falcon-Pickering）在华盛顿成立了口译员协会工会，亦称美国口译员协会（ASI）。除波森外，所有人都是AIIC成员。达尼卡对他们很了解，尤其是卡尔文，十四年前他也在生产力发展项目中担任翻译。10月份，他开始与库尔特出版美国口译员协会通讯。在通讯中，他对外国译员现身美国组织的会议表示质疑。他提出，只有在本地译员安排有困难情况下才能允许外国译员接会。实际上，卡尔文攻击的对象恰恰是波吉达耶夫。尽管卡尔文和库尔特同属两个协会的会员，但他们反对双重会员身份，并声称AIIC只能保护欧洲会员，他们还谴责欧洲会员在美国的压价与外包行为。根据该通讯内容，11月，居住在美国的乔治·卡明克（Georges Kaminker）向AIIC理事会提出开除卡尔文的请求。部分美国同事赞同他的提议，于是联名向AIIC理事会投诉卡尔文。

美国译员协会迅速予以反击，并前往美国驻巴黎大使馆对巴黎同事表示谴责，指责他们到美国工作意图明确，此举违反美国移民法。AIIC主席克里斯多夫·泰利到使馆进行干预，设法平息这一事件。毋庸置疑，此类抗议行为违反了AIIC规则，因为这对会议译员自由流动权构成歧视，无法接受。与AIIC大多数会员一样，波吉达耶夫自然持坚决抵制态度。美国语言专家协会做出了开除卡尔文和波森的决定。另一个问题随之出现，即加入美国译员协会是否与AIIC会员资质相悖，于是，1965年理事会成立了一个由康斯坦丁·安德罗尼科夫、西万·卢伊（SyvainLourié）、保罗·温（Paule Unwin）和乔治·迈克辛斯（George Meiksins）组成的调查委员会，乔治则是美国同事的代表。

同年7月，波吉达耶夫以个人名义对卡尔文和波森的诽谤提出诉讼，但为了不把AIIC卷入法律程序，他辞去了协会副主席职务。

在欧洲人中，佐兰·塞莱斯科维奇和他周围的人都站在美国译员协会一边。如何解释他这种态度？理由诸多。简单地讲，佐兰不喜欢波吉达耶夫，因为他讨厌波吉达耶夫的一切身份：俄罗斯白人、移民、商人、头面人物、资产阶级。美国译员协会的初衷是建立一个口译员工会联盟，这一点得到了认可，也成为AIIC创立的宗旨。

而达尼卡在这个令人悲伤的事件中却始终坚定地站在波吉达耶夫一边，并且得到越来越多的人支持。她与AIIC负责人频繁的往来通信便是很好的证明。

1965年10月，调查委员会得出结论，书面材料证实，卡尔文被AIIC除名，协会支持卡明克的投诉。

然而，随着美国译员协会某些成员对波吉达耶夫提出投诉和引入司法程序，问题也变得越来越复杂。直到1966年在布鲁塞尔召开全会，大家的情绪才逐渐平静下来。在这次全会上，让·艾赫贝尔接替了克里斯多夫·泰利的协会主席职位。但时间不长，他宣布自己要结婚，说这份工作有可能影响家庭生活。他恳求支持者采取庭外调解方案。在布鲁塞尔全会上，大多数人投票反对美国译员协会的提案，同意其成员仍然保留AIIC会员的身份。从这次会议开始，美国事件才开始趋于淡化。这个事件导致协会数年中处于四分五裂的状态，而且严重损坏了协会各个层面的同事之间的对话和关系。艾琳·泰特·费里在撰写协会历史时[①] 专门用一个章节描述了这个时期，最后用以下文字作出总结：我们最终度过了难关，但代价惨重。这个代价是用协会的真金白银换来的，而且对其中一些人的伤害也是永远无法治愈的。达尼卡便是其中一个，因为“美国事件”她和哥哥从此老死不相往来。

分道扬镳

达尼卡在AIIC做了两个任期的执行秘书，她和佐兰之间的分歧日益加剧。二十世纪六十年代中期，随着“美国事件”的演变，兄妹之间变得水火不相容。他们对AIIC性质的认识大相径庭。佐兰是共产党人，他认为该协会应该从工会组织中吸取经验，应该向所有从事会议口译的人敞开大门。而达尼卡的观点则不同，她认为，要

① 待出版，瓦迪·凯泽、玛丽·弗朗西斯科·斯肯克和艾琳·泰特·费里将在AIIC支持下撰写完成该书。

想加入AIIC，必须保证口译质量，只有符合质量和道德标准的人才有资格入会。在协会召开的全会和会议上，许多同事都目睹了两位塞莱斯科维奇之间当众发生的冲突。AIIC到底是工会组织还是专业组织？应该说，迄今为止，这个问题尚未定论……

据佐兰讲，他们之间发生吵架的主要原因是政治观点不同。

这场“激战”的原因还有另一种解释，那就是兄妹之间在业务上的彼此竞争。作为失去母亲的孤儿，在童年和青年时期兄妹两个情同手足，但两个人的性格都很武断，很极端。一切迹象表明，他们之间和睦相处的美好时刻与可怕的公开冲突先是交替发展，最终一拍两散，分道扬镳。实际上，兄妹两个的共同点表现在很多方面，其相似度之高甚至在佐兰的葬礼上当一位密友念悼词时让人感觉很奇怪，悼词好像不是在谈佐兰，而是达尼卡……

佐兰脾气暴躁，还有暴力倾向，达尼卡惧怕受到哥哥的伤害。在巴黎克莱贝尔大街马杰斯提克会议中心的走廊上，他们之间发生过激烈的争执，佐兰一把抓住达尼卡的喉咙，达尼卡当时真的感觉自己要死掉了。让她永远无法理解的是，为什么在场的同事都袖手旁观，没有一个人来解围？

如前所言，兄妹之间无法挽回的感情让达尼卡痛苦万分，而让她心如刀绞的是，她无法见姥姥，即使后来姥姥被送进养老院，她也轻易不敢去，因为她害怕在那里遇到佐兰。几十年后的1996年，她将父亲的论文译成塞尔维亚语在南斯拉夫出版，随后给哥哥邮寄了一本，她认为这样做很正常。1990年代发生塞尔维亚战争后，他们虽然又回到了同一战壕，但彼此再未相见。

兄弟姐妹之间发生冲突的原因有很多，也很复杂，但真正的原因恐怕只有他们两个心里最清楚。有一点毋庸置疑，蒙西洛·托多·塞莱斯科维奇和朱丽叶·卡朗的两个孩子都很杰出，智力超群。他们俩对父亲都十分钦佩，和姥姥感情很深。周围的人不禁揣摩，如果一生中都保持孩童和青春时期的兄妹情，他们会演奏出什么样的交响乐。实际上，两个人分别以自己特有的方式在会议口译职业中和同事中留下了痕迹，他们也都以自己特有的信念坚定地生活与行为。然而，他们之间的冲突险些将欧洲的译员协会一分为二，甚至将其拖入深渊。克里斯多夫·泰利是兄妹两个为数不多的共同朋友，他幽默地表示："我们都知道有两个塞莱斯科维奇，唯独他们两个似乎都坚信只有一个塞莱斯科维奇……"

佐兰于2002年9月3日去世，只比达尼卡多活了十六个半月。无论是什么原因导致兄妹间的矛盾，尽管他们彼此长时间没有相见，但佐兰肯定对达尼卡的去世感到很突然。

我们还是来谈达尼卡，按照时间顺序谈她生活背后的世界形势与背景。1964年1月18日，法国承认了毛泽东领导的中国，达尼卡对此感到欣慰。但这一年对她个人而言可谓开年不顺。姑姑热万卡到巴黎住了一段时间，期间在古维翁·圣西尔大道朋友家出来时被粗心的司机撞倒。1月20日，达尼卡陪伴并最终送走了热万卡。

1964年12月，达尼卡到非洲科特迪瓦首都阿比让去做会。她与玛丽雅娜·勒代雷和安妮·罗斯·比耶尔一起在象牙海岸过圣诞节。12月25日，三个人在萨萨德雷（Sassandre）海滩上开心地玩椰子球，但安妮·罗斯对不能回德国，对看不到圣诞树和无法过传统节日心感忧伤，对远离未来的丈夫雅克·夏布雷尔（Jacques Chabrel）更是痛苦难耐。尽管如此，她们在非洲的日子过得还是很愉快的，因为当时的科特迪瓦还是安全的，她们租了一辆车，在礁湖环绕的海岸上穿行，还到内地完成了深度游览。

达尼卡想买一个非洲小雕像，当然这个想法也并非一时兴起。后来她在一个小摊上看到一个特别漂亮的立式雕像，是个约鲁巴族女人，乳房间还有一个婴儿。卖雕像的商人说："这个是花1000法郎买的，我500法郎就卖给你。"达尼卡想搞懂其中的逻辑，但却是徒劳。这个雕像后来一直摆在巴黎皇后镇她家的客厅里，其价格却始终是个谜。

1965年，越南战争升级成为头条新闻；地球人首次在太空出舱，当然还是苏联的研究成果。在法国，公众对迈赫迪·本·巴尔卡[①]（Mehdi Ben Barka）事件已经厌烦，更喜欢一些接地气的问题，例如一个女人是否可以穿长裤上街？这是戴高乐将军在任期初期遭到恐怖袭击后提出普选总统的元年。大家都记得，戴高乐将军最后再次当选，其对手是密特朗，当时第一轮投票无果而终。法国第一次实现了名副其实的地方长官普选，当时避孕药丸成为竞选辩论的核心问题之一，也成为时代的象征。达尼卡是左派，在左派朋友圈

① 摩洛哥政客迈赫迪·本·巴尔卡被流放并被哈桑II世判处死刑，1965年10月他在巴黎力普啤酒店前被法国特工绑架。不久后被发现时已死亡。

中她是唯一一个决定把票投给即将离任总统的。周围的人无一不感到困惑，尤其是维蒂亚·赫塞尔，她要投票给候选人密特朗，因为她对戴高乐将军不满。

1965年，法国和欧洲失去了好友温斯顿·丘吉尔。在布鲁塞尔，法国拒绝接受共同农业政策改革，共同市场危机进一步恶化。直到第二年的7月，法国坚持推行所谓的“空椅子”政策，其标志就是所有欧洲机构中都没有法国代表的位置。

那年的夏天，达尼卡决定度个长假，用充足的时间完成那本书的写作，用她的话说，“觉得自己充实起来了。”她在克里特岛待了两个月。玛丽雅娜当时也在寻找适合带着4岁儿子度假的地方，于是陪同达尼卡一起去了克里特岛。他们住进了克里特岛北部海岸马利亚村格拉马蒂基斯家的小旅馆。这个地方后来闻名世界，因在那里发现了考古遗址和公元前十七世纪米诺斯人的宫殿遗址。

达尼卡因习惯使然，随身携带着她的打字机和一个装满纸张的手提箱，很多纸片上是她这些年在译厢内、餐馆里、飞机上记下的想法，简而言之，就是随时随地出现的灵感。根据约翰·科尔曼先前提出的建议，她首先对内容进行了分类，然后开始撰写，这便是她出版的第一本著作《国际会议译员——言语与沟通问题》。该书的创作是在克里特岛，三年后正式出版。玛丽雅娜回忆说，她箱子里装的都是当年获奖的文学作品，她在海滩上边读书边看着儿子在海边玩耍。她坦言，告诉她龚古尔获奖情况纯属多此一举，在这些年度假期间，她把一辈子要读的获奖作品都读过了。达尼卡整天集中于写作，只有吃饭时才露面。

8月，达尼卡要离开克里特岛十天，因为她要与同事杰拉德·伊格去亚的斯亚贝巴参加会议。伊格不断鼓励达尼卡写作，在他看来，口译员将自己的想法写成书非常重要，因为能留存的只有文字。达尼卡没有忘记他的建议……

1964年在克里特岛的这个夏天，达尼卡似乎找到了适合自己工作的方式：一个可以俯瞰大海的露台，她需要的是海边露台！因为她脑子里一直记得四年前在印度遇到的那个占卜者，当然还有算命的内容。她决定今后一定要在地中海沿岸写作。1965年夏天的经历影响重大，她和玛丽雅娜下决心第二年原样复制。找来找去，最终选择了撒丁岛。回到巴黎后，达尼卡便开始写信给撒丁岛沿岸的所有旅馆，以便预定1966年暑假的房间。撒丁岛被发现，和该岛的恋爱故事随后持续了近二十五年。

撒丁岛

撒丁岛掀开了达尼卡生命的重要篇章，因为她对口译理论的主要思考都来源于这个岛。1966年下半年，她在科劳斯特莱伊（Colostraï）的一家宾馆订下了一个带走廊的小屋，这里离穆拉韦拉（Muravera）村不远，在萨拉布斯（Sarrabus）山脚下弗卢门多萨（Flumendosa）冲积平原里，距卡利亚里东北六十公里。

乘飞机途经罗马，下飞机后，达尼卡带着她的打字机和猫咪，在玛丽雅娜母子的陪同下乘出租车从卡利亚里来到科劳斯特莱伊。当出租车离开圣·普里阿莫（San Priamo）国道沿路拐进通往穆拉韦拉村的土路时，达尼卡对一直看不到大海有些不耐烦了，路的一侧是半干的泻湖，另一侧是坐落在刺柏中的非洲风格小屋，这肯定是饭店主人梅特·登·安克斯特（Met den Ancxt）先生的怀旧之作，他曾经是比属刚果的一名工人。安克斯特出来迎接客人，他让一个撒丁岛的小伙子拖着行李，穿过沙丘，步行将客人带到预订的房间里。进入第一个房间时，达尼卡惴惴不安，打开窗户是沙丘，仍然看不到大海。但当她进入第二个房间时，她终于看到了大露台，大型落地窗外一片壮丽的海景，周围环绕着一眼望不到边的沙滩。她发现这个地方安静、美丽，是非常理想的工作场所，后来她便称其为“人间天堂”。在穆拉韦拉村的二十五年中，她总是感叹印度占卜师的预言无比正确。

在穆拉韦拉的第一个假期即将结束时，达尼卡得知，稍远一点的地方有沙滩旁的土地在出售。她先去了解情况，同玛丽雅娜沟通后，她们决定共同购置一块土地并在那里建房。她们两个希望依靠亲戚、朋友和口译旺季筹集所需资金。同在居维叶街上卖给她公寓的卡尔韦罗特小姐一样，达尼卡和梅特·登·安克斯特先生之间也获得了彼此的信任。安克斯特将负责在购买的土地上建造房子，并确保在1967年的暑假前完工。达尼卡承诺会在接下来的一年中定期给他汇款。

仅有的一份购房文件上写着：“Una villetta di 6 millioni”（六百万

的别墅）。

为了偿还贷款，达尼卡努力工作，除了在ESIT上课外，她还在法国和国外完成了181天的口译服务。

达尼卡当时45岁，在撒丁岛购置自己的房子是她一生中重要的事件。正是在这里她完成了大部分著作的撰写，每个夏季，年复一年，在辛勤紧张的教学和口译工作中之后可以在这里享受安宁。有趣的是，达尼卡在谈到自己的房子时总会用“Mura”（穆拉），而不是科劳斯特莱伊：也许是因为在撒丁岛语中这个词表示蛇。她对所有爬行动物都充满恐惧。

假期结束后，房屋建设进展顺利。1967年春季，玛丽雅娜的父母在撒丁岛度假时顺便到科劳斯特莱伊了解房屋建设进展。达尼卡和玛丽雅娜7月到达后发现，梅特·登·安克斯特先生非常守信，别墅不仅完工，而且家具和设备都到位了。这是幸福的开端，这种幸福一直延续了近二十五年……

安顿好后，达尼卡开始拼命写作，她在新环境中工作进展顺利。8月15日左右她离开撒丁岛，与塔德·皮利一起去阿克拉做会四天。但这是她最后一次中断假期做会。一直到1992年，她每年都在这里滞留三个月，最初是独自写作，后来与玛丽雅娜一起完成了著作主要部分的撰写。

海滩边很快出现了其他房屋。第一个是库伊林家（Quoilin），比利时女演员马里恩（Marion）和丈夫利奥（Léo），她成为达尼卡和玛丽雅娜最好的邻居，他们友好相处20多年。马里恩回忆起四个朋友的友谊，彼此的默契，清楚记得他们一起面对大海在他家或在达尼卡的露台上度过的一个个令人愉悦的夜晚，他们一起重塑另一个世界。几位邻居有时会到科劳斯特莱伊酒店聚会，围坐在烤炉旁，烤炉上有烤串或烤猪。马里恩不无爱意地评价达尼卡：“这个小女人，天生具有权威，朋友一起共度晚会时她肯定成为中心”。

每年夏季初，达尼卡到达卡利亚里（Cagliari）后都去购买帕尔玛火腿，以供度假期间食用。其它东西都在距科劳斯特莱伊几公里的穆拉韦拉村购买。这个村子在后来的几年中有了些发展，但在1966年，除了塞西莉亚的小杂货店外，几乎没有其他商店，这个杂货铺如今变成了大型超市，还有地下停车场……达尼卡和玛丽雅娜第一次来到这个村庄时以为根本没有商店，因为仅有的几个店铺没有橱窗，也没有标志，实际作用也不大，因为村里老老小小都知道去哪里购买蔬菜或换煤气罐。

现在来谈谈撒丁岛生活的重要组成部分——花园。达尼卡和玛丽雅娜的很多研究都是在花园里诞生的。尽管花园土壤沙大，干旱缺水，但却是这栋房子的最佳装饰，含羞草四季开花，还有欧洲夹竹桃、马齿苋、雏菊丛，春季有野生鸢尾和多姿多彩的“女巫手指”。达尼卡每年都会用新品种美化花园：九重葛、薰衣草和芙蓉花。晚上，达尼卡细心呵护这些花花草草。棕榈树年年长高。达尼卡边用水管浇花，边拔草，边不断深入思考理论问题。也是在这个花园中，达尼卡“挽救”了玛丽雅娜的儿子卡里姆，这个被现代数学牺牲的人，因为利用浇花的机会，达尼卡教他背诵乘法口诀。房子周围是由刺柏、桉树和松树组成的森林。他们会定期仔细挑选松子，然在露台上晾晒去壳，松子用来做意大利面调味料。

饮用水最近几年才进入室内，此前，不得不到距离村子十公里的村庄，在公共喷泉处用水罐装水。浇花的水也很稀缺，达尼卡很聪明，她在花坛上安装了水管，水管上钻了一个个小孔，浇水系统完全自动化。花园里其他部分的浇水工作有固定时间，每周严格遵守。每年到达这里后要制定详细计划，而且要求租住房屋的客人也严格执行，如一天给夹竹桃浇水，次日给玛丽雅娜母亲赠送的“美丽的海伦娜森林（含羞草）”浇灌。在芦苇后面还装了一个淋浴，这样便可以在水充足的时候享受户外温水浴。

习惯成自然。早上工作，接下来下海游泳（达尼卡每天坚持游一小时）。然后午餐，午睡后再次投入到工作中，傍晚游泳后是晚餐，几片火腿和番茄沙拉，外加一杯当地的特色红酒，夜晚在朝向大海的露台上度过，小卡里姆安睡后，达尼卡便在一个非常舒适的躺椅上坐下来，给玛丽雅娜念她白天刚写的东西。玛丽雅娜有时会非常大胆地发表评论，用达尼卡的话说，她有点胆大妄为，虽然达尼卡有时感觉无法忍受，但最终还是能接受玛丽雅娜的意见。恬静的夜晚，皓月当空。

达尼卡和玛丽雅娜的思考当然并非只发生在夜晚，去海边或周边散步时，她们的讨论会持续进行。晚饭后她们常围着环礁湖漫步，平静的水面上芦苇叶交相舞动。一天，一群大雁腾空飞起，驱赶着无处不在的蚊虫，她们突然找到了备受困扰的对某一现象的解释方法。达尼卡在课上常对学生说，不能在译入语中使用与译出语相同的词汇，但为什么，如何解释？答案瞬间不费吹灰之力地找到了：每一种语言对每一种事物的描述角度不同，表达方法也不同。塞尔维亚语说zrno po zrnopogata（法语：grain à grain; galette），相当于法语格言“小溪变大河”（译者注：涓涓细流汇成江河，积少成多）。达尼卡和玛丽雅娜在研究中重要的发现是交际中的提喻功能①，而这个发现和被确定正是在撒丁岛度假期间。她们是不是喜出望外？这没有记载，但她们决定到不远处的饭店去庆贺一下（度假期间她们很少这样做），围坐在一只有纪念意义的大龙虾旁，海上一轮皓月当空。

玛丽雅娜虽然拍照不专业，但她的摄影作品记录了这些美好的时光。当然，小卡里姆自然是影片中的主要角色。通过她的镜头，我们发现，花园年复一年地变得更好，美丽的景色不禁让人惊叹：露台前，茫茫的海滩和蔚蓝的大海，屋子后的泻湖上呈现出壮观的日落景象，夜晚则变成皎洁的月光。不幸的是，1990年初，科劳斯特莱伊的情况越来越糟糕了，先是邻居在她家花园里安装了探照灯，为的是夜晚方便出去看星星。随后梅特·登·安克斯特女士失去丈夫，变成了寡妇，正在出售她的旅馆。买方是一个暑期俱乐部。不久后，露台变成了晚会地点，从晚上九点开始，俱乐部音响系统的高分贝噪声让人无法打开窗户，达尼卡和玛丽雅娜只好把自

① “以一点指代整体”现象的希腊名是从修辞学借用的，作者将在“达尼卡与大学”一章中详细描述翻译的释意理论（TIT）。

己封闭在房间内，播放古典音乐，用以降低外面传来的摇滚乐声，晚上睡觉还要用耳塞把耳朵堵上。7月和8月的每一个夜晚都是如此，天堂瞬间变成了地狱。嘈杂声让她们心烦意乱，心灰意冷，于是1992年她们决定将房屋出售。

六十年代（续）

达尼卡一生中多次到访中国，始终对中国充满热情。我们后面还会讲到这一点。

在法国，戴高乐将军逐步加强了民族独立政策。1966年3月9日部长会议结束后，戴高乐正式宣布法国退出北约军事一体化体系，要求所有北约基地撤离法国。9月，北约最高盟军司令部迁址到比利时。达尼卡完全赞成对美的强硬政策，对此拍手称快。阿尔及利亚独立五年后，国家元首决定赦免近期的战争政治犯，还特别赦免了阿尔及尔暴乱分子之一前将军泽勒，以此抚慰阿尔及利亚的支持者。12月，暴乱煽动者前将军查勒被赦免并释放。但是，法国人仍然需要时间才能抚平这一痛苦的历史创伤。

1966年4月，达尼卡有机会前往阿尔及利亚，亲眼看看“阿尔及利亚人民”的阿尔及利亚的情况，希望再次见到在亚的斯亚贝巴结识的解放阵线代表穆罕默德·亚齐德。复活节假期，达尼卡、玛丽雅娜及卡里姆应斯蒂芬·赫塞尔之邀到达阿尔及利亚。斯蒂芬近期刚被派到法国驻阿尔及利亚大使馆任参赞，他们一家人住在一个高档街区，在比阿尔使馆官邸的西迪·阿洛维别墅（Villa Sidi Allaoui）中。达尼卡和玛丽雅娜在阿尔及利亚度过了非常愉快的时光。她们在博学的讲解员斯蒂芬·赫塞尔陪同下穿过洁净的城市，游览阿尔及利亚的大街小巷，还参观了郊外提帕萨古罗马遗址。

1966年这一年，苏联红旗插在了月球上。2月份，苏联人成功完成了又一创举，在月球上安装了LunaIX太空实验室。当时，达尼卡租了一台电视，通过直播跟踪了这一事件。

达尼卡书稿的撰写也如期进行。11月初，在未来导师莫里斯·格雷维尔（Maurice Gravier）安排下，达尼卡来到巴黎Minard出版社，见到了出版商，这标志着她第一本书的出版步入正轨。她为此非常激动。

达尼卡和玛丽雅娜为了偿还在撒丁岛建房的贷款，1967年两个人都拼命工作。她们还接了很多在遥远国度召开的会议，例如泰国。达尼卡和玛丽雅娜还未曾到如此遥远的国度做过会，于是欣然前往。大会闭幕式后，所有参会者应邀前往泰国普密蓬国王和诗丽吉王后的皇宫花园参加派对活动。应该感谢玛丽雅娜的付出，是她的拍摄才让我们今天能看到当时的派对活动，在大大小小泰庙的参观，在皇宫的游览，在船上游逛水上市场等。曼谷运河上的这个地方令人印象深刻，至今还保存着暹罗湾古老时代的湖泊和植被。从拍摄的小片看，达尼卡对乘船游览这个风景如画的地方喜出望外，当然，她也陶醉于购物的乐趣中。

1967年9月假期结束后，达尼卡和玛丽雅娜直接从穆拉韦拉前往伊斯坦布尔，参加在那里举行的“大水坝”会议。达尼卡在假期中用大部分时间准备她要出版的书，出版商要求她11月底交稿，出版工作还没完成。在撒丁岛的波尔托托雷斯到意大利的热那亚的轮渡上，玛丽雅娜做听写，达尼卡用打字机修改书稿。

经过穆拉韦拉的恬静之后，她们几乎无法忍受伊斯坦布尔震耳欲聋的噪音，因此两次更换酒店，最终才找到一家安静整洁、朝向博斯普鲁斯海峡美景的酒店。达尼卡将所有业余时间都花在了文字的斟酌上。尽管如此，她还是抽空去集市看地毯，然后去托普卡帕宫欣赏珍宝。

一天下班后的晚上，她回到酒店时看到了一份从法国拍来的电报。电报上是一条令人伤心欲绝的消息：她爱戴的“Baba”走了。她因土耳其的会议无法脱身，所以没能赶回去参加姥姥的葬礼。她内心深感遗憾，无数次谴责自己没能克服对佐兰的恐惧而去看望姥姥。

从1967年假期回来后，达尼卡将所有业余时间都投入到她没能完成的书稿上。三个月中，她每天早上六点起床开始工作；她在给朋友的一封信中说“完成书稿是当务之急。”她在11月30日将书稿交给了出版社。为了庆祝书稿的完成，莫里斯·格拉维耶邀她共进午餐，并对她说：“我觉得你应该做一篇博士论文。”这一想法让达尼卡兴奋，思考之后，11月2日出发去班尤尔和塞特港给继母过生日之前，她决定在索邦大学注册文学博士学位。达尼卡在12月25日的一封信中向露丝·威利特讲了读博士学位的想法：“现代语言学一直在讲很久以来我们就心知肚明的东西，我们有话要说。因此，需要获取一个学位，以便在大学有更多的发言权。”她的博士论文主题是交替传译中的笔记问题，我们将看到，这本专著成为后来诸多研究成果的起点，是后来深入研究的基础。

1967年开学后达尼卡决定调整ESIT口译系。她计划落实各项工作，如重新描述所有课程内容、建立一个更为高效的秘书处、撰写一份手册和学校规章。然而，秘书马苏利斯夫人面对改革设置障碍，横加阻拦。达尼卡找到莫里斯·格拉维耶，他最终找到一个替补秘书，达尼卡的改革才得以完成。第二年此类改革导致了法国大学的彻底重组。

1968新年伊始，卡昂和巴黎郊区南泰尔（Nanterre）校区事件发生，随后诸多问题接踵而至。多所学校的学生与执法部门发生冲突。迫于压力，教育部长阿兰·佩雷菲特放宽了大学生宿舍男女生之间“访问权”的限制规定。4月27日，随着丹尼尔·孔-本迪（Daniel Cohn-Bendit）的逮捕和释放，形势不断恶化。达尼卡在5月的大部分时间都不在巴黎，因为她4月27日出发前往亚洲，并在那里逗留了近一个月。

1968年的动荡不仅在法国愈演愈烈，欧洲其他地方也未能幸免，社会的动荡甚至更为严重。5月，苏联坦克开进布拉格，紧随其后的是《华沙条约》的军队。“布拉格之春”与改革者杜布切克（Dubcek）的希望泯灭。

达尼卡当时在柬埔寨。4月底她在柬埔寨休了几天假，然后去日本京都与克里斯多夫·泰利参加大报出版商会议，并在金边独立纪念碑与玛丽雅娜汇合。她们租了一辆车（当地原则上强制带司机租车，但司机拿到不菲的小费后就让她们自驾去暹粒市一日游了），驱车向吴哥窑方向行驶，在吴哥窟的麻风病人雕像的脚下与安妮·罗斯·比耶尔见面。车在暹粒市场刚刚停下，几位朋友几乎同一时间就如约而至了。玛丽雅娜给达尼卡和安妮拍摄，她们在异国他乡的市场摊位间漫步，市场上有很多不知名字的水果和蔬菜。看到行人的购物袋中几乎都有一种不寻常的水果，达尼卡便断定这种水果一定非常好吃，必须买。但晚上回到酒店后，大家很失望：水果切不动，无口感也无味道。她们便找当地人询问。达尼卡和朋友对自己的无知只剩下嘲笑了：水果的名子叫“牛肉心”，煮熟后才能食用。

在高棉文化圣地吴哥窟，在西哈努克亲王统治的和平时期寺庙完好无损。这些遗址一半掩埋在茂密的植被下，尽管高温和潮湿，尽管昆虫肆虐，还有达尼卡惧怕的蛇虫，遗址让吴哥窟有一种天堂般的秀丽。达尼卡吃惊地发现，神庙阶梯上有一条蛇一动不动，她便提醒安妮不要靠近它。安妮清楚地知道这条蛇已经死了，她在达尼卡惊愕目光注视下用一个小木棍将蛇移走了。

几天的假期之后，达尼卡和朋友们前往日本参加京都会议。会议结束后的5月19日，法国的“1968年5月事件”达到顶峰，从日本到法国首都的所有直航都被取消了，她们无法直接返回巴黎。达尼卡和玛丽雅娜先飞布鲁塞尔，然后在那里赶乘最后一架飞往巴黎的飞机，这架飞机是在法国布尔歇机场关闭前降落的。她们运气还算不错，从布尔歇出发的最后一辆出租车油箱内还有油，出租车把她们送到了位于巴黎南郊索镇的家中。

整个事件中，骚动在拉丁区内随处可见。ESIT搬到新校区已经有几年了，最早在尚波利翁（Champollion）街，后来才迁到穆菲塔德（Mouffetard）街后面的阿尔伯特·夏特莱（Albert Châtelet）小城堡中心的约翰·加尔文街新校舍，学校比原来更宽敞。尽管路障近在咫尺，学校的学生似乎没那么政治化，他们迟迟未动。如果没有ESIT的激进分子维古斯宁（Wiguszyn）小姐（别名克里斯蒂娜·马尔多，Christine Marteau）和她的同学阿兰·纳多（Alain Nadaud），这些学生也许还是按兵不动。这两个同伙组织成立了罢工委员会，还组织了学生大会。经过激烈的辩论，投票决定中断课程，并将考试推迟到10月份。根据克里斯蒂娜·马尔多的说法，如果达尼卡一开始就在，她肯定会阻止罢工委员会的成立，但不是“通过武力，而是凭借她那非凡的说服力。”

事件处于高峰期时，达尼卡因参会不在巴黎，她无法判定法国正经历的动荡会有多么严重。与其他法国人不同，她没有看电视直播，不了解索邦大学撤离的全过程，也没有守在路障旁过夜及占领奥德翁古希腊剧院的经历，当然，最重要的是她没有听到戴高乐将军在5月19日的著名演说词：“要改革，不要混乱。”达尼卡回到巴黎后，法国形势继续恶化，她也同法国其他人一样，很难摆脱日常生活遇到的烦恼。她回来得很“及时”，正巧赶上巴黎大罢工，一直到5月底，整个法国陷入瘫痪。

5月24日，达尼卡去ESIT上课时了解了这一形势。第二天是星期六，早上她去学校准备主持全体学生大会。在此之前，全体大会都由克里斯托弗·泰里主持，他比达尼卡更理解学生，随时准备与学生一起行动。达尼卡并不清楚这场学生运动的性质。她立即插手，准备扭转局势。

如何扭转这种情况？她对学生的话并非无动于衷，只是她不同意学生的做法，因为她更担心的是学生游行中可能遇到的危险。于是便按照她自己的逻辑对学生说："去吧，但千万别忘记带头盔。"

在此期间，整个法国的经济活动虽然没有停滞，但至少放缓了。从日本归来后没几天，达尼卡和玛丽雅娜一起签了一份工作合同，她们将在艺术和工艺学校承担会议口译工作。最初，只有少数巴黎代表冒险参会，其他人因没有交通工具无法抵达首都巴黎，口译团队陷入技术失业状态。玛丽雅娜的车里还有一点汽油，所以她们每天早上都会出现在会场，以确保能拿到劳务费。5月30日，达尼卡守在工艺学校院子里的一辆汽车里收听收音机里传出的信息，戴高乐将军从巴登-巴登（Baden-Baden）返回后发表演说，宣布他不会辞职。达尼卡是戴高乐主义的拥护者，自然对此欢欣鼓舞。

达尼卡后来对1968年5月事件发表评论，说非常赞赏法国工会在格勒内勒内政部谈判时所持的负责任态度，她说，法国避免了一场内战，而且在整个事件中没有人员死亡，作为法国妇女，她为此感到自豪。

1960年后法国开始进行核试验。1968年8月26日，戴高乐将军对法国第一颗氢弹爆炸成功表示祝贺，称“这是法国精英群体和子女为法国的独立与安全所取得的巨大科学、技术和工业丰硕成果。”

1968年春季尽管在欧洲各地发生了一些非同寻常的事件，欧洲的建设在布鲁塞尔仍取得了进展。7月1日，六国共同市场成为现实，欧洲经济共同体成员国之间的贸易壁垒被扫除。11月15日，莫内迎来80岁生日。达尼卡受邀参加招待会。能再次见到这位伟人，并有机会对他所取得的成就表示祝贺，达尼卡感到非常高兴。

1968年和“五月事件”必将被写入史册。但对达尼卡来说，这也是她出第一本书的年份：《国际会议译员，——言语与交际问题》12月由Minard出版社出版。达尼卡称她的著作“不是一本学术书，而是一本思考集。”

为了纪念这一重要时刻，安妮·罗斯·比耶尔在她家组织了一个招待会，并发挥想象力，准备了一件让达尼卡非常开心的礼物：她用皮革装订了一册样书，并邀请朋友们签名留念：除玛丽雅娜和乔伊之外，还有泰迪·皮利、康斯坦丁·安德罗尼科夫、克里斯托弗·泰利、艾琳·泰特·费里、佩吉·玛纳斯、扎雷斯塔·霍夫、马奎尔特·阿尔维塞特（Marquerite Alviset）、埃利亚内·布兰恩、埃莉安·布兰恩（Eliane Brann）、杜思科·塔迪奇和所有在场参加庆祝的人。

大多数欧洲国家首都发生骚乱，接踵而至的是马丁·路德·金和罗伯特·肯尼迪被暗杀。这一年总算相对平静地来到年末：11月，理查德·尼克松当选美国新总统；之前不久，国际影视界为杰奎琳·肯尼迪与亚里士多德·奥纳西斯（Aristote Onassis）完婚而激动；12月25日，第一颗卫星阿波罗8号完成登月；1968年以美国太空的研究成果顺利实现而结束。

当年12月底，中学和南泰尔校区的骚乱反弹。警方迅速干预，局势得以控制。1968年5月终将成为历史……但法国原有的一切却一去不复返了。

我们来到这十年的最后一年。在法国政界，共和国总统于2月3日宣布就法国地区化和参议院改革议案进行全民公决。许多政治领导人物发表讲话表示反对，其中包括吉斯卡尔·德斯坦，他最典型的表达则是“是的……但……”，反对者占了上风。戴高乐将军于4月28日宣布辞职。参议院主席阿兰·波厄任代理总统。达尼卡认为自戴高乐上台十年来，法国乃至全世界都发生了重大变化。她对将军的离任深感遗憾。

在国际舞台上，美越和平谈判从1969年6月开始在巴黎的克莱伯大道会议中心举行。生产力发展代表团的同事阿历克·图玛雅是此次谈判招募的译员团队成员，因此，达尼卡非常高兴能在巴黎与他重逢。两位朋友共进午餐或晚餐，彼此谈论的话题自然离不开热点新闻，尤其是越南战争，他们还共同回忆起1950年职业生涯初期在华盛顿度过的美好瞬间。

美越谈判内容极为敏感，有些会晤涉密，因此在小范围内进行，采用的是交替传译。美籍学生多萝西·伯纳（Dorothy Burner）是ESIT的杰出毕业生，经达尼卡推荐，她被选中参与了机密会谈中的英法互译。她不负众望，顺利完成任务，达尼卡甚感骄傲。

如上所述，在莫里斯·格拉维耶的鼓励和指导下，达尼卡注册了博士学位，并准备撰写论文。为了解答辩情况，2月份她旁听了查尔斯·布顿（Charles Bouton）在索邦大学进行的论文答辩，布顿的论文题目是《法语作为外语的成年人学习机制研究》。离开基佐阶梯教室后，她仍然提心吊胆，甚至表示对答辩委员们的严厉态度感到震惊……

达尼卡为撰写论文进行了大量阅读，她的关注点主要是记忆研究，她坚信意义记忆和语言形式记忆之间存在天壤之别。从那时起，她便对不同形式的记忆机制产生了极大兴趣。在这一领域，心理学家皮亚杰的研究恰恰证实了她的部分直觉，但需要加以论证。达尼卡说："杰出的心理学家皮亚杰是属于我们的。"萦绕她的另一个待研究问题是：独立于言语的思想是存在的。

太空研究不断取得进步。1969年7月22日，美国宇航员尼尔·阿姆斯特朗成为第一个实现人类梦想的人，人类在月球上行走！阿尔德林和柯林斯紧随其后，全世界的观众都通过电视看到了阿尔德林将美国国旗插在月球上那一瞬间，以及他拍摄的照片。达尼卡始终着迷于太空研究和取得的成就，她又去租借电视，通过直播分享令人印象深刻的在月球着陆的奇妙瞬间。她开始想，是否买一台电视机放在家里。三位宇航员在法国凯旋门受到蓬皮杜总统和德马斯总理的接见，全法上下热血沸腾。

同往常一样，达尼卡到撒丁岛度假，去工作。她每天忙于分析交替传译实验数据，这些数据成为她博士论文的重要内容。她还用大量时间阅读已经发表的有关言语的研究成果。那个夏天，她阅读了语言学家雅各布森的著作。雅各布森同其他语言学派作者一样，仅把翻译看作是语言问题，达尼卡对此深感遗憾。尽管如此，达尼卡还是认为，在语言学家中，雅各布森和安德烈·马丁内特讲得最有意思。

8月初，达尼卡在穆拉韦拉接待了朋友伊娜·博格林·马里卡和她的罗马尼亚裔加拿大丈夫霍里亚（Horia），他们从加拿大过来。这段日子里，达尼卡与霍里亚很谈得来，因为他们都是“多瑙河的农民”。然而，这段对马里卡来说本来快乐的旅行险些要了他们的命：从卡利亚里飞往巴黎的返程中，飞机在马赛附近地中海沿岸的贝尔湖坠毁。值得庆幸的是，救护人员迅速赶到现场，落入水中或在滞留在机翼上的乘客得以解救。人得救了，但只剩下脚上的拖鞋，行李箱没有了，马里卡夫妇乘火车到达巴黎蒙特利尔站，去居维叶大街达尼卡家过夜。次日清晨，他们拍电报给达尼卡报平安。达尼卡一脸狐疑，因为她并不知道飞机在贝尔湖坠毁，觉得从卡利亚里飞往巴黎平安到达也没必要拍个电报告知。是小卡里姆拿着几天后才送到的意大利报纸给她看，上面有飞机几乎被水浸没的图片，而且《世界报》也刊登了一段文字，她这才恍然大悟，才明白马里卡发电报告知平安的初衷。

达尼卡第一次去印度是1961年，是与梅托尔斯特（Methorst）一起去的。她很喜欢这个国家，在1969年10月，便借皮利在德里召开会议的机会又启程前往印度。玛丽雅娜也随团前往。记得有一次租车出去游玩，去亚格拉参观皇家巴贝尔神庙，也就是著名的北方邦泰姬陵。开车的不是达尼卡，也不是皮利，而是市区的锡克教徒。同在柬埔寨一样，外国人租赁汽车时必须连驾驶员一起租，但这里的锡克教徒不收小费……达尼卡看到泰姬陵很兴奋，一直忘不掉映入眼帘的白色大理石陵墓，上面镶嵌着彩色石头。陵墓始建于十八世纪，是皇帝沙贾汗为纪念其爱妻慕塔芝玛哈（Mumtaz Mahal）修建的。这次他们选择的不再是八年前那种殖民地小旅馆，而是在湖之城乌代浦豪华酒店入住。

1969年假期过后，南斯拉夫副总理米特亚·里比契奇（Mitja Ribičič）到访法国，陪同访问的还有其他部长和政要。达尼卡承担塞维语–法语的会晤口译工作，里比契奇副总理先后与法国总理戴尔马、财政部长德斯坦举行会谈，后在爱丽舍宫受到总统蓬皮杜的欢迎。最初，南斯拉夫人对这个有塞语姓名的法国口译员并不看好，但他们很快就被塞莱斯科维奇小姐的口译质量所折服。

第一天的会谈结束后，法国外交部组织晚宴欢迎南斯拉夫代表团到访。承担口译工作的达尼卡到场后发现，宴会桌旁没有为译员设专位，礼宾司让人找了一个凳子放在嘉宾座位后面。达尼卡见状感觉受辱，义愤填膺（她后来说屁股无法忍受那个硬邦邦的椅子），于是扬长而去。到了居维叶家中后，她发疯似地挥舞着胳膊，次日回到外交部继续参加会谈口译时仍不自在。她觉得，反抗是最好的自卫，于是找到礼宾司司长，要求部长出面道歉。经过几次交涉后，礼宾司司长表示道歉，达尼卡心里得到安慰，表面上表示原谅。进入会议室后，她发现，已习惯于这种更为民主做法的在场的南斯拉夫人都走向她，跟她握手，表示支持她前一天的行为方式，她很欣慰……从此以后，达尼卡每次受聘去外交部做口译，秘书托马斯女士都表示，有专门的译员位子用午餐和晚餐。达尼卡在讲这个故事时补充说“正式晚宴时坐在戴高乐将军的后面，这我能接受。”

里比契奇副部长访问要实现的目标很明确：为铁托总统1970年10月对法国的国事访问做准备。这一点在戴高乐当政时不可能提到议事日程上，然而，戴高乐将军的离去改变了局势，铁托的正式访问变得完全可能，而且也是法国领导人一直期望的。达尼卡承担了两国之间的高级别会晤的口译，站在了南斯拉夫走向解冻的最前沿。

达尼卡一生都将与父亲的祖国保持越来越紧密的联系，特别是1956年向西方开放以来。每次时机成熟，达尼卡都会回到南斯拉夫。如果是临时经过，她会住在首都的宾馆里，但无论如何都会腾出时间去达拉兹·帕夫洛维奇大街，在那里与米尔科、表弟达纳·迪米特里耶维奇及其妻子相见，当然还有维拉·托尼奇。这时候，她便产生了为父亲写传记的想法。六十年代起，她每次回到南斯拉夫都悄悄地找父亲原来的大学同事和有可能对父亲的哲学随笔感兴趣的出版商。蒙西洛·塞莱斯科维奇的名字不在出版图书目录中，但这并不意味着体制对他这样的作者不感兴趣。最终，1970年已经进入政界的维拉·托尼奇的女儿德萨介绍达尼卡认识了萨格勒布的一位出版商，只是他的第一部著作直到1982年才得以问世。

在撰写本章及后续内容时，作者因为对达尼卡如何支配空闲时间感到好奇，所以想用几页来描述她的业余爱好。在巴黎，她很喜欢与朋友一起用餐，在国外出差时，她会花几天时间去参观考察。然而，掀开她的笔记，询问她的亲朋好友后，我们才恍然大悟，达尼卡的业余时间都用来工作了！我们也会看到她在圣诞节假期玩拼图游戏，但真正的乐趣还是对记忆与言语的思考与研究。

第九章

生活继续

1969年11月，戴高乐将军去世，此后法国开启了二十世纪七十年代十年历史的新纪元。

新纪元体现在方方面面。首先是风俗革命，运动的领导者是克里斯蒂安妮·罗切福（Christiane Rochefort）和莫妮卡·威蒂格（Monique Wittig）。这场革命的起源是1965年大选期间有关避孕药的辩论，1970年妇女解放运动的兴起和妇女解放组织的建立标志着革命的到来。五年后，自愿终止妊娠将风俗革命引向深入，法国社会状况将从根本上发生改变。在工业领域，法国航空业在11月取得了巨大的成果，由飞行员安德烈·杜加德（André Turcat）驾驶的协和飞机001从图卢兹起飞，在南特上空飞行速度超过了两马赫，是声音速度的两倍。传统农业社会也在缓缓退去，法国在现代化道路上踏步前进，势不可当。

这就是当时的背景，在这个背景下，达尼卡在教学和国际会议之间马不停蹄，而且还常到国外出差。1970年4月，作为口译团队负责人，她起航前往亚洲，为两位日本大阪和东京客户组织的会议做口译。一同前往的同事中有玛丽雅娜、安妮·罗斯及卡拉·德让。大阪是日本的第二个经济中心，是1970年世界博览会的主办城市。除了博览会，达尼卡对这个城市没有任何兴趣，因为她感觉这个城市没有灵魂，没有绿地，多层高速公路穿行其中。达尼卡和其他译员几天内在两个会议之间疲于奔命，他们开车经过本州岛回东京。期间，他们参观了奈良市，寺庙中还保存着日本文明黄金时代的艺术珍品，然后到著名的富士山脚下的火山湖，富士山是日本最高的山峰，从远处可以看到其完美的圆锥形状，火山最后一次喷发是1707年。译员团队在箱根国家公园的一家日式传统旅馆内过夜。这个地方非常宁静，大家先去做日式按摩，然后品尝了日式晚餐和清酒，随后去泡温泉，温泉水让人放松，对大阪的负面印象也因此在达尼卡和朋友们的脑海中渐渐消失。

在家庭方面，自从姥姥几年前去世后，达尼卡的亲人所剩无几，她不再去看望哥哥和他的两个孩子，唯一的亲人是继母苏珊娜·塞莱斯科维奇，还有留在贝尔格莱德的表弟米尔科·迪米特里耶维奇（Mirko Dimitrijević）和他的妻子达娜。五十年代初索尼娅·拉多瓦诺维奇和佐兰离婚后，达尼卡很少跟她和侄女克莱尔（Claire）及尼可尔（Nicole）联系。索尼娅是日内瓦一家国际组织的普通公务员，独自在瑞士抚养双胞胎。克莱尔是个优秀的孩子，从一年级开始成绩就名列前茅。后来她学习法律，步父亲和姑姑的后尘，成为会议译员，当时她常驻海牙前南斯拉夫国际刑事法庭。尼可尔正好相反，青春期患上了严重的心理疾病。二十世纪七十年代初，索尼娅在日内瓦尽心竭力地照料尼可尔，她对当时年仅20岁的女儿所经受的痛苦一直深感不安，在绝望中，她向达尼卡求助。达尼卡遇事从不躲避，她开始照顾侄女，带她去巴黎，陪同她去看专家，1970年夏天还把她带到撒丁岛。姑姑与侄女相互不太了解，除了都挚爱牛奶面包，其他实在没有太多共同之处。玛丽雅娜对尼可尔住在穆拉韦拉感到些许恐惧，她们之间偶有争执，然后和解，如此反复。开学后，尼可尔在居维叶大街住了一段时间，随后又回到日内瓦母亲家中。可惜的是，尽管达尼卡竭尽全力，但也没能帮助侄女战胜痛苦的折磨，1980年尼可尔在30岁生日那年她还是选择以自杀结束了生命。

1970年夏天，这是达尼卡和玛丽雅娜最后一次开车前往撒丁岛。穿越法国的旅程漫长且令人疲倦。这一次，达尼卡全新的红色雷诺4 L车上装满了花园要用的花肥，然后通过铁路运输次日早上到达土伦火车站。从热那亚（Gênes）到卡利亚里（Cagliari）的渡轮晚上才发船，因此有充足的时间在芒通花卉市场上采购，她们买了四季含羞草和夹竹桃，准备种在花园里。当时，欧洲共同体国家尚未实行夏令时，达尼卡和玛丽雅娜完全忘记了法国和意大利之间还有时差。晚上，当她们到达热那亚港准备登船时，那艘船早已驶离海岸。没办法，只能在热那亚过夜了，第二天早上还要想办法买到通往撒丁岛的船票。雷诺4 L是全新的，但在他们所下榻的四星级酒店停车场中还是有些许不协调。达尼卡并不关心这些细节，她把车钥匙交给了代驾司机，提醒他无论如何晚上要注意给植物浇水。只有到撒丁岛最北端和卡利亚里对面的奥尔比亚的船第二天还有座位。周六一整天，她们开着车穿梭在小岛的小路上，到达穆拉韦拉时天色渐晚。

这次意外事件让达尼卡改变了主意，从今往后一定要乘飞机前往撒丁岛。可是第二年夏天还是出了状况。在罗马中途转机时，达尼卡险些错过去卡利亚里的转机时间，因为一个长着榆木脑袋、不开窍的海关官员拦住了达尼卡，坚持要她为随身携带的猫咪另外支付乘机费用。但达尼卡曾经是卢森堡煤钢共同体雇员，对共同体国家间的交通规则非常熟悉，她很清楚，税收只针对新物品。用简单的意大利语交流后，她直接拿出海关法规作为无可辩驳的证据：Ma e usatogatto！（这是只二手猫）。就这样，达尼卡让海关官员哑口无言，最终按时登上了飞往卡利亚里的航班。

1971年的巴黎，首都楼宇外墙翻新和整治工作仍在继续，但这并不符合所有人的意愿。抗议翻修哈勒斯区（Les Halles）的最后一批顽固分子正打算从拆楼者手中拯救巴尔塔德大楼，但他们被警察毫不留情地驱散了。许多有怀旧情怀的巴黎人不会忘记著名的“巴黎之腹”，也就是埃米尔·左拉（Emile Zola）所说的巴黎最大的中央市场，大家在哈勒斯购物中心度过多少欢快的夜晚，早上还可以去那里喝上一碗洋葱汤，达尼卡和伙伴们五十年代也是这里的常客。两年来，这个大市场已从市中心迁到巴黎南部郊区的朗吉斯（Rungis）。

1969年起ESIT在多菲内大学中心安营扎寨。达尼卡在学校的私人秘书处是由泰利当时的夫人伊莎贝尔·布特龙（Isabelle Boutron）负责的。总体而言，达尼卡与学校行政人员之间的关系是热情友好的。伊莎贝尔给我们讲了一件特别有趣的事。有一次她和达尼卡发生了纠纷，越吵越凶，伊莎贝尔脾气也不好，觉得自己受到老板的不公平对待，便摔门愤然离开，下决心打死也不会再回来上班。当天晚上，圣·奥古斯丁码头泰利家有人敲门。伊莎贝尔打开门，映入眼帘的却是一束巨大的鲜花，看不到送花人的脸，只能看到双腿。仔细辨识，是达尼卡，她是诚心诚意地向合作者来道歉的。ESIT的所有行政人员都清楚地记得达尼卡慷慨无私地为大家组织的聚餐和圣诞节晚会，香槟、鱼子酱或鹅肝酱等保证大家吃得尽兴，而这些自然也都是她自掏腰包的钱。达尼卡从未有过动用ESIT资金的念头，因为ESIT的预算本来就捉襟见肘。学校秘书西蒙妮·德韦尔涅（Simon Desvergnes）和仍在秘书处供职的米雷耶·莫林（Mireille Morin）谈到达尼卡时无不动容，深表爱戴。

这几年，除了在ESIT上口译课，达尼卡将大部分时间都用来撰写论文，并于1972年2月最终完成初稿后送去打印。她认为自己已准备好在复活节前后进行答辩。然而，她的博士论文题目是会议口译，在法国大学的博士学位学科目录中，口译既不是现代语言也不是语言学，历史上还没有过类似的博士论文。莫里斯·格拉维耶一直在努力推动这件事，希望尽快有结果。就这样，她不得不又等了一年多才参加论文答辩。

1973年6月3日，终于等来了期待已久的答辩。在这个夏日的早晨，当达尼卡跨进古老的拱顶索邦大学、走进路易·利亚德（Louis Liard）大厅时，她所有的朋友和ESIT的学生都已如期到场。圆形剧场的看台上坐满了译员，这些业内外的人都是伊莎贝尔·泰利动员来旁听答辩的。到这个时候，还没有任何迹象表明大学将采取的决定会对达尼卡未来一生有何重要意义。眼下看，达尼卡险些被答辩彻底摧毁。答辩委员会成员由以下教授组成：格拉维耶、马尤克斯（Mayoux）、勒米特（Lhermitte）、赞姆（Zemb）和加涅帕恩（Gagnepain）。达尼卡事先还是接受了康斯坦丁·安德罗尼科夫的建议，“一定要阅读答辩委员们已发表的著作，因此，在面对这些答辩委员时，她基本清楚每个人的想法。但其中有的教授的想法与达尼卡论文关注的问题似乎不太相干”。达尼卡采用教学法方式开始介绍论文内容，并耐心地做演示，从而让答辩委员能明白她讲的理论。似乎大家都没注意到，每当委员们使用interprétariat（而不是interprétation）这个词询问答辩人有关“口译功能”时，嘘声四起，答辩委员们相互询问这里的“-tion”是何意！加涅帕恩教授概括说：“不管怎么说，您是柏拉图学派的吧？”达尼卡被这句话刺痛，别人觉得她在借用柏拉图的思想，即便是柏拉图，这位古希腊哲学家的理论中根本没涉及言语。对柏拉图而言，logos表示“话语”，同时也表示“理性”，无话语，便无思想，这是他的弟子亚里士多德在谈聋哑问题时将其加以明确阐述的，他的思想一直到今天还有影响。

答辩结束，答辩委员授予达尼卡·塞莱斯科维奇国家文学博士学位，并向她表示祝贺。会议口译自此堂堂正正地走进了索邦大学，这对整个口译行业都是至关重要的一天。但达尼卡似乎没意识到这一点，晚上与几位密友在巴黎一个小餐厅聚餐时，她很烦躁："他们根本没读我的论文，他们根本没弄懂！甚至还说什么柏拉图学派！"为了安慰她，朋友莫里斯·佩格尼尔在餐巾上一笔一画地写道："Avec les félicitations du jury……Avec les félicitations du jury……"[①]

答辩结束后，达尼卡还要重新整理博士论文，以期发表。《言语、语言与记忆》[②]是一部优秀作品，其中有很多口译员笔记的复品，该书在1975年下半年出版，让·莫内为其作序。截止到这一时段，达尼卡已顺利出版了两本书。她无意中途停止研究。我们看到，在接下来的二十年中，她单独或与玛丽雅娜·勒代雷合作又发表了多部作品。

这里有一个小插曲，达尼卡从青春期开始就像其家人一样吸烟成瘾，博士论文答辩结束后她下定决心戒烟。这背后不可能没有来自玛丽雅娜的施压。她赌赢了，并且像往常一样，以教育工作者身

---

① "Avec les félicitations du jury"是法国博士论文答辩的最高成绩。

② *Langage, Iangues et mémoire, étude de la prise de notes en interprétationc onsécutive,* Minard, Paris, 1975.

份劝其他吸烟者采用她的戒烟方法：不是对自己说“我再也不会吸烟了，”然后扔掉香烟，而是设法逐渐减少吸烟量。本书作者就是受达尼卡方法启发而戒烟的。

在政治领域，1973年爆发了著名的水门丑闻，即尼克松政府下令在美国民主党总部进行窃听事件，《华盛顿邮报》记者对此进行了披露。该事件大大动摇了新当选的尼克松总统政权的稳定性。亨利·基辛格被任命为新一任国务卿，他于当年10月还获得了诺贝尔和平奖。

除暑假外，复活节假期达尼卡也习惯于在撒丁岛度过。九年前她们第一次来泻湖度假时下过大雨，但后来完全干了。1974年的春天，雨水特别多，水满为患，花园被淹了。开车从卡利亚里送达尼卡和玛丽雅娜及小卡里姆的司机不愿意涉水通过，理由很简单，他开的是车不是船。他们被放在一个小丘陵上，应该没有任何危险，但从泻湖沿路到穆拉韦拉的道路上积水有十多厘米深。玛丽雅娜业余拍的小视频显示，小卡里姆在被彻底淹没的海滩上划着独木舟。

1960年代初期，伊娜在墨西哥滞留了几年，达尼卡去过一次。除此之外，达尼卡对南美大陆根本不了解。1974年5月，她第一次去巴西为第十四届国际商会大会做口译。泰利招募的口译团队包括珍妮·德·克拉伦斯、玛丽雅娜等人。会议开始前几天，达尼卡抵达里约热内卢，迫不及待地与玛丽雅娜一起租了一辆车，动身去探索发现大城市里约热内卢。里约城与世界上最美的海湾之一——瓜纳巴拉海湾相连，科巴卡巴纳海滩（Copacabana）和依帕内玛

（Ipanema）海滩闻名遐迩，一眼望不到边，每年吸引大量游客到访，当地的糖面包和科尔科瓦多的救世者基督雕像（法国雕塑家保罗·兰格诺夫斯基的作品）让几位朋友叹为观止。然而，同时他们也对天壤之别的生活差异震惊不已：海边是豪华洋房小区，而城市上空山丘热带植被中则是脏乱不堪的贫民窟。第一次游览里约之后，达尼卡和玛丽雅娜第一天游览了里约城，次日清晨她们来到中央大市场和植物园。恰逢玛丽雅娜生日。她和达尼卡将在里约一家著名的餐厅庆祝。但两个人谁都不懂葡语，也不知道如何点菜，于是就点了菜单上看起来最有名的一道价格最贵的菜。当服务生把装有沙丁鱼的银盘送到餐桌上时，她们才恍然大悟，盘子里是从葡萄牙进口的四条罐头沙丁鱼，罐头上画着一朵花。瞬间失望过后，她们开怀大笑。那里的人解释说，在巴西所有从欧洲进口的东西价格都会翻番。

会议结束后，达尼卡和玛丽雅娜休假三周。她们本计划直达里奥内格罗（Rio Negro，黑河）上的亚马逊州首府马纳乌斯（Manaos），但傍晚才到达第四大城市巴西利亚。着陆时，地平线上壮观的夕阳落日给她们留下了深刻印象。

她们用一两天的时间探索巴西首都，这座由著名建筑师奥斯卡·尼迈耶和他的团队于1957年完成的同时富有革命精神和现代主义气息的城市。随后她们飞往位于巴西利亚和里约热内卢的米纳斯吉拉斯州首府贝洛奥里藏特。从那里，他们继续开车前行，然后在欧鲁普雷图停留。这是个陡峭的山城，被视作巴西殖民艺术的杰作之一，因其十七世纪博物馆和众多洛可可风格的教堂而闻名内外，教堂上的雕塑还有阿雷贾迪纽的《巴西米开朗基罗》。返回里约热内卢途中的最后一站是坐落在离海岸六十公里高处的皇城彼得罗波利斯，由于这里是旅游胜地，5月气候凉爽，是旅游和度假高峰期，她们忘记提前预订酒店房间了，所以险些流落街头。最终她们找到了一家规模不大的养老院，里面还有空房。但房主又差点不让她们入住，认为这两个人是穷光蛋，一切的一切皆因在沟通时达尼卡的一句话："我们不是富人，"其实她只是想说："我们不走运。"

让我们从达尼卡的旅游回到她进行的研究和思考。1974年12月，达尼卡的大学教师生涯迎来了重要的里程碑：她被任命为教授。她在给朋友的一封信中写道，"这是一个好消息，因为至少在国外大家都知道这个头衔。"

新的一年开始了。1975年，索邦大学新上任的塞莱斯科维奇教授继续研究口译，继续对记忆和广义的人类交流进行深入思考。她当时曾这样写道[①]：口译实践和科学之间的关系研究应该由译员研究者来做。"'科学'并不是用胡乱拼凑的词汇来掩盖思想的贫乏和空洞，而是确立可论证并可反复论证的事实。然而，没有一个科学家能证明她的这一主张，因此也没能将实践与思考联系在一起进行思考。"[②]

---

① 见写给露丝·威利特的信件。

② 同前引。

达尼卡多次强调，重要的是口译行业的理论化研究应该由懂专业的人去做。她不断说服身边的人，就在这一年，她很高兴地看到特雷斯·尼斯基在蒙特利尔发表了口译教学法方面的文章。露丝·威利特也刚刚发表一篇口译方面的论文，达尼卡对文章内容很满意（她计划将其译成法语发表，并将其推荐给所有同事阅读）。她在给露丝的信中说，看到其他人开始写文章她很欣慰，她概括说，“看到不再是一个人写文章了（想到我不是孤军作战），我感到很幸福，特别是你的文章也问世了，还有日内瓦翻译学院院长娜米（Namy）在《译员》杂志发表的文章，另外还有联邦共和国的口译顾问朱佩尔特（Jumplet）将在美国杂志发表多语口头交际方面的思考。我感觉多年的努力瞬间有了结果，对你我而言本来很简单的想法终于可以被引用了，口译的真相终于在不同国家变成了文字和印刷品。这的确令人欣慰，很高兴地看到翻译职业不再是拼凑品，而终于变成了脑力劳动成果。（大学）‘圈子’的法则是只看文字。从今以后，我们发表的文章为讨论口译奠定了基础。”

达尼卡当然是先向身边人转达了希望撰写关于口译和笔译理论的想法。ESIT的几位教师先被她说服了：克里斯多夫·泰利完成了关于双语研究的博士论文，1975年完成答辩；不久后是卡拉·德让完成了她的博士论文，内容是同声传译陈述形式影响研究。

玛丽雅娜·勒代雷也在导师莫里斯·格拉维耶指导下完成了

国家级博士论文，题目为《同声传译——经验与理论》[①]。达尼卡十分关注玛丽雅娜博士论文[②]的进展。她自然也是答辩委员会成员。这里要说一句，玛丽雅娜坚持在博士论文题目中使用“翻译”（traduction）一词，而不是“口译”（interprétation），因为她确信用“翻译”更能被译界接受。的确，当时没有人知道何谓口译。达尼卡最初坚决反对，但后来意识到，玛丽雅娜讲得很有道理。1978年5月31日玛丽雅娜·勒代雷答辩通过，被授予国家博士学位，该论文于1981年出版。这本著作补充完善了达尼卡对即席翻译的研究成果。

还是在1975年，达尼卡发现德国有两位与她有共同语言的翻译理论家，一位是图宾根的语言学家欧吉尼奥·科塞柳（Eugenio Coseriu），1975年他发表的著作敲响了转换生成语法的丧钟；另一位是译员，德国莱比锡大学教师奥托·卡德（Otto Kade）。达尼卡对《翻译科学》（Uebersetzung swissenschaft）杂志上发表的一篇文章很感兴趣，因此写信给作者，希望就相关翻译和未来合作研究交换看法。她对卡德和同事说：我们的论点得到了有力证实，我既高兴也有些忐忑不安，因为他们明确否定了比较语言学的观点，我一直都在避免发生正面冲突，想等到有名有地位更有说服力的时候再讲，从而避免被当头一棒打死。总而言之，我们的口译观点不仅得

---

① 玛丽雅娜·勒代雷，*La traduction simultanée-Expérience et théorie*, Minard Lettres Modernes, Paris 1981.

② 甚至是达尼卡为她的论文打的字。

到了他们的认可，而且翻译研究整体走势良好。

也是在这个时候，她和朋友杰拉德·伊格的友谊出现破裂。海德拉堡口译学校有位女教师叫海拉·基尔霍夫（Hella Kirchhoff），她不做口译，却以口译理论研究者的身份发表了一篇有关其教学的伪科学文章。伊格受到论文的感染，积极推送此文。达尼卡对他的态度深感不解，尤其是他还试图隐瞒这件事。

应该说，达尼卡和伊格曾经是亲密无间的朋友，达尼卡在档案大街任AIIC秘书处执行秘书时，他们一起组织了很多活动，后来在ESIT的合作也没中断过。1975年4月8日达尼卡在给露丝的另一封信中写道："……他[伊格]闭口不语，而我们的友谊是那么深厚，这让我很痛苦，我已经提出让他接学校的班。但他拒绝了。"露丝与基尔霍夫在口译教学法上公开发生冲突，达尼卡支持露丝的观点，一直认为外行不能教授口译。为公开表示自己在这件事上的态度，也是从口译研究整体上考虑，达尼卡在AIIC《通讯》上发表了一篇有关口译教学的文章，"在口译教学问题上，大家讨论的东西风马牛不相及。不从事口译工作，不知道口译是什么，不一定能把口译说清楚，因此就不能有教授口译的意念。如果允许不懂的人教授口译，实属怪异。即时在其他学科中存在这样的现象，在我们的学科中绝不允许。"应该强调，达尼卡的主要兴趣中心是ESIT及其相关研究和教学。她用了相当多的时间阅读与她研究领域相关的作品。例如，1975年，她特别阅读了卡特福德的《翻译的语言学理论》[①]

① *A linguistic Theory of Translation*，Oxford, University Press, 1965.

和弗里德里希·凯恩斯（Friedrich Kain）的《言语心理学》[①]。她还对德国国防部进行的一项同声传译研究产生兴趣。她说，这是一项通常只有语言学家才感兴趣的人工结构替代性研究。

达尼卡不排斥阅读其他学科的作品，在维蒂亚·赫塞尔的建议下，她阅读了哲学家米歇尔·福柯的著作，特别是《词与物》[②]。但热情不高，因为很难理解。因此，达尼卡只停留在对福柯理论的阅读上。

如前所述，自从开始太空研究以来，达尼卡的另一个兴奋点是太空冒险，她一直兴致勃勃地跟踪研究的最新进展。1976年7月21日，由于达尼卡当时还没有购买电视机，便再次租借电视观看了美国海盗探测器在火星上着陆，并传回第一批日落时红色星球的图像。她曾赠送给继母一台小型黑白电视机，继母去世后她将其收回了。达尼卡是反对“奇怪的天窗”的顽固分子中的一个，但随着时间的推移，她逐渐被说服（这种东西对小卡里姆并不是新鲜玩意），最终在八十年代初购买了第一台电视机。同其他人一样，达尼卡偏爱某些节目，尤其是体育节目，晚上观看体育比赛时，一只或两只猫咪会卧在她的双膝上。

啊，达尼卡与猫咪……一部长篇爱情小说，故事可追溯到她的童年，并将持续一生。她身边的猫一只接一只，最早的是在五十年代中期的一个夏天在普罗旺斯收养的。达尼卡在土伦和耶尔之间的

① *Psychologie der Sprache*，Ferdinand Encke Verlag Stuttgart, 1941–1969（6 tomes）.

② *Les mots et les choses,* Gallimard, Paris, 1966.

勒普拉代度假，住在海边的一个朋友借给她一个小棚屋住，一同度假的还有伊娜、佩吉和苏珊·沃彻奇维奇。一个晴朗的早晨，一只小猫咪来了，几天后就在一张床上产下两个猫仔。她把两只可怜的小猫咪带回了巴黎。两只可爱的猫一只叫帕普奇，另一只叫佩涅罗珀，两只猫跟达尼卡形影不离。不久后，帕普奇又怀了小猫，达尼卡刚刚参加了一次核物理会议，会后她为刚出生的一群小猫分别洗礼，取名为Neutron（中子）、Deuton（氚核）、Triton（三重氢核）、Proton（质子），等等。夏天，达尼卡便将一窝猫都寄送到兽医那里，玛丽雅娜说，这些猫在那里非常开心，而且避免了斑疹伤寒……存活下来的只有猫妈妈和Deuton（后来扎雷斯塔·霍夫给它取名佩涅罗珀）。佩涅罗珀个子很小，胆子也小，有一次它还从居维叶大楼五层坠落，但一直活了19年，死后被埋在王后镇居所的花园里。达尼卡去世后，她的两只猫，葛塞烈（Groseille）和底格里（Tigris）伤痛欲绝，玛丽雅娜接手后尽管十分用心照料，葛塞烈还是难以忍受见不到主人，于是出走后再也没回来，底格里斯次年也步其后尘，随它而去，不见了踪影。

达尼卡一生中接触的孩子不多，前面已讲，她与侄子和侄女几乎不来往，有段时间她对此还是很后悔的。但她与卡里姆·勒代雷的关系很特别，卡里姆是她的教子，很小就开始与她一起在撒丁岛度假。每天早上，达尼卡都用四十五分钟时间跟他一起做作业，由于与她和玛丽雅娜生活在一起，卡里姆很难接受保姆。1991年卡里姆30岁时，达尼卡赠送给他三十瓶珍贵的原产葡萄酒。十年后达尼卡去世，是卡里姆负责所有葬礼的安排。

后面发生的事我们还是等等再讲，因为我们还是在二十世纪七十年代中叶，离达尼卡离世还有二十五年。

居维叶研究中心

相对今天而言，二十世纪七十年代的国际口译市场规模还比较小，译员顾问之间都很熟悉，达尼卡经常与皮利、泰利、沃尔特·朱佩尔特（Walter Jumpelt）、赖因哈特·洛克纳（Reinhardt Lochner）和弗拉基米尔·波吉达耶夫等招募的译员合作。但随着时间的推移，到了二十世纪中叶，许多国际组织和公司都直接找到达尼卡，让她负责招募会议所需译员。达尼卡自然愿意这样做，也逐渐建立了自己的客户群和译员团队。这样做有好处，一方面，她可以选择最好的口译员，与他们一起做会的同时还有话语权；另一方面，她还可以亲自与相关机构谈条件。为此，她还撰写了一份供代表使用的指南，并告知这些机构她是译员顾问。她还特别要求客户至少一周前向译员提供将在会议上使用的讲稿，从而保证高质量的服务，实际上也是让译员有充分的准备时间。

为能拥有属于自己的会议口译团队组织结构，她于1970年首先创建了“InterSim”，随后成立了“居维叶研究中心”。该组织是根据1901年协会法与安妮·罗斯、乔伊·博科纽夫、卡拉·德让·勒菲阿尔和玛丽雅娜·勒代雷共同创建的。1975年5月3日，协会注册证明刊登在《官方杂志》上，总部地址是巴黎档案大街16号，邮编75005。协会的宗旨是：集合所有资深译员、改善会议口译从业者工作条件、提升口译质量、制定从业标准从而帮助其成员履行职责、采取有效措施发挥译员顾问在机构中的作用，为国际会议做好语言层面的准备、遵照国际会议翻译协会规则捍卫译员合法权益、为知名翻译学校毕业生进入职场提供便利。达尼卡将居维叶研究中心活动的管理和日常工作委托给了自己的忠实合作伙伴弗朗辛·托马斯。大家记得，六十年代初她曾在档案大街任AIIC执行秘书。随着口译咨询活动的增加，达尼卡很高兴能为ESIT的毕业生提供工作机会。有一件事让她乐此不疲，那就是在毕业生领取毕业文凭那一天，她将第一份工作合同交给训练有素的年轻译员。

由于达尼卡在学校的责任越来越大，她决定几乎把所有时间都用于教学和研究工作，这时玛丽雅娜接手居维叶研究中心的招募工作。达尼卡去世后居维叶研究中心解散。

七十年代中期后，从达尼卡的工作日程上看，她的口译活动逐年减少。1967年，她全年的口译天数约为200天，而1976年只有71天。

由于进译厢的天数有限，达尼卡便认真谨慎地进行筛选，首先是居维叶研究中心的客户，然后便是能够顺便旅游的会议。1976年，在扎伊尔召开的一次会议让她有机会去探索非洲大陆。每次到国外的某一个城市，她最喜欢的是先去中央市场。在金沙萨，她亲眼目睹了斩首尼罗河蜥蜴的一幕，真是吓人！可怜的蜥蜴大概瞬间就变成当地的几个菜肴。会议结束后，在玛丽雅娜的陪同下，她在这个地区完成了十五天的旅游。首先，他们出发前往乍得。在恩贾梅纳她们受到朋友的接待，随后继续前往乍得河另一侧的喀麦隆，乍得河将两个先前的法国殖民地一分为二。这是该地区最炎热的季节，她们要去参观北喀麦隆的一个小镇，但忘记预定酒店的房间，到达后只能委屈地住在没有空调的房间里，等待第二天早上出发。但一夜都没睡好，饱受高温和蚊子的折磨。然而，磨难将迅速中止，迎接她们的是一派自然景观。在牧羊人的指引下，各种各样的动物一群群从远处移动而来，像海洋一样飘飘荡荡，神奇无比。亘古不变的神圣的场景似乎从祖先时代突然涌现在眼前。

达尼卡认为口译仍然占用了她太多的时间，便开半玩笑地对周围人说，从现在开始，她只接受会期为半天的会议。这样看来，只有经合组织全体会议之前的协调会适合她，因为这个会仅一个小时左右。马尔科姆·盖恩（Malcolm Gain）（讲英语，1975级ESIT毕业生）回忆说，1976年她和达尼卡一起参加经合组织的一次会议。代表们围坐在会议室中间的方桌旁，口译员手持（“小喇叭”）麦克风工作。一个半小时后，达尼卡发现与会代表始终无法达成一致，便有些不耐烦，但会议仍在持续，始终无法找到解决方案，达尼卡对她说：“盖恩，我要讲话，你来翻。”她用几句话向会议主席提出了解决办法。大会主席说：“是啊！我觉得这是解决我们问题的办法。大家同意吗？女士，非常谢谢。休会。”盖恩后来并没有建议别人学习达尼卡，只是对达尼卡的钦佩油然而生，并对她的胆量感到诧异。

1976年夏天达尼卡照常在撒丁岛度假。雅克·希拉克辞职、雷蒙·巴尔担任总理的消息很晚才传到穆拉韦拉，达尼卡并没有因此受到影响，因为她的心思都在工作上。

这一年，不少名人去世，其中有让·加宾、雷蒙德·格诺、阿加莎·克里斯蒂和安德烈·马尔罗。达尼卡与马尔罗有过接触，他在戴高乐将军时期担任文化部长。达尼卡不仅欣赏他这个人，更喜欢他的作品，尤其是他的《反回忆录》。

1977年在达尼卡个人生活中有一件意义重大的事件，那就是她和玛丽雅娜·勒代雷共同购置了皇后镇的一栋别墅：一共十间房，足够大，能保证每个人的独立生活空间（玛丽雅娜带着已步入青年的儿子一起搬过来住），这里也为她们两个的深入合作研究提供了保证。毫无疑问，地理上的障碍消除了，这对她们的工作产生了积极的影响，使她们能够将撒丁岛夏季的最佳工作条件延伸至全年。达尼卡很多年来一直想这样做。她们参观了多处房产，但很难找到理想的房子。一天，玛丽雅娜的父母跟玛丽雅娜说，一位中学老师叫富奎特，她在皇后镇的房子要出售。第一次去看房她们就达成了购房意向，6月份在索镇一家公证处签署了出售承诺书。

房屋装修工程持续了两年，最初只能露营，1978年1月底前便可居住了。达尼卡将从巴黎第五区居维叶大街搬到巴黎南郊皇后镇。居维叶大街的公寓虽然明亮宜人，但住在没有电梯的五层还是不方便。因此，达尼卡对离开居维叶大街并无太多遗憾。1978年达尼卡要庆祝57岁生日。搬家定在2月7日。实际上，1月25日玛丽雅娜和儿子已经搬进别墅，只是房子太大了，他们感觉有点孤单，一直期盼达尼卡早日搬进来。

前面提到她半开玩笑说只接半天的会议，随后又增加了“仅限南部”。她实在搞不懂，为什么大家会断章取义地理解她的话。只要在南部举行短期会议，同事们第一时间准会想到达尼卡，她自然乐在其中。有一次在南方做会，规矩被打破。1978年9月在尼斯的会是居维叶研究中心的客户之一介绍的，是国际发供电联盟（UNIPEDE）大会。在拍摄的照片中，达尼卡的服装着实优雅别致。了解她的人会记得，她对穿衣服一般都不讲究，尤其是对怎么穿衣服更是兴趣索然。她的衣服通常都是朋友们帮忙选择的（20世纪50年代时是塞尔维亚的裁缝莱拉·斯塔诺伊维奇–格奥尔基耶维奇为她缝制长裙，后来还有佩吉·玛纳斯等人，当然还有玛丽雅娜，大家都试图对她施加影响，但收效甚微）。罗马的一位同事为她推荐了一位裁缝，为她量身定制了一些服装，包括一套非常漂亮的苹果绿套装，特别适合她，她在多个场合穿过这套衣服。奇葩的是，她对所穿的衣服不屑一顾，但对鞋子的热情始终不减，结果是她收藏了一大批鞋子。

1978年，教皇保罗六世去世，让·保罗一世不久继位。几个世纪以来头一遭，至高无上的君主不是意大利人，卡罗尔·沃伊蒂瓦（Karol Wojtyla）入主罗马教廷。达尼卡虽然是天主教徒，但她对天主教的事并不特别感兴趣，她只喜欢观看典礼，电视上直播登基仪式自然让她兴趣盎然。

同年，克劳德·弗朗索瓦（Claude François）和雅克·布莱尔（Jacques BreI）彻底离开了音乐厅，音乐界沉痛悼念两位著名歌手。达尼卡非常喜爱歌手布莱尔的《平坦的乡村》，尤其喜欢这首歌优美的歌词。她对克劳德·弗朗索瓦兴趣应该不高，但几天后，在索非亚召开的一次会议上，达尼卡在发言中也引用了他葬礼上的一段话。这一点我们稍后再叙。

自上世纪五十年代初煤钢共同体成立以来，达尼卡一直保持着与让·莫内的联系。直到莫内去世，他一直为欧洲的统一而孜孜不倦地工作。在与德国领导人的非正式会谈中，达尼卡经常陪他前往波恩。每次他们一起乘火车时，莫内都想办法说服火车餐厅负责人给他们找能面对面安静聊天的地方。1979年，莫内去世。享年91岁。他的葬礼在巴黎巴佐什举行，参加葬礼的只有他的亲属。几个月后，欧洲议会举行第一次直接普选，莫内没赶上就走了。吉斯卡德的前卫生部长西蒙妮·韦叶于1979年7月17日当选为新议会主席。那一刻起，从欧洲煤钢共同体大会诞生出来的机构才得以按照“欧洲之父”的意愿向前发展。

思想沟通与传播

从二十世纪七十年代起，欧洲和美洲的各类国际研讨会日益增多，会议主题一般涉及语言学、翻译和人类交流。达尼卡是文学博士，索邦大学教授，学校还设置了笔译及口译科学技术博士点，随后还在巴黎高翻成立了研究中心，以她的名字发表了诸多论文，达尼卡·塞莱斯斯科维奇的名字自此在翻译学（当时叫“翻译科学”）领域开始为人熟知。各类研讨会上大家都热切期盼她的出席和发言。

二十年来，达尼卡痴迷于会议口译教学，她十分重视年轻译员的培养和与国际上其他知名翻译院校的合作。1974年10月，ESIT组织了一次以入学考试为专题的研讨会，莫里斯·格雷维耶担任大会主席。日内瓦大学翻译学院院长克劳德·纳米（Claude Namy）和玛丽–法兰西·恩库克（Marie-France Skuncke）出席了大会。

次年，联合国教科文组织举办了一场关于口译教学法的研讨会，达尼卡和ESIT的其他老师都出席了研讨会。她会后表示，很遗憾与参会人话不投机，每个参会者都只是对自己的教学夸夸其谈。在另一次会议上，部分发言人不是会议译员，达尼卡再次谴责非专业人员参与口译教学讨论。她讲述了中欧一所翻译学校校长在某国首都发生的轶事：有人提问“您呢？您教什么？”这位院长回答说：“您知道，就是在厢子里做法德、德法同声传译，我试过一次，不容易。”

达尼卡的名声也逐渐在大西洋彼岸扩大。她多次应邀赴美国乔治敦大学讲学，她的朋友马克西（Maxi）和戴维·鲍文（David Bowen）当时是口译专业负责人。戴维八十年代还在达尼卡指导下完成了博士论文。为能正确解释口译教学理念，达尼卡需要合伙人，而鲍文夫妇深受达尼卡教学方法的启发，他们心有灵犀，志同道合。达尼卡在加拿大蒙特利尔和渥太华的大学圈子也开始出名，她多次应邀前往参加研讨会。达尼卡在加拿大有很多朋友，当然很乐意去。许多加拿大学生都是在ESIT攻读完博士学位的，第一个加拿大人则是从事翻译研究的让·德利尔，1978年他通过了博士论文答辩。

我们来谈谈二十世纪七十年代达尼卡参加的一些海外活动。1975年，在蒙特利尔大学教授口译的雷尼亚·罗默（Renia Romer）（即泰勒斯·尼尔斯基，Thérèse Nilski）组织邀请达尼卡到加拿大参加一系列口译会议，先是在蒙特利尔大学，然后去奥尔塔瓦大学。由于时间冲突，最终访问日期确定为11月，加拿大女王阁下[①]与达尼卡·塞莱斯科维奇签署了一项合同，“达尼卡赴加拿大做会议翻译巡回讲座，帮助翻译系在校生深入了解口译专业。”

达尼卡于11月到达蒙特利尔，住在朋友雷尼亚家里，雷尼亚和丈夫皮埃尔·德·贝勒菲耶（Pierre de Bellefeuille）在舍尼尔·圣尤斯塔什（Chenier de Saint-Eustache）有一栋高档漂亮的别墅。第二天，在蒙特利尔大学举行第一场讲座，主题是：“语言与思想——会议口译中母语和习得语言的使用。语言的束缚与思想的表述。”在蒙特利尔举行的这次讲座中，她对会议口译的未来作出了预测：未来将不再是传统的英法语言组合（那是1975年！），而是其他语言组合，如俄中或阿英。三十年后，我们看到她的预测在很大程度

① 加拿大当局在合同中使用的词汇。

上得到了应验。

在朋友陪伴下，达尼卡在蒙特利尔度过了一个周末，随后前往渥太华。她的演讲题目是“语言与篇章——篇章中语言与思想的最大区别：语言不可译，而思想是可以重新表达的”，演讲获得巨大成功，并引起联邦首都媒体的特别关注，很多与会者致函给渥太华法语日报法律总编，对达尼卡的演讲纷纷表示祝贺。的确，她讨论翻译和口译的方法对大多数听众来说是全新的。达尼卡解释说，口译是一种正常的言语交际活动。她抓住各种机会解释会议口译的性质和其工作原理，她始终认为，译员理解信息与听众别无两样。尽管他使用另一种语言进行表达，但他也会同单语发言人一样发布信息。在加拿大逗留期间，她还应邀在加拿大广播电台录制了一系列关于口译和口译教学的访谈节目，这档节目叫“舌尖上”。回到巴黎后，达尼卡写信给雷尼亚和她丈夫，跟他们说：“在你们国家的逗留给我留下了梦幻般的记忆。”

与此同时，达尼卡的名声也跨越了西欧。1976年初，她受邀在布达佩斯对外贸易高等学校讲授口译教学法。这当然只是在东欧各研究所和大学进行的其中一次讲学。

1977年2月，作为对达尼卡工作成果的奖励，她收到伦敦语言学家协会的特邀函，请她在瑟尔福德纪念讲坛做演讲。该讲坛是为纪念创始人拉康·瑟尔福德爵士（Lacon Threlford）于1960年创立的，学院每年邀请一位知名人士就语言或人类交流发表演讲。在达尼卡之前，该论坛曾邀请的著名人物是能用西语、法语、英语三种语言写作的西班牙外交官萨尔瓦多·德马达里亚加（Salvador de Madariaga）。为表彰达尼卡的研究成果，在颁奖典礼中，授予她语言学院金质奖章。玛丽雅娜和卡里姆陪她一起到访伦敦。典礼结束后，对军车热情高涨的卡里姆便带着母亲和教母到帝国战争博物馆去参观，毫无疑问，两位母亲都去过，然后他们一起观看了蒙提·派森（Monty Python）拍摄制作的《蟒蛇与圣杯》，相比之下，她们两个喜欢看这部电影。

1964年以来，在欧洲煤钢共同体时就与达尼卡结识的雷妮·范·霍夫在她负责的口译服务部开设了会议译员培训课程。20世纪50年代后期开始她一直在布鲁塞尔欧洲委员会工作，即今天的会议口译综合服务部（SCIC）。她任命卢森堡人埃德梅·甘格勒（Edmée Gangler）来负责，因此，欧洲委员会便开始提供高水平且包括所有语言的培训实习，三十多年来从没有中断过。当SCIC决定培训塞尔维亚—克罗地亚口译员时，达尼卡便和埃德米·冈格一起去贝尔格莱德组织能力测试，随后达尼卡也来到布鲁塞尔参加培训。1977年，该部门还为在蒙斯大学召开的口译教学研讨会提供了赞助，与会机构代表都是AIIC认可的。达尼卡用生动的语言和她独有的讲话方式又一次打动了在场听众。她再次解释说，口译与普通的交际行为没有两样。她说，口译教学实际上是教学生如何在理解的基础上加以表达。如果说她和霍夫在欧洲煤钢共同体时关系有摩擦的话，现在她们之间可以说是心有灵犀，达尼卡和霍夫都认为对方在会议口译界发挥了积极作用，彼此的磕磕绊绊现在都让位于合作，这样做既对ESIT有益，也对霍夫所在的服务部门有利。多年来，即使霍夫被口译综合服务部的工作缠身，她也一直在ESIT教授荷兰语、法语口译课。这门课还有另一位忠实合作者——诺埃尔·穆伊利（Noël Muylle），她也是ESIT的毕业生。当霍夫在欧洲委员会上任总干事一职时，达尼卡盛赞说："任命口译员担任这一职务具有重大的象征意义，这将提升整个职业的地位。"

ESIT和SCIC之间的合作在多个领域取得了丰硕成果：SCIC将订购达尼卡和玛丽雅娜合著的《口译推理教学法》，这是一本专门用于口译培训的教科书，1989年由欧盟委员会出版局出版[①]。

达尼卡参加了很多会议，其中一次值得我们在这里提及，即1977年秋天在威尼斯召开的会议。这次会议是跨学科的，由大卫·格弗（David Gerver）和华莱士·西奈科（H. Wallace Sinaiko）两位心理学家共同组织，会议主题是："口译言语与交际"，这也是北大西洋公约组织的项目之一。参加这次会议的有心理学家、社会学家、人类学家、语言学家、语音口译员以及美国手语译员。目的自然是试图启动各个领域代表之间的合作。达尼卡、玛丽雅娜和泰利参加了此次会议，而且都做了发言。还有很多译员也出席了会议，包括AIIC前主席让·艾赫贝尔。然而，其他专业的代表，尤其是语言学家和心理学家对这些译员代表置若罔闻。几乎是不屑一顾，他们根本不理解（也许他们就没认真听）译员的发言。更严重

① 该书2002年修订后再版。中文名称：《口译训练指南》，闫素伟、邵炜译，中国对外翻译出版公司，2007年12月。

的是，不同专业的人使用不同的术语，导致相互之间的不理解，语言学家和心理学家不了解口译，对这些译员代表自然也缺乏必要的尊重。在唏嘘声不断的闭幕式上，让·艾赫贝尔利凭借自己的权利将口译员在之前会议上表达的想法写入了最终的会议文稿中。会议结束后，达尼卡与其他与会者通信，特别是给苏格兰斯特灵大学的与会者写信时，她将有些心理学家对口译的定义视作“蠢话”。这次大会原本是要在口译与交际的研究上启动很多项目，但最终半途而废，虎头蛇尾。达尼卡和她的朋友们都深表遗憾。

1978年，达尼卡再次到东欧参加了两场活动：一场是保加利亚翻译工作者联盟与国际翻译家联盟在索非亚共同举办的一次口译理论研讨会。达尼卡是唯一受邀的西方口译员，会议开场听到“懂两种语言不等于会口译”时，她知道此次来参会不是浪费时间。她发现，保加利亚的口译教学始于1975年，与西欧许多所谓的口译学校相比，这所学校具有明显特征和优势，因为教授口译的都是职业译员。正如我们先前所言，在西欧的许多教育机构中，情况远非如此。

在索非亚参加会议后不久，德意志民主共和国莱比锡大学语言应用科学系组织了另一场研讨会。在这次会议上，达尼卡终于见到了东德伟大的翻译理论家奥托·卡德（Otto Kade）。实际上，1976年以后他们一直保持通信联系。他们在东柏林约好一起乘卡德的车去莱比锡。这也是达尼卡与他唯一一次畅谈，她发现彼此想法在很大程度上不谋而合。达尼卡在会上做的关于同声传译的发言是基于玛丽雅娜的最新博士论文的研究成果。

在我们列举的达尼卡参加的一系列研讨会清单中，有一个会议不能不提，即1978年在卢森堡由欧洲议会口译服务部组织的会议。如前所述，该组织的前身是欧洲煤钢共同体，二十世纪五十年代初期达尼卡曾在这里工作。本书作者1978年是欧洲议会的年轻译员，因此对此次会议了如指掌。达尼卡与原来的同事在这里重逢，原来的同事现在都成为了重要岗位的掌门人。首先引起她关注的是罗伯特·皮特维尔，口译部主任，也是此次会议组织者；还有阿曼德·阿莱施和厄休拉·帕德伯格，他们分别是法语口译部和德语口译部负责人。语言学家穆南也是此次会议的主旨发言人，达尼卡便借午餐的机会坦率地向他表示责怪，抱怨他在撰写的文章中一直都不引用ESIT的研究成果。此次主旨嘉宾的发言翻译全部由年轻译员完成。有一位发言人讲意大利语，刚入行的年轻译员安德烈·伯恩哈德出色地将其译成法语，达尼卡希望会后约见他。达尼卡说，“他是极少数真正做意-法口译而不是寻求语言对应的口译员，在这少数人中还包括多米尼克·法拉利，她也是欧洲煤钢共同体时期的译员，也是来参会的。”达尼卡的赞扬让安德烈感到自豪，三十年后都无法忘记。

新的十年开始了，1980年2月，达尼卡接受艾因查姆斯大学语言学系邀请，前往埃及开罗做系列讲座。在阿拉伯世界，这所学校是最古老的教授翻译的大学。她的讲座持续两个星期。上课之余，达尼卡有点百无聊赖。但很幸运，她认识的索邦大学知名语言学教授贝尔纳·伯狄埃（Bernard Pottier）恰巧也在埃及首都出差，他们周末便相约一起度过。他们的想法很接近，而且就在同年10月，巴黎电台有一档节目叫法国文化，有一期专门谈语言与口译，他们一起参与录制了这次节目，这一点又一次在节目中得到了证实。

这个时期，在达尼卡指导的博士生中，有一位来自亚历山大的年轻学生，名叫米里亚姆·萨拉马（Myriam Salama）。正好在开罗家里度假的米里亚姆便来找导师讨论论文问题，然后邀请她在开罗的讲课任务结束后到亚历山大市参观旅游。达尼卡欣然接受了这一邀请。她在神话般的城市中受到米里亚姆和他家人的热烈欢迎。米里亚姆带达尼卡到古老街区漫步，去发现这座传奇城市及其古迹：科普特圣马克教堂、拉斯-埃尔-蒂内清真寺、阿布·阿巴清真寺，还有著名的奎特贝城堡等，据说这个城堡建于十五世纪，是用亚历山大灯塔的石头建造的，也是世界七大奇观之一。一天的参观以品尝美味佳肴结束，他们在港口的一家小鱼餐厅就餐，在那里还可以俯瞰亚历山大港，这完全符合达尼卡的口味。第二天的旅游是去沙漠，达尼卡在米里亚姆的陪同下沿着著名的蒙哥马利将军的足迹在沙漠中前行，目标是埃尔阿拉梅因。

现在来看法国的情况。1981年，法国社会党取胜，胜利之夜，一直心系左派的达尼卡来到巴士底广场，融入欢呼雀跃的人群之中。她钦佩戴高乐将军，但他的继任者没有相同的宽阔视野，也未能赢得选民的选票。达尼卡在20世纪60年代中期成为社会党成员，尽管她对由赫赛尔（Ies Hessel）领导的让·穆兰（Jean Moulin）俱乐部的活动很感兴趣，但从未积极参与其中。凭借她在国际舞台工作的经验，对她来说，法国社会党基层小组的讨论水平似乎过于初级，而且缺乏政治抱负。她很快放弃了，不再参加各类会议，也没有续签党证。尽管如此，5月10日她还是很开心的。

到了年底的12月6日，达尼卡60岁生日。达尼卡并没把生日当回事，无论是穿着打扮，还是对自己的年龄，她都不忌讳。与十年前50岁时相比，60岁对她影响不大，要知道，50岁时她可是坐卧不宁，甚至在生日那天还病倒了……

1982年的新闻一个接一个：7月初，第一位法国宇航员让·卢普·克雷蒂安（Jean-Loup Chrétien）成为苏联联盟号飞船的机组人员之一。这一天，达尼卡乘飞机登上撒丁岛。

对于法国乃至全世界的电影观众来说，1982年是令人心情沉痛的一年：罗米·施耐德（Romy Schneider）、雅克·塔蒂（Jacques Tati）、“摩纳哥公主”格蕾丝·凯利（Grace Kelly）和英格玛·伯格曼（Ingrid Bergman）先后离去。

这一年，法国作家阿拉贡去世，全球文学界举行哀悼活动。法国政界失去了一位杰出的政治家皮埃尔·孟戴斯·弗朗斯（Pierre Mendes France）。达尼卡与皮埃尔没有真正接触过，但通过朋友赫赛尔对他有所了解。对这位安理会前任主席的悼念远远超越了政治藩篱，这充分显示出与他接触的人对他的尊重。关于他的情况这里不妨多说几句。1954年他入住总理府时，仅仅用了十周时间就成功结束了印度支那战争的善后工作，缓解了突尼斯的紧张局势，并解除了让·莫内十分关切的法国在欧洲防卫组织的抵押贷款。

入秋后的一项重要活动是达尼卡9月7日的南美委内瑞拉之行，这是受外交部委托的法国文化合作框架内项目。此行将持续两周，达尼卡根据委内瑞拉中央大学口译学校的要求举行了一系列演讲。第一场讲座的题目是“言语之争”。作为法国外交部的代表，她拒绝用英语授课，这时，毕业于蒙斯口译学校的年轻教授译员乔治·巴斯汀（Georges Bastin）提出愿意与自己的一位学生一起为她做交替传译，达尼卡非常高兴。随后，她还为口译和笔译老师开设了专门针对这两个学科的教学讲座，当然不是语言教学。在逗留期间，达尼卡还到口译学校去听了五个语种的口译课和笔译课。

尽管日程安排得很满，她的业余爱好也未耽误：几位老师带她参观了一个离加拉加斯只有几个小时车程的殖民地海滨小村庄马拉凯（Maracay）。路上，他们经过马拉凯镇，通过一条蜿蜒的小路穿越了国家公园。他们在海滩上散步，共进午餐，面对这样的景色，达尼卡感叹说：“这就是撒丁岛，还多了点野味！”

她一直鼓励年轻老师，争取让更多的人加入“释意”行列。有一位年轻老师叫科林娜·伊姆豪瑟（Corinne Imhauser），她也是蒙斯口译学校的毕业生，她邀请达尼卡到加拉加斯。此次驾驶的是科林娜的白色4 L汽车，没有选择委内瑞拉中央大学提供的装有空调的豪华轿车。周末，科林娜带她去了莫罗科伊岛自然保护区，一同前往的还有一群朋友。大家分乘几辆吉普车，十几个人沿红树林出发前往300公里外的海岸，然后再由渔民带他们上岛。傍晚在篝火旁，大家品尝各种烧烤和美食，欢快地放声歌唱。晚上大家在帐篷下的吊床上过夜。

达尼卡对在委内瑞拉度过的时光和学校的接待非常满意。返回巴黎后，她写信给口译和笔译系主任洛佩兹女士，“我眼前仍然是加拉加斯大街上绚烂的色彩，包括您在内的所有同事的热情和友谊陪伴我度过了美丽的时光。”乔治·巴斯汀和科林娜·伊姆豪瑟也同样对这位非同一般的教授记忆深刻。几位西班牙语老师热情不减，还着手将达尼卡的第一部著作译成西班牙语。译文手稿在乔治·巴斯汀手里。几年后，被达尼卡最终说服的乔治到巴黎攻读了博士学位。

达尼卡投入写作的时间越来越多。二十世纪八十年代初，她还开始整理从小就十分热爱和敬佩的父亲的遗作。父亲是一位学者、哲学家和康德研究专家，他留下了内容丰富的哲学著作，但由于战争和南斯拉夫的政治局势，尤其是因为他60岁的过早去世，这些作品未能在他生前出版。达尼卡的想法是，首先出版蒙西洛·塞莱斯科维奇战争期间在贝尔格莱德撰写的哲学著作。她花了很多时间、精力和金钱，每次为此事去南斯拉夫都会胆战心惊，浑身发抖。1980年，作品的出版仍然是困难重重。幸运的是，1982年，《哲学基础》在当时还没有发生战事的南斯拉夫第二大城市萨格勒布问世。达尼卡竭尽所能，让欧洲和大西洋地区开设斯拉夫语的每一所大学都收到该文集的样书。再后来，达尼卡又将1919年父亲在索邦大学通过的用法语撰写的博士论文翻译成塞-克语出版，题目是《当代德国舆论中的塞族人，1914–1918》。去世前，她还在贝尔格莱德出版了第一次世界大战前父亲在慕尼黑大学用德语完成的研究成果（后因战争中断），以及1929至1939年在柏林完成的著作。

1983年开始，达尼卡逐渐远离同传译厢，几乎不再做同传，但直至退休，她一直担任居维叶研究中心客户的团队负责人。就在那一年，她又再次做口译，召集人是卡拉·德让·勒菲阿尔。卡拉当时接受外交部任务正好在东南亚。会后，达尼卡与一起做口译的乔伊·博科纽夫商量一起去巴厘岛。卡拉次日到达法国大使馆开会，她本以为达尼卡外出旅行了，但非常震惊地得知她在旅馆房间里昏迷了，并被紧急送往了医院。卡拉立刻到医院，跑到她床边守护。达尼卡永远不会忘记这位同事和前学生的奉献精神。难以理解的是，与达尼卡约好去巴里岛的乔伊竟然在没有见到达尼卡的情况下独自出发了。她在雅加达医院住院十天，然后被送回巴黎，玛丽雅娜叫了救护车，在戴高乐机场接她，然后把她送到专门治疗热带疾病的克劳德·伯纳德医院。她一周后出院，也没能诊断出什么病。今天，我们也还是不清楚她在印度尼西亚到底染了什么邪恶的疾病，只是偶尔听到“霍乱”二字……

1984年是乔治·奥威尔命运攸关的一年。但在达尼卡的生活中，并没有什么特别的地方，也就是说，没有什么动一发而牵全身的事情发生。但需要指出的是，ESIT在这一年获得了大学内部的自治权，这是教育部实施的无数次改革的其中一次，旨在实现学校和大学机构的自制。达尼卡引以为豪，因为她为获得巴黎高等翻译学校的自主权可以说是竭尽其能，不遗余力，还动员了所有高层人士以获得他们的支持，包括克里斯托弗·泰利和前博士研究生克里斯蒂安·德里森（Christiane Driesen），她还向所有居维叶研究中心的客户发函，请他们撰写对ESIT教育质量的评测和赞誉。所有这些证明，加上来自所有主要国际机构和欧洲组织的极高的评价，申请自制的支撑材料非常有利，且无可争议。幸运的是，当时巴黎第三大学校长埃洛德（Ellrodt）教授也非常支持达尼卡。达尼卡很欣赏这位校长，因为他一直很尊重ESIT，而其他学校领导，例如比哈尔（Béhar）校长则公开反对学校的自治。埃洛德教授在给本书作者的一封信中说，他对与达尼卡的合作记忆美好。据他说，办学对达尼卡来说是一种名副其实的使命，她对此始终充满激情。达尼卡·塞莱斯科维奇一直以来对自己的职责和责任热情高涨。

获得自治权，特别是财务自主权对于ESIT及其发展自然非常有益，因为学校经费自此由教育部直接拨付。在此之前，索邦大学有关行政部门的人没有提供必要的支持和服务，高翻校长只能为每一分钱与他们据理力争。

应该说，达尼卡在过去的三十年中一直为会议口译职业得到承认而奔走呼号，即使如此，对于广大公众而言，口译仍然是一个鲜为人知的职业。达尼卡便抓住每一次机会阐述自己的观点，例如，1986年2月10日，法国国际电台主编阿兰·博杜埃（Alain Bedouet）邀请她参加一档口译和笔译的节目，她非常高兴自己能抓住这个机会消除大众对笔译和口译的一些误解。在节目中，她再次解释说，仅仅会几个单词或技术术语是不成的，翻译的根本是理解。在口译职业生涯中，达尼卡在反复证明自己的观点，例如，在一次锌冶炼会议前夕，她与一位同事打赌，说不使用任何技术术语也可以完成口译。她做到了，持怀疑态度的这位同事却倍感困惑。达尼卡还常回忆说，参会代表跟她说的话是“不要试图搞明白，小姐，你只管翻译就成。”一次有一个技术性很强的金融类会议，金融专家就是为国家提供服务的法兰西银行行长弗朗索瓦·布洛赫–莱恩（François Bloch-Lainé），他对达尼卡惊呼：“您似乎明白了所译的内容！”达尼卡反驳到：“不这样做我又能怎么办？！”莱恩长长地叹了口气，“好谦逊的一堂课！”达尼卡常提起这件事，暗暗自喜。

1986年，蒙西洛·塞莱斯科维奇的遗孀去世，享年90岁。她生前一直享有丈夫财产的使用权，尤其是贝尔格莱德达拉兹·帕夫洛维奇大街的房产。因此，蒙西洛·塞列斯科维奇去世后的继承权问题又提到议事日程。作为遗产继承人之一的佐兰拒绝继承遗产。达尼卡便计划将这套公寓捐赠给居住条件差的塞族朋友。她为此事不得不多次往返于贝尔格莱德，直至继承问题盖棺定论。

达尼卡是无神论者，对宗教没什么兴趣。但是她喜欢假期：在塞尔维亚，一年中的最重要的节日是斯拉夫节，每个家庭都要庆祝这个皈依圣徒的节日。达尼卡很愿意接受这一传统，每年的12月19日用来庆祝自己的斯拉夫节。同大多数散居的塞尔维亚人一样，她认为这是与朋友见面的机会，大家举起酒杯，畅述自己的家乡之情，或是喝上两杯保加利亚酒或传统的巴尔干酒，还有达尼卡喜欢的奶酪千层酥。1986年，她还邀请了一些朋友在居维叶欢度斯拉夫节：莫里斯·佩格尼尔、杜思科·塔迪奇和塞尔维亚人阿兹里奇（Tsirsa Andrić）。正是这位阿兹里奇帮助达尼卡用打字机完成了父亲的手稿，后在南斯拉夫出版的。塞尔维亚语的一些稿子纸旧了，且字体不易辨认，为此，阿兹里奇给她提供到了珍贵的帮助。德语手稿对达尼卡不是问题，毕竟三十年代她在德国上过学。

1987年是《罗马条约》签署三十周年，欧洲经济共同体十二国的庆典活动自然而然在意大利首都举行。达尼卡非常想念让·莫内，他的不懈努力始于三十五年前的卢森堡，而她是卢森堡的特别见证人。第二年，即1988年，让·莫内去世九年后，他的骨灰被迁移到先贤祠。达尼卡受邀参加了此次活动。这是共和国对最伟大的法国人的崇高敬意，也是祖国对让·莫内成就的充分肯定。

1988年是达尼卡在大学任教生涯的最后一段时间，因为她还有不到两年就要退休了。她内心火热，不减当年，但从健康角度讲，这一年开端不利。1月中旬出差回来她感觉很不舒服，肠胃不适，胃特别疼，她觉得是头一天晚上吃的杏仁蛋糕有问题，她住进了科尚医院。心脏科医生专家阿琳·泽加格（Aline Zeggagh）博士（玛丽雅娜的妹妹）给她进行了检查，确诊是心脏问题，与所吃蛋糕没有任何瓜葛。而且医生还发现了她身体的另一个问题。朋友们无疑都记得那段时间达尼卡的皮肤没有光泽，都误以为是光线不好。达尼卡的心脏病很快被治愈了，于是她恢复了各种活动。

1988年5月，达尼卡作为居维叶研究中心招募的口译团队负责人到索伦托（Sorrente）参加国际发供电联盟代表大会。同往常一样，在日程安排允许的情况下，她会给自己放几天假。会议结束后，她与玛丽雅娜和乔伊·博科纽夫一起在卡普里岛放松了几天，这是索伦托半岛外的一个传奇小岛。她们住在斯卡里纳特拉酒店，可欣赏到蒂雷海和圣贾科莫修道院，景色壮丽，露台上有棕榈树和遮阳伞。达尼卡和朋友们漫步在卡普里的街道上，围坐在比萨店旁，沿着酒店所在的风景秀丽的特拉加拉大街前行，然后参观了瑞典作家阿克塞尔·蒙特（Axel Munthe）在圣米歇尔别墅及其附近可以追溯到20世纪初期的罗马别墅的遗址。晚上，大家品尝当地的美食。由于乔伊有第六感，能找到最好的餐厅，所以朋友们便顺从了她，让她做主了。

1989年的欧洲开始发生深刻变化，这也是标志性的一年。首先是柏林墙的倒塌，紧随其后的是德国走向统一，然后是波兰、匈牙利和捷克斯洛伐克的和平革命。南斯拉夫开始走向末日。九年前的1980年，铁托元帅去世，费加罗报发文：“铁托最后留下的最重要成果是一个国家的诞生，也许是一个民族的诞生。”然而，后面发生的事情很快证明事实并非如此，战争的脚步开始逼近。先是对塞尔维亚持续几年的进口禁运，然后是对塞尔维亚人的妖魔化，达尼卡为此深感痛苦，最后则是南斯拉夫的解体和被轰炸。这些稍后我们将谈到。

第十章

达尼卡与翻译教学

我们还是来谈达尼卡。在之前的章节中，我们主要讲述的是一位杰出的会议译员。在达尼卡的职业生涯中，她还扮演了许多其他角色，尤其是在大学的角色尤为出色，后面的描述主要讲一位教学方法创新的杰出教育家和具有独创精神的研究者。让我们花些笔墨来谈谈她在这两个方面的所为，因为这也是她后来几十年生活的重心。让我们先来谈谈她在巴黎高等翻译学校的教学工作，这也是达尼卡·塞莱斯科维奇1957年后最主要的工作。

ESIT

1951年，在校友会的倡议下，在索邦大学内成立了“高等口译学院”。该学院在大学的院墙内，但不隶属于大学，学院领导是乔治·马托雷教授。这所学校成立后主要面向富裕家庭的女子开展语言培训，不是口译学校。1957年开学，当时的校长萨尔莱赫和学校秘书长巴尔托利认为有必要将这所学校归属大学领导，于是根据他们的想法，这所学院被收归成为索邦大学的一个学院。与此同时，校委会作出决定，由文学院的一名教授担任院长，人选是斯堪的纳维亚文学翻译家和前军事口译专家莫里斯·格拉维耶。不久后，这所学校更名为高等口笔译学校。

1956学年开始时，在安德烈·瑙杜的引荐下，达尼卡成为当时口译学院的兼职教师。佐兰和其他几位巴黎译员当时已经在这里教书。那时候，学校位于巴黎第五区尚波利翁大街，场地狭小，只有两个小房间。坐落在附近的蒙田中学提供了几间教室。当时的学生都记得学校的秘书马苏利斯（Masulis）女士，她极富魅力，很有主见，就在大楼一层的办公室里办公。

在达尼卡对口译系进行深入改革之前，毕业生需要获得四张证书，包括四种语言的同声传译！当时还想提升难度，而实际上整体的测试内容水平很低……达尼卡迅速终止了这一做法，而且得到了格拉维耶无保留的支持，他接受了达尼卡提出的改革创新方案。此后，该学院最终更名为“巴黎高等翻译学校”（ESIT），教学人员也做了调整，辞退了语言教师，只聘用会议口译从业人员承担教学工作。由于口译员白天工作，课程一般安排在晚上或周六。

更新教学大纲是改革的重要组成部分，达尼卡将学制确定为两个学年，保留了报考学生必须持有学士文凭和两门外语。自此，翻译名牌学校不再是巴黎高商，像康斯坦丁·安德罗尼科夫这样的最优秀译员都到汇集到了ESIT。

这只是大胆改革的开始，改革一直持续到达尼卡去世。在此期间，ESIT享誉全球。要插一句，新体制下第一个被授予文凭的是埃利亚内·奥尔良-格斯坦（Eliane Orléans-Gerstein），达尼卡从那时起便一直叫她“第一”。

二十世纪六十年代初，学校离开尚波利翁大街，搬到第五区的约翰·加尔文（Jean Calvin）大街的阿尔伯特·夏特莱大学中心。1968年5月后，根据1969年的改革计划，巴黎大学被划分为13个系，ESIT自此隶属于巴黎新索邦第三大学，学校校址也从第五区的森西尔中心迁到多芬大学中心，这里是北大西洋公约组织的旧址，三年前腾空。北约原配有同传室，让巴黎高翻搬到这里不无道理。今天，ESIT仍位于多芬内大学中心。

1965年6月29日，巴黎科学院院长签署一项命令，任命“口译员、德语和英语学士文凭获得者达尼卡·塞莱斯科维奇女士为巴黎高等翻译学校副校长，此命令自1965年7月1日起生效”。索邦大学已经在国外享有盛誉，巴黎高等翻译学校与当时名声在外的另一所翻译学校，即日内瓦大学翻译学院形成竞争，ESIT的成功应该感谢其前身巴黎高等商业学校的口译培训学院。

正如上一章所讲，新任副校长的达尼卡负责口译系工作，她思考的是如何提升并协调欧洲会议口译教学，因此她参加了绝大多数有关口译和口译教学的研讨会。她热衷于加强与AIIC认可的其他口译学校的合作，但当时此类学校并不多，只有日内瓦口笔译学院和海德堡学校。

从会议口译行业形成一直到20世纪70年代，口译专业人员在欧洲和北美以外的地区很少。因此，当时世界范围内组织的国际会议常由“境外”译员担任。但达尼卡认为，雇佣西方国家的译员要支付长途旅行费用，比雇佣当地人成本要高，这不符合会议口译专业的利益。考虑到这一点，达尼卡从那时起就考虑培训世界各地的口译员。

达尼卡最初计划在外交部支持下（主要是向外国学生提供奖学金）组织会议口译员培训，第一批面向非洲的喀麦隆，然后面向其他各大洲。为此，她竭尽全力寻找奖学金，从而保证世界各地的学生能来巴黎学习口译。这个计划很成功，如今在各大洲都有ESIT的毕业生。在非洲裔人士中，塞内加尔口译员马利克·思（Malick Sy）还当选为AIIC主席，达尼卡一直为有这样的伟大人物而感到骄傲。

达尼卡也开始考虑为非传统语言（法语、英语、德语和西班牙语以外的语言）的学生组织口译培训。实际上，达尼卡很早就产生了这样的想法，她坚信，口译教学法模式可以是一种，但可以针对不同的语对，包括手语翻译。这里我们已经开始涉及释意理论的基础，我们还将用一章进行专门介绍。

坦率地讲，国际上非通用语语言（译者注：中国国内称小语种）几乎没有职业口译员，也没有口译教师。于是达尼卡设计了专门针对“小语种”的课程。由于她不懂这些语言，因此她便招募一位讲话人，让他用译出语发表演讲，在没有译员的情况下，她让这位演讲人跟她介绍讲话的主要内容，从而帮助她对原语和译语信息的吻合性作出比较。达尼卡于1967年开设了这样的“三角式教学法”课程，先后完成了阿拉伯语、汉语、丹麦语、希腊语、韩语等口译人员的培养。达尼卡强调，用语言外知识弥补语言知识的欠缺对老师来说非常重要。她以法–汉口译为例，说明口译课该如何上。她还预订了好几本法文版中文杂志，以加深对中国政治和社会情况的了解。

本书作者有幸在1973–1975年上过达尼卡为丹麦学生开设的法语–丹麦语口译课，这可以证明她的方法是正确的。能上达尼卡亲授的课，而且人数最多不超过五人，这样的成功案例很多。巴黎高翻校友中的很多人今天都已成为欧洲和美洲国际机构的公务员。年轻译员接受培训后，达尼卡便带着他们参加教学活动，先是在她身边，然后逐渐融入学校的正常教学中。ESIT在达尼卡的尝试后开设了“特殊语言口译课”，后由卡拉·德让·勒菲阿尔主讲并发挥到极致。此类课程后来拓展到笔译系，虽然最初教师们不愿接受，但很快就赢得大家的认可，并加入到这项事业中，如费尔蒂纳托·以色列（Fortunato Israël）、玛丽冯娜·西蒙诺（Maryvonne Simoneau）和弗洛伦斯·赫布洛特（Florence Herbulot）。赫布洛特在后来的若干年中一直承担多语种的“三角模式”笔译课。

事后看，有一点是毫无疑问的，即达尼卡·塞莱斯科维奇和她的团队始终把精力放在教学质量的把控上，而不是受市场对某些特定口译需求的左右。许多学生提出要求，希望接受母语到第一外语的同声传译（A–B[①]）培训，以满足巴黎市场的需求。压力无论多大，达尼卡始终不肯让步。因为她坚信，同声传译培训需要至少三至四年的专业经验，否则有可能对A语言质量造成影响。在达尼卡的内心深处，她坚信用外语表达永远不会等同于母语。在她职业生涯开始时，由于她接受过德语培训，精通该语言，因此把德语作为B语。她讲述道，有一次她还是放弃了，因为她听到的是Muselmänner（形式有误，很幼稚，相当于复数形式的“穆斯林”，听后会让人笑）而不是Muselmanen。从绝对意义上讲，达尼卡是有道理的。但如今，语言使用多样化[②]，特别是在欧洲机构中，这就需要确保口译员对其中的非官方语言用B语言进行口译。由于这一方向的口译变得必不可少，因此对于译员来说，最好能同时接受A–B口译培训，从中受益。在《口译推理教学法》第二版中，有专门篇幅讲A–B语同传训练方法。如今，在国际机构中已成为官方语言的系列语言，ESIT均采用“特殊语言口译课”模式提供培训。

塞莱斯科（Selesko）

教学是达尼卡·塞莱斯科维奇最钟爱的事，她全身心投入，

---

① B语言指学员娴熟掌握的语言，但不是母语，可从一个或多个语言翻译成B语言。有的译员只选择某种口译形式做A–B语言翻译（参见AIIC章程）。

② 2004年欧盟使用二十种官方语言。

不计任何得失地培养学生。70年代初，她在给朋友的一封信中说："学校对我的吸引力越来越大，让我很满足。"学生提出的问题给她灵感，于是出现了良性循环：她讲得越多，思考得越多，她的教学内容就越丰富。她的论文或专著，乃至后来创立的"释意理论"都源自她对口译教学提出的质疑。

达尼卡虽然不是ESIT唯一受欢迎的老师，但她是最有魅力的。她与学生译员之间的关系是非常特别的，也是充满爱心的，以至于学生后来都用"Selesko"这样的简称去叫她。对于一届接一届的学生而言，"Selesko"发音时的声调也变化多样，有时内含恐惧，有时充满钦佩，仅这一点足以让我们看到这位杰出教育家的丰富个性。很多学生说，是达尼卡改变了他们的生活。无论结果如何，没有人无动于衷，达尼卡在他们的生命中是最美好的东西，对少数人有时可能是最坏的。

1969年以后ESIT就搬到了多菲内大学中心，开学上课，周而复始。1973年开学也不例外。同往年一样，在三楼学校秘书处的布告栏前聚集着大批新生，他们在查看自己的课程表。新生会给"老生"让位，因为老生看上去更自信，有些人考试没有通过需要复读，因此很快就会有人与他们成为同级同学。走廊里声音嘈杂，各种不同的语言混杂在一起，法国人、德国人、非洲人、斯堪的纳维亚人、印度人以及澳大利亚人和新西兰人，还有一个印度女生，这些人很快就成为英语系的主体了。

除个别情况外，学生彼此之间并不相识，他们中的大多数人都不愿与陌生人打招呼，这些陌生人将在未来两年或成为朋友，或仅仅是同学。

11月第一个星期二，马上要到9点30分了，新生正赶赴第七教室，因为塞莱斯科维奇女士要给大家上开学第一课。

学生们坐在大厅的桌子周围，热切地等待着这位知名大人物的到来。实际上，学生中的大多数人并不了解她，只是塞莱斯科维奇已经成为神话：“世界上最好的口译员”，“戴高乐将军唯一能接受的女译员”，或还有其他评论，如“她是很棒的，你会看到的”，“你们会看到的，她很牛”，这是每个人都能听到的。

同往常一样，塞莱斯科维奇小姐又姗姗来迟了。所有人的眼睛都盯着门，她终于出现了：个头不高，一米五左右，但很有气场，一头美丽的罗马女皇白发，一张看起来黝黑的脸，一双炯炯有神的绿眼睛。她走进教室时步履坚定，穿过大厅后落座，饶有兴趣地环视着将在两年学习中一起度过的学生。简单的几句欢迎词和每个人简短的自我介绍后，她开始上课。口译是什么？词汇重要吗？有学生回答问题时声音很小，吞吐不清，塞莱斯科维奇便给予严厉批评，口吻不容置疑，一锤定音。这位充满魅力的教授喜欢积极主动表达思想的学生，看到有学生因胆怯躲在教室角落里不吭声，她会发火。

有人称，达尼卡跟学生见一面就会形成第一印象，随后是一言既出，驷马难追。也有人说，凡是她喜欢的学生，她都会倾尽所有，把一切都无私地传授给他，其他人可就没机会入她的法眼了。

不可否认，达尼卡喜欢聪明的学生，这对某些人似乎显得不够公平。但喜欢归喜欢，如果她最喜爱的尖子生不达标，她也会劈头盖脸地加以训斥！1975级的一名口译女生肯定会记得自己是如何“一落千丈”的，她因成绩优秀在升级考试中免考，大家都称她是“塞莱斯科维奇的宠儿”。但在毕业考试前夕，她的交替传译成绩不佳，这下子引火烧身了。全班同学先是目睹了塞莱斯科维奇大发雷霆的场面，对她如此反应很震惊，然后交头接耳，认定最后裁决会在第七教室[①]宣布！那个被吓得惊慌失措的女生心里在想，离拿到文凭只有一步之遥了，这下全完了，一切都泡汤了。但她在课后还是找到塞莱斯科维奇，跟她表示，如果早些掌握更有效的方法就好了，她还是没弄明白什么是交替传译，希望能再给她一次补救机会。塞莱斯科维奇听她讲完说：“你的解释不无道理，明天早上八点半带另外一位能做演讲的同学一起来，然后我们再看怎么办。”这位学生顿时忘记了在同学面前受到的“凌辱”，对自己的丢人表现反而暗自庆幸，因为在考试前塞莱斯科维奇要给她“吃小灶”了。

对于那些来自法国大学并习惯传统教育的学生来说，他们在阶梯教室是被动地听课，因为二十世纪七十年代初在这样的大教室里，通常都是教授侃侃而谈，而达尼卡上课的风格具有革命性。为了安慰学生，她说，与其他教授的唯一区别是，她有机会让大家更

① 这间教室原来是北大西洋公约组织的委员会会议大厅，后来变成巴黎高翻的会议口译毕业考试教室。2001年，这间教室被命名为达尼卡·塞莱斯科维奇会议厅。

早地接触自己未来的职业，教学的目的是传授训练方法和技巧。如果在ESIT最小的教室之一（如206）上课，她这种与传统方法决裂的做法便相得益彰，因为她不是站在讲台前，而是坐在学生中间。

有一年，J.-M.查里尔（J.-M.Charrier）和G.德·林克森（G.De Rinquesen）等几位同学针对达尼卡的教学方法写了几个段子，标题是："塞莱斯科维奇赌输了"[①]，然后将其贴在学校走廊。现摘录几个片段如下：

"她投入了所有的精力、热情、豪情、激情、意愿，甚至还有她那超凡的魅力，当然在教学方法上也是无所倦怠。她的培训任务从伟大的口号开始：'具体点''说清楚点''这是什么意思？'……她会打断你，发表评论，有时教室里唏嘘声充斥着：'忘记词汇！''词汇无任何意义！'"

"她在挑战我们根植于心的信念：'Yes不等于是！''We不一定指我们'，她甚至排斥我们喜爱的拉鲁斯词典：'发展、项目、日程等在巴黎高翻都是陷阱。'"

"她是从哪里获得的这种'幸福观'让她敢于逆风而行，在学生面前胡扯？"

"这是两种同样博学、缜密、充满爱和信仰的理论。这些年来，她一直在对其进行打磨、提炼、反复加工。这里还有必要提及著名的'侧视'理论和著名的'奶油葡萄面包'理论吗？"

---

① 这个标题是《世界报》剪下来的，与佐兰·塞莱斯科维奇那一年参加巴黎地区党内竞选失败的标题完全一致。

“那今天呢？赌输赢虽然很残酷，但能使我们摆脱麻木。需要的话，一句‘上帝’或‘真该死’便可唤醒昏昏欲睡的人。”

“但是，因为总是有‘但是’，所以她要赌赢还需要漫长的等待，她打赌的口号是：必须从我们每一个人口中消除臭名昭著的含混不清，用她的话说，就是抛弃‘猫食盆’，抛弃令人费解的语无伦次。”

毫无疑问，达尼卡的教学方法显然与同时期传统的翻译教学大相径庭，这是在嘲讽原语语法吗？原文中的字数多少无关紧要，重要的是将信息传达出去，原语表达形式可以被忽略？“当然可以省略！”塞莱斯科维奇斩钉截铁地回答道。能够像达尼卡·塞莱斯科维奇那样，有一天我也从事口译职业的目标本来是可遇不可求的，但从那一刻起，突然变得可期可待，前提是整装出发，见诸行动！

如果说达尼卡的教学法优势是让每个人都能发挥出自己最好的水平，那么给部分学生带来的弊端也是显而易见的：学生无所适从！一些在其他老师那里成绩不错的学生一旦上塞莱斯科维奇的课就被吓瘫，连一句整话都说不好了！达尼卡对这样的表现毫不迁就，她实在搞不明白，为什么少年或青年时期的同学在她父亲面前也总是那么胆战心惊。但总体而言，达尼卡爱她的学生，学生对她也以爱相报。

大家都清楚，ESIT会议口译系的学生因学习任务繁重几乎没有业余生活。1974年5月，一年级的英国同学芭芭拉·耶茨（Barbara Yates）刚刚在拉丁区住下来，同学们要在她家组织一次活动，给他们上课的老师也都受邀参加。每个人需要准备一道本国或本地区的特色菜肴，达尼卡瞬间想到南斯拉夫人心心念念的奶酪千层饼，于是立刻让法籍塞尔维亚学生玛丽亚·陶伯（Maria Tauber）下了订单。有个谜一直未解开，即三十多个人是怎么挤在Gît-Ie-Coeur（心窝处）小巷内芭芭拉那间小单间公寓里待了几个小时的。当天拍摄的一张张照片显示，晚会气氛非常温馨热烈，虽然不是美食大餐，但食物和饮料丰富多样。从照片看，达尼卡当晚与学生在一起很开心，很放松。这些照片给人的感觉是75级学生在聚餐上花了很多时间。第二年还在联合国教科文总部组织过一次活动，也很成功，塞莱斯科维奇自然又成了中心人物。

在ESIT两年学习后最荣耀的时刻当然是颁发毕业文凭，但还有一个亮点，那就是达尼卡请新晋毕业生到她居维叶大街的家里做客。丰盛的菜肴成为经典记忆：开胃菜、鱼、肉、奶酪、拼盘和甜点，同时配有带有年份的高端美酒，这些酒是波利沃（Poliveau）和若弗鲁瓦·圣伊莱尔（Geoffroy Saint-Hilaire）大街拐角处的酒商肖岱（Chaudet）推荐的。年轻毕业生对在达尼卡家品尝的美食和晚会的友好气氛赞不绝口，而这些口口相传的描述让学校的同学们津津乐道，垂涎欲滴，无不期待。

下面这段轶事可以证明塞莱斯科维奇组织午餐会对毕业生的重要性：1973年6月，勃列日涅夫对巴黎进行正式访问之际，两天前刚毕业的凯瑟琳·利特维诺夫（Catherine Litvinov）接到了外交部的第一份合同，法俄首脑会谈6月25日在巴黎西南郊区的朗布耶

（Rambouillet）举行，与她去达尼卡组织的午餐会撞车了。凯瑟琳不想错过这一机会，于是她找外交部口译司负责人首席翻译康斯坦丁·安德罗尼科夫表达了这个愿望，司长建议她去找礼宾司办公室主任商谈。这位主任恰巧认识塞莱斯科维奇女士，也清楚这次活动对年轻翻译的重要性，便在会谈结束后为她安排了一辆公务专车。就这样，凯瑟琳在大家喝咖啡的时候赶到了居维叶大街。

邀请毕业生参加塞莱斯科维奇组织的午餐会这一传统从1964年就开始了，但十年后中断，原因是另一位ESIT的老师巴里·贾格斯（Barry Jaggers）提出接手这件事。达尼卡虽然有些不舍，但由于很欣赏她，而且她还经常帮助达尼卡修改英文论文，于是便同意了。然而，包括本书作者在内的塞莱斯科维奇的粉丝们最终发现，这是遗憾终生的事情，因为年轻人被剥夺了与尊敬的教授在一起的特别时刻。

还是谈一谈达尼卡最早与大学发生关系的背景吧。有一点无法确认，就是她是否有过到大学工作的想法。但有充分的理由相信，1957年她与莫里斯·格拉维耶的那次见面是决定性的。合作之初格拉维耶教授就反复跟她说，如果想让会议口译成为一门学科，仅仅改革学校结构，更换教师和教学内容是杯水车薪。达尼卡在《言语、语言与记忆》一书的前言中有描述：（但）莫里斯·格拉维耶教授“不断强调大学与实践结合的重要性，他希望看到能将应用实践系统化的理论产生，他还提出了具体的研究主题和研究方向。第一项研究，也是他设计的整体研究计划的一部分，就是为言语和记忆的机制研究提供新途径，在这个研究中，主要贡献者是格拉维耶。”达尼卡明确说，如果口译研究想作为一门学科合理合法地进入大学，就必须承认口译人员的认知机制。正是有鉴于此，格拉维耶教授才敦促并支持达尼卡和学校其他老师攻读博士学位的。

无论从哪个方面看，莫里斯·格拉维耶与达尼卡的二人组合非常默契。达尼卡击透了坚硬寒冷的磐石，格拉维耶则提供并采用了鲜为人知的研究方法和途径。达尼卡发自肺腑地感谢格拉维耶，因为他心胸开阔，让她按照自己的想法去组建ESIT的口译系。格拉维耶也很尊重达尼卡，他还亲切地用法语称达尼卡是“小晨星”①。根据达尼卡的建议，1975年AIIC协会全会通过，格拉维耶成为该组织的名誉会员。

达尼卡意识到，要想让口译在大学成为一门学科，ESIT必须身先士卒，敢为人先。1968年开学后法国大学开始重组，在学生的支持下，达尼卡和另外两名口译教师共三名代表成功进入巴黎第三大学联合委员会。这是一个壮举，语言和文学两个委员会代表的是400至500名学生，而口译和笔译的师生人数远远低于语言学和文学两个学科。达尼卡心知肚明，学生支持她的工作并非出于爱，而是他们非常清楚其中的利害关系：口译教师可以为初出茅庐的口译学生提供实践机会，并把他们推荐给用人单位。同往年一样，在1968

① 如前所述，Danica在塞尔维亚语中意指“晨星”，也可指“黎明”。

年12月的文凭考试中[①]，学校邀请到主要国际组织的一批首席翻译作评委：雅克列夫（Yakovlev，联合国）、布洛赫（Blokh，联合国教科文组织）、沃斯代尔（Worsdale，欧洲理事会）和范霍夫（van Hoof，欧盟）。绝大部分毕业生在离校时一个口袋里装的是文凭，另一个口袋里便是入职合同。

1969年，达尼卡被任命为巴黎三大的助理教授（讲师）。她是在穆拉韦拉度假时接到秘书托马斯太太来信的。起初，她并未把这个消息当回事。让她开心的是这项任命承载的象征意义，因为这是在岗口译员和译者第一次在法国大学担任讲师。在后来的岁月中，达尼卡看到了这个职位给她带来的好处，也让她在大学内实现了建设发展ESIT的雄心壮志。诚然，与口译员的收入相比，讲师的工资微不足道，但达尼卡发现在大学工作的优势：工作有规律，即使7月和8月放假，月工资照常入账，工资调整虽然慢，但一直增长。译员则不同，他们通常在暑假后变得捉襟见肘，囊中羞涩，这一点不可小觑。

从1973年开始，达尼卡为ESIT翻译系学生开设了专题研讨课。为能完善翻译理论培训内容，她还请朋友语言学家和符号学家莫里斯·佩格尼尔上语言学概论课。也是从那时起，在格拉维耶教授的领导下，科研理事会定期举行会议，为筹备和创建“口译和笔译科

① 译者注：巴黎高翻口译系一年级结束时有升级考试，通过的学生可以继续读二年级课程（同声传译），没通过的要么复读一年，要么被直接淘汰。毕业考试与文凭考试有区别，文凭考试一般面向在实践中锻炼一段时间后且自认有把握拿到文凭的学生，通过了则文凭在手，未通过即使读三年（含复读）也只能空手而归。

学与技术”博士学位（后更名为“翻译学”）做准备。达尼卡对这个博士学位点势在必得，她去见巴黎第三大学校长、著名的英语语言学家拉斯·韦格纳斯（Las Vergnas）教授，此人也是达尼卡19世纪40年代末的英语老师。校长被达尼卡的热情和奉献精神所打动，也被她对这个项目的论证折服，他决定支持这个项目上马。在莫里斯·格拉维耶和达尼卡的共同努力下，1974年8月，ESIT在第三阶段[①]博士学位体制改制框架下获批成立翻译学博士学位点。第三阶段攻读博士学位，这在法国是史无前例的。自此后，每周一晚，达尼卡都为来自世界各地的在读博士生上研讨课，直至她离世。

达尼卡与她的“博士生”

从1974学年开始，博士生导师成为达尼卡的一个新角色。直到她生命的尽头，她一共指导了25篇博士论文。

她的第一位博士生是西班牙口译员马里亚诺·加西亚·兰达（Mariano Garcia Landa）。他先前在西班牙获得了法律学位，在德国获得了哲学文凭，达尼卡被他的博学精神所打动。兰达在华盛顿国际货币基金组织担任口译员，从欧洲回国后，他听人讲起达尼卡，后于1976年与达尼卡见面，主动提出让她做自己的博导。达尼卡欣然接受，1978年6月他通过了论文答辩，成为获得“口译和笔

① 译者注：法国在施行“欧洲统一文凭”前一直将大学分为三个阶段。

译科学与技术”博士学位的第一人。加西亚·兰达认为，达尼卡个性很强，意思是说她思必行，行必果。他说：“达尼卡发现了什么是真正的‘翻译’，这样的发现并不需要康德、海德格尔和伽达默尔。”他的结论是，达尼卡不是知识分子，而是“天生的思想家”。他对达尼卡说：“您发现了意义大陆，而我将成为您的绘图师。”一旦有好书出版，加西亚·兰达都会告知达尼卡，达尼卡便立即买下来，一下子读不完就留着以后慢慢读。同年毕业的另一位博士生是加拿大翻译家让·德利尔，他1978年9月通过论文答辩。德利尔不同意翻译理论家维奈和达贝尔内的观点，向达尼卡证明释意理论同样适用于笔译。

作为博士生导师，达尼卡是完全称职的，可以用德语的提喻词Doktormutter[①] 表达，她是启蒙者和引领者，她让博士生用自己的知识孵化出博士论文。对一位叫克里斯蒂安·德里森（Christiane Driesen）[②] 的博士生说：“这些都是你努力的结果，我呢，只是帮助你将其展示出来。”克里斯蒂安·德里森在谈到达尼卡时用了一个很准确的词，她是“个性接生员”。

许多人在成功拿到了博士学位后都回到本国的大学里工作，这让达尼卡倍感自豪，如汉堡的克里斯蒂安·德里森、奥斯陆大学翻译学系主任挪威人安坦·富格纳·赖丁（Antin Fougner Rydning）、巴塞罗那大学翻译学系主任安帕罗·赫塔多·阿尔比（Amparo Hurtado

① 可直译为“医生之母”。

② 1985年完成了法律口译博士论文。

Albir）教授、英国索尔福德的米里亚姆·萨拉马·卡特（Miriam Salama Cart）和韩国首尔的崔桢禾（Choi Jungwah）教授。

达尼卡还不断鼓励身边的人攻读博士学位，尤其是往届毕业生。本书作者就是1980年初被达尼卡带去听硕士班研修课的人，但后来没能继续。大家的感觉是，该说的达尼卡都说了，单凭五年或六年的职业实践怎么能进行口译理论研究呢？上面提到的大多数博士都有同感，研修课开始时，谁都不敢相信自己能做研究。但达尼卡具有这种难得的天赋，这种天赋在口译教学中已表现得淋漓尽致，她可以帮助每个人，即使在不利的条件下，通过自己的努力也能走向成功。达尼卡为在国外的安坦·富格纳·赖丁、克里斯蒂安·德里森量身定做学习计划，帮助这两位已婚母亲远程完成了学习任务。同学每周一晚录制研讨会内容，然后将录音带寄送给她们，然后，她们将作业寄送给达尼卡，达尼卡在批改、批注和评价后再将作业返寄给她们，有时还有录音带。这些远程学习的“学生”每季度到校两次参加硕士生研讨会①，达尼卡还经常请她们到皇后镇自己家里沟通交流。所有“巴黎人”或“远程学生”，大家一致认为，是达尼卡的鼓励和不懈的支持让他们最终完成了博士学习任务。

年轻的西班牙学生安帕罗·赫塔多·阿尔比对必须用法语撰写

① “深入学习文聘”（DEA）。法国在实施欧洲统一文凭前，第三阶段研究生含硕士和博士。硕士分为专业型和研究型，专业型一到两年，研究型一般一年，只有先拿到“深入学习文凭”才能申请注册博士学位。

论文有些担心，她曾被达尼卡吓到，因为达尼卡给人的第一印象是“厉害”。达尼卡读完安帕罗的第一份作业，她在周一的研修课上说“我发现了一个人”，坚冰就这样打破了，这是导师与博士生达成共识的开始，在随后的年月中，这种关系变成了友谊。安帕罗·赫塔多强调，这种“另类教学法”的显著特征是，她让每个人都意识到自己也许有还没被发掘的潜能。达尼卡著作中的某些理论概念似乎不好理解，但只要认真听她讲，一切都变得清晰可懂了。就这一点而言，发现这个现象的不仅只有安帕罗。

法语手语

1976年，达尼卡在法国广播电台“多语之声”节目中遇到一位年轻的手语翻译克里斯蒂安·富妮尔（Christiane Fournier），次年她成立了法国第一家手语协会。前面已经提到，1977年在威尼斯会议上，达尼卡结识了一位美国手语译员。她立即意识到，手语同其他语言一样，也是一种语言。由此而论，手语同口头翻译一样可以教授。此外，手语功能又一次证实了达尼卡的想法，即思想独立于言语而存在。

1987年，克里斯蒂安·富妮尔的手语协会在阿尔比（Albi）举办“第一届欧洲听障口译员研讨会”。达尼卡应邀参会，会议期间她会见了法语手语译员、协会秘书长菲利普·塞罗-纪洛姆（Philippe Sero-Guillaume），达尼卡发言也是他翻译的。达尼卡对他的手语-法语翻译印象深刻。会议间隙，他们聊天时发现彼此对自己从事的职业观点相同，达尼卡胸有成竹地对他说：塞罗-纪尧姆先生，您讲得很好，写作怎么样？她最终将说服塞罗-纪尧姆在她的指导下攻读博士学位，专门研究法语-手语口译。这是富有成果的合作的开端，达尼卡告诉塞罗-纪尧姆："您要做的是将我在会议口译方面的工作用于研究手语翻译"。

几年后，达尼卡要实现的目标是在ESIT创建手语翻译培训。除克里斯蒂安·富妮尔和菲利普·塞罗-纪洛姆，达尼卡还找来了其他法语手语专家和儿童聋哑教师。研讨会变成了名副其实的头脑风暴，结果是1993年在ESIT创建了法语手语培训课程，并将其纳入科学技术硕士学位（MST）。最初，与其他"稀有"语种一样，达尼卡与菲利普·塞罗-纪尧姆共同承担"三角模式"课程。菲利普·塞罗1994年通过博士论文答辩，并于1996年获得达尼卡·塞莱斯科维奇奖。在颁奖仪式上，达尼卡在回应获奖者时说："手语和口译有共同之处，不仅如此，两者的过程和方法同出一辙。手语和口语之间的差异小于使用表意文字书写的中文或具有特殊句法结构的德语。除此之外，所有语言不是都使用手势吗？声音或手势，听觉或视觉感知，总之，重要的不是形式，而是说话者在发言时要表达的意图，听众在听讲时要理解的内容……"2003年在法国图卢兹大学召开的一次研讨会上，所有发言都有手语翻译。当一位讲话人发言提到达尼卡·塞莱斯科维奇的名字时，大家发现专有名词Danica Seleskovitch在手语中有专门的缩写符号，这一点证明了达尼卡的口译理论和教学方法得到了普遍认可，其影响远远超出了ESIT和巴黎。同样，达尼卡的第一本书被翻译成英文后，在国外专门机构从事手语翻译培训的老师争相购买，人手一册。

在《口译推理教学法》第二版中，塞莱斯科维奇和勒代雷专门用一个章节讨论法语手语翻译和教学。她们对聋哑人及其语言的描述如下："几个世纪中，聋哑人在生活中一直不能讲自己的语言，似乎他们无言以对，没有语言似乎意味着没有思想。实际上，口头语言本可以让人进行思考。进一步讲，符号变成了障碍，让人无法用话语进行思考。最初，修道院院长戴雷貝（Abbé de l'Epée）第一个认识到聋哑儿童可以通过手势相互交流，他竭尽全力将这些手势系统化，规范化，从而使其成为一种语言。十九世纪初，托马斯·加洛德（Thomas Gallaudet）来欧洲研究聋哑儿童的教育方法。他遇到了西卡德神父（Abbé Sicard）的学生劳伦特·克莱克（Laurent Clerc），西卡德接替了戴雷貝神父，加洛德邀请克莱克一起去美国哈特福德传授手语教学法。美国手语（ASL）的根是法国手语。在首次尝试开发手语之后，我们目睹的却是形势的逆转急下，一些思想家坚信手势不可能成为一种语言，她们认为要有思想必须先获得一种语言，于是1880年米兰大会作出决定，要让聋哑人开口说话。"

手语被禁止使用了，但聋哑人之间仍继续用他们的语言交流。一直到1968年5月，少数族裔语言和差异权得到承认后，法语手语才最终从地下走向光明，得到新的发展。如今，没有人怀疑手语不是一种语言，手语也能够像任何口头语言一样表达信息所有细微的差别。达尼卡与法国手语从业者之间的合作才让手语在今天的大学里有一席之地，ESIT才能提供法语口译–法语手语的硕士培训。克里斯蒂安·富妮尔和菲利普·塞罗–纪洛姆指出，手语能够被承认并得到发展，手语教学能够得到发展，达尼卡给予的帮助是不可估量的。克里斯蒂安·富妮尔先生说："遇到达尼卡给我们的职业发展提供了机会。"

在达尼卡的学术生涯中，1982年庆祝ESIT成立二十五周年是重要的里程碑。二十五年的努力，会议口译终被认可。莫里斯·格拉维耶退休后达尼卡成为学校校长。庆典仪式在索邦大学沙龙大厅举行，新索邦大学校长亨利·贝哈尔宣读了国家教育部长阿兰·萨瓦里发来的贺词。巴黎科学院院长对巴黎高翻校长莫里斯·格拉维耶和新当选的校长达尼卡·塞莱斯科维奇表示祝贺，随后他们两个分别发表演讲。格拉维耶先生回顾了1957–1982年学校的发展历史，达尼卡借此机会再次重申，会议口译作为大学一门完全独立的学科仍任重而道远。庆祝活动之前学校还举行了一个研讨会，题目是："是否应保存本国语言？口译和笔译的作用"，很多重要人物都参加了研讨会，这也充分证明了ESIT在国内外已享有盛誉。在接下来的八年中，作为ESIT校长，达尼卡兢兢业业、满怀激情地履行自己的职责。

还是在1982年，爱丁堡赫里奥特·瓦特大学（Herriott Watt University）授予达尼卡名誉博士头衔，与她一起受勋的还有来自俄罗斯的比利时化学家、1977年的诺贝尔化学奖得主伊利亚·普里高津（Ilya Prigogine）。

达尼卡1965年开始担任副校长，1982年担任校长，作为ESIT代表，她参加了巴黎新索邦第三大学多个机构的会议：定期出席董事会、出版物委员会和科研委员会。可以想象，达尼卡的个性在大学行政机构中有时会有些格格不入，由于她经常参加国际会议，习惯于会议的严谨性，因此，面对名牌大学机构组织的会议中出现的混乱无序和拐弯抹角，她很困惑。有一次，她甚至愤然起身离开会议室，抗议比哈尔校长的出言不逊。

对达尼卡而言，对四十年努力的最高奖赏莫过于1997年巴黎高翻四十周年的纪念活动：盛大的庆典仪式于1997年11月8日（星期六）在索邦大学标志性的巨大圆形剧场举行。巴黎科学院院长、联合大学校长米歇尔·根德罗·马萨卢克斯（Michèle Gendreaux-Massaloux）主持庆典仪式，文化部长凯瑟琳·特劳特曼（Catherine Trautmann）致辞祝贺。不仅对达尼卡个人，而且对所有从尚波利翁大街那狭小简朴但实用的房间里走出来的人而言，这都是一个激动人心的时刻。达尼卡在演讲中谈到四十年学校发展史时不禁潸然泪下。她激动地说："高傲的索邦大学，可怜的父母大人今天终于向巴黎高等翻译学校致敬！"许多名人向学校表示祝贺，并向其灵魂人物达尼卡·塞莱斯科维奇表示敬意。也是在那一天，美国翻译家协会（ATA）要向达尼卡颁发戈德奖章，以表彰她所做的贡献。但她因时间冲突未能出席在华盛顿举行的颁奖典礼。

总体上讲，与会议口译员职业相比，达尼卡1973年获得博士学位以及后来在大学的成功提升了她的影响力，这些成就也是对她的父亲蒙西洛·托多·塞莱斯科维奇的悼念。这绝非巧合，69年前蒙西洛也是在索邦大学获得的博士学位，他也是大学教授。达尼卡将1975年出版的博士学位论文《言语、语言与记忆》[①]题词献给了敬爱的父亲。在四十周年庆典仪式后的招待会上，达尼卡向本文作者吐露真言，她非常明确地讲，大学在她生活中扮演了重要角色。博士学位、巴黎高等翻译学校最终融入索邦大学，这是她职业生涯的巅峰，远远超出作为会议译员服务于这个世界的伟大人物而获得的荣耀。

① 《言语、语言与记忆——交替传译笔记研究》，Minard, LettresModernes, Paris, 1975。

第十一章

翻译学研究

翻译的释意理论（TIT）

这一章并不是要详细描述释意理论及其成因，因为ESIT已经于2005年和2006年① 组织出版了三本系列丛书。我们在这里主要探索达尼卡・塞莱斯科维奇在该理论产生前的思路和背景。如果您对塞莱斯科维奇的理念和看法感兴趣，阅读下面的内容多少会有所启发。应该说，没有人会对她思想的独创性感到惊讶。1975–1995年间她在世界各地的大学进行演讲的录音足以证明这一点。对本书的作者而言，这些录音很宝贵，可以帮助了解她思想和研究方法的形成

---

① F.Israel et M.Lederer : *La Théorieinterprétative de la traduction, Genèse et développement,* Vol.1, *Convergence et mise en perspective,* Vol. 2, *De la formation à la pratique,* Vol. 3, Minard, Paris, 2005.（《翻译的释意理论：成因与发展》）

脉络。

有一点是不容置疑的，她最早的研究始于对口译职业的观察，尤其是她开始教授口译后，她对思想与语言之间关系的反思不断加深。随后，她阅读了很多著作，目的是了解其他作者是如何分析相关问题的。达尼卡在大学学习时就被思想与语言间的关系所吸引，甚至在手头很紧的情况下还花钱去买了一本书，叫《思想与世界》。这篇论文发表于1922年，是由法语语法学家和历史学家费迪南德·布鲁诺特（Ferdinand Brunot）撰写的，论文主要对法国科学院出版的《语法》一书进行评论，很显然，这与达尼卡关注的问题没有关联。这也只是失望的开始，因为她在阅读语言学和翻译书籍时仍然很失望，她发现，在她研读的有关翻译问题的文献中，语言学家和翻译理论学家都没有回答她关心的问题。她甚至惊讶地看到，他们描述的翻译过程中的问题都是她在口译中从未遇到过的，因为她娴熟掌握自己的工作语言，而这些困难或问题几乎都是因为某些翻译人员的语言知识不足而导致的。法国语言学家乔治·穆南在《翻译的理论问题》①一书中提到“词汇缺失”现象，认为这对翻译而言是不可逾越的障碍。达尼卡回忆起一位爱斯基摩人在国际会议上的一件事，他用“大毒虫”替代了“蛇”，因为蛇在格陵兰语中不存在。这是证据，达尼卡从这一证据中看到了不可译假说是不成立的，这位爱斯基摩人强调，不能因文化和语言中某些东西的“缺失”就推论说某语言无法指代某东西。同样，达尼卡还反驳了

① G. Mounin, *Les problèmes théoriques de la traduction*, Gallirnard, Paris, 1963.

美国语言学家沃尔夫（Whorf）所做的结论，即人类语言中凡不存在的名称及概念不可能被人掌握。事实是，不同语言用不同方法描述人类面对世界获得的经验或知识，但绝对不应该混淆的是，如何描述现实和如何看世界是两回事。翻译是要转达人们对世界的看法，而不是语言对世界的描述。

进一步研究现代语言学理论家的著作后，达尼卡又惊讶地发现，这些作者得出的普遍性研究结论竟然基于人工造句，而且没有任何交流背景。在当时最具影响力的语言学家的著作中讲语言的“人”是缺失的。他们只讨论抽象的语言，热衷于借助人为的例子进行语言的平行比较。而达尼卡始终将译者或译员放在翻译过程的中心。对她而言，研究意味着分析译者从理解到重新表达翻译过程中的行为。她观察的对象始终是真实的交际，研究中选择的案例也出自现实生活。在她的著作和演讲中，她提到了她的那些猫，她在撒丁岛的房子，她在学校的生活或简而言之，她的生活。她阅读了著名语言学家雅各布森的著作，但她还是惊讶地发现，雅各布森提到很难将英文的I hired a worker（我雇了一名工人）翻译成俄语，原因是英文的“工人”阴阳性不清楚，俄语有男工人“robotnik”和女工人“robotnica”之分。对达尼卡而言，这是个伪问题，她在“从经验到概念”[①]一文中对此加以论证：完全可以用法语的prendre

① *De l'expérience aux concepts*, article publiéunepremière fois *in* Etudes de Linguistique Appliquée (ELA) n° 24, 1976, Didier, Paris ; puisreprisdans *interpreterpour traduire*, D. Seleskovirch, M.Lederer, 1976, Didierérudition, Paris.

quelqu'un（找个人）来清理撒丁岛的花园，因为谁做什么工作讲话人心中有数。达尼卡说，翻译不是语言含义的转换，只要我们脑海中有一个真实的交际环境，译文就会自然而然地浮现出来。

这就是六十年代初期翻译研究的情况。达尼卡开始考虑写书时，她首先想到的是填补空白，因为除沃尔特·朱佩尔特、埃德蒙·卡里和其他一些人发表的零星文章外，口译或笔译从业者尚未发表过相关学科的文章。另外，当时对口译和口译教学进行观察和思考也是十分必要的。应该说，她最初仅限于对口译进行理论思考，但其动机是双重的。莫里斯·佩格尼尔教授是搞学术的，他说："达尼卡最初仅限于思考，因为她确信思想和语言是截然不同的，她想证明这一点。她想深入阐释思想和语言之间的关系。她确信思想是非语言的，这成为她创建释意理论的起点。还有一点，她致力于推动会议口译专业的发展，在她眼中，这个职业的价值还没有得到应有的体现。在担任AIIC执行秘书期间她就考虑这件事，后来从未间断，她一生都在为此努力。"

如前所言，帮助她完成第一篇文章写作的是约翰·科尔曼。但随着研究的深入和写作的需要，她找到莫里斯·佩格尼尔，开始向他请教。在完成第一本书期间，他们定期交谈，这让达尼卡有机会"尝试"跟他交流自己的想法，并得到他的反馈和表达方法。再后来，一直到达尼卡去世，这个角色都是由玛丽雅娜·勒代雷扮演的。ESIT另一名教授叫科莱特·拉普莱斯[①]，她称，她的博士论

① Voir C. Laplace, *La genèse dela TIT,* in *La Théorie interprétative de la traduction, genèse et développement*, Minard, Paris, 2005.

文有一部分是塞莱斯科维奇思想研究，释意理论是她第一本书的源头。

达尼卡在论证中掌握了“脱离原语语言外壳”这个关键机制，即两篇讲话的意义传递完全可以做到忠实并符合译入语的表达要求，意义传递与两种相近语言之间的文字代码转译和语音借用截然相反，她在《口译推理教学法》中[①]写道：“脱离原语语言外壳后只剩下意义的意识形态，这种意识形态可以在瞬间被自由地加以表述，其语言表达形式是不受原语言形式约束的。”换句话说，口译员在表达演讲者的信息时会主动放弃原来的载体，即原语的词汇，仅保留词汇要表达的意义，然后用自己的语言流畅地进行自然表达，而不会受译出语的束缚。按照这样的逻辑，达尼卡强调，在表达的时候需要尊重译入语的“约定俗成”，即每种语言的固定表达方法和特征，传达意义而不是语言，这要容易很多。达尼卡认为，口译是名副其实的“双言语”行为。“我认为翻译是交际的双重行为，改变的只是承载信息的语言。换句话说，即为单语交际的重复行为”[②]，这是她在参加研讨会和会议时反复强调的观点。她说：“教授口译，就是教授理解，然后教授重新表达。”[③]

以上观察说明，意义理论，后来发展成为释意理论（TIT）是不断发展的。多年中，达尼卡・塞莱斯科维奇与玛丽雅娜・勒代雷

① 见原文第41页。
② 见Moncton, Canada, 1979.
③ 见Mons, Belgique，1982.

合作记录了无数次会议口译，当然每一次录音都得到了组织会议的国际机构的批准。同样，为撰写《口译推理教学法》，她们录制了ESIT大部分教师的课程，还从欧洲委员会会议口译综合处得到了大量课程录音。随后她们对这个丰富的语料库进行了筛选和分析，发现了很多能证明她们想法的素材，也从中提取了大量案例。

将口译及其机制置于放大镜下观察后，达尼卡和玛丽雅娜开始对言语的隐含现象产生兴趣，指出译员不可能只翻译明喻部分，他的理解和表达还需要依托语篇的隐喻内容。正是这样，她们确定了言语的提喻[①] 功能。达尼卡最初参照英文的说法称其为“锁孔原理”（keyhole principe，法语是trou pour serrure）。我们前面简要介绍过，这是1976年夏天她们在撒丁岛发现的一种翻译现象。她们注意到，每一种语言都只保留了某种物体或现象的部分特征，例如，法语的树脂在英语中相当于软木（softwood）；而德语却说Nadelholz（针木）。这三个要素加在一起便构成这种木材的完整意思。再比如，法国甜菜种植者只采用部分涵义，称自己是planteur，意指把甜菜种入地下的种植人；而英语同行又把自己称为grower，变成了让甜菜成长的人。每一种语言都保留不同的元素以表达相同的事物。没有脱离原语外壳的字面翻译只译明喻部分，既不能实现约定俗成，也无法让人理解。然而，对翻译最为重要的是，任何人在讲话时都不可能完全明喻其意图。语言是不同的，译员和译者应该兼顾明喻和暗喻，从整体上表达原文的意图。

① *gr.Sunekdokhi*，修辞学中的以部分替代整体的现象，如用帆指代船。

达尼卡最初只分析研究口译。但她逐渐意识到，由于在很大程度上受到学科研究的影响，用于解释口头信息的东西对笔译也同样有效。的确，在书面上也不能只寻求字词的对应。口译理论被拓展到笔译研究后，某些人便说达尼卡要“全面接手笔译”了。达尼卡对此指控不予否认，反对的人说她从来没翻译过一行字。他们也许忘记了，在50年代初期，达尼卡在华盛顿原材料国际会议上的岗位是译员/译者。

自从1978年译员马里亚诺·加西亚·兰达和译者让·德利尔的博士论文答辩后，ESIT共通过了约50篇翻译学博士论文（清单附于书后），翻译的释意理论得以传播。如今，达尼卡·塞莱斯科维奇和玛丽雅娜·勒代雷的著作已在世界范围内得到翻译和认可。让·德利尔、莫妮克·科米尔（Monique Cormier）和弗洛伦斯·赫布洛特等人将释意理论拓展到了笔译。费尔蒂纳托·以色列（在勒代雷之后担任学校校长）又将释意理论应用到达尼卡自认能力不及的文学翻译领域。

然而，如同每一种理论或每一门学科，释意理论不仅仅只有跟随者。不少作者、译者或会议口译从业者，他们常常还同时是培训者，都对释意理论提出过异议。ESIT的翻译老师，也是翻译理论研究者，卡拉·德让·勒菲阿尔1998年发表了一篇文章①，她明确强调，反对者主要是不同意释意理论的脱离原语语言外壳这一提法。他们承认从原语语篇到另一语篇的信息交流需要认知分析，但同时

① K.Déjean-Lc Féal, *Nonnova, sednove, in The Interpreters' Newsletter*, n° 8, Trieste, 1998.

质疑释意理论关于这种认知分析是非语言的假设，若想让他们接受这种假设，必须先拿出“科学”论证。

此外，有作者提出的异议是针对达尼卡的另一说法的，即她的教学方法适用于任何一种语言的翻译教学。这些人强调，要做好翻译，必须认识到语言之间的形态、句法、语法等差异所带来的困难，如，德语句子的动词在末尾，阿拉伯语和日语有独特的句法特征。他们认为，每种语言的语法和语言特征需要选择相匹配的教学方法，适用于意大利语的方法不一定能用于法语或西班牙语，而法语能用的英语或德语不一定奏效。教学必须考虑每一种语言的特殊性，并应以建立语对之间的对应关系为基础。但达尼卡坚持认为，由特定语言的语法或句法而导致出现的困难很大程度上是因为对该语言了解不足。德语句子以动词结尾从来都不会妨碍日耳曼语系的人之间进行沟通，土耳其语中没有代词，也不会影响讲土耳其语人之间的相互理解。

杰拉德·伊格是达尼卡五十年代的密切合作者，他也是反对释意理论、反对达尼卡的人物之一。他尤其反对塞莱斯科维奇“对词的鄙视”。1980年，他在“Parallèles”[①]杂志发表论文说，他不相信有人能在达尼卡·塞莱斯科维奇的著作中找到“普适性教学原则”；在1989年发表的论文中[②]，他对将这些清规戒律应用于日-

① 《Parallèles》, n° 3, P: 117, 1980.

② Ibid, n° 11, 1989.

英等语对的翻译表示坚决抵制。他还在同一篇文章中①呼吁，请释意理论的铁杆追随者们到原汁原味的所指图像汤里去捞自己所称呼的要传达给译入语听众的内容。伊格主张用解构和重构策略研究交替传译和同声传译两种口译模式。他自诩是“词的情人”，抵制对“字词的无上诉定罪”。支持释意理论的人，则赞同在口译教学中让学生放弃字词的基本观点。

对达尼卡·塞莱斯科维奇和释意理论持批评态度的人认为，她没有接受过专门的学术研究训练，在论文中没有使用科学词汇，达尼尔·吉尔便是其中一位，他本人是ESIT的毕业生，还曾是达尼卡的学生。1980年初，国际上有一系列口译研究成果问世，采用的都是“硬”科学方法，如特里亚斯特的格朗（Gran）、维也纳的库尔兹（Kurz）、日内瓦的默瑟-莫瑟（Mercer-Moser）、里昂的吉尔、伦敦的斯滕兹尔（Stenzl）和麦金托什（Mackintosh）。达尼卡和巴黎高翻的人被指责无视这些研究成果，无视其他翻译研究人员。反对者认为达尼卡和释意理论最大的问题是放弃了语言学。应该说，如果达尼卡在研究中放弃了语言学，那是因为语言学对语言作为一种符号系统的分析或对语言功能本身的研究与翻译研究没有关系。达尼卡关注的是厘清话语行为中思维、记忆与语言之间的相互作用。很明显，达尼卡对与她的研究领域相关的其他学科领域兴趣很高，例如神经心理学。她对大脑机制的研究，特别是皮亚杰的研究十分关注，这反映了她内心对跨学科研究方法的渴望。在达尼卡

① Ibid, n° 17, 1995.

的许多著作中都提及这位遗传心理学专家的工作对释意理论的重要影响。

总之，反对巴黎释意理论的人主要批评他们没有用科学方法证明论文中的观点。在反对者眼中，虽然塞莱斯科维奇就交替传译、勒代雷就同声传译两种形式的口译做了大量实验录音和精心撰写，但仍缺乏确凿的实证研究。但对达尼卡而言，反对者也没有“真凭实据”。那么，谁来承担举证的责任？释意理论的支持者还是批评者？这是一个悬而未决的问题。

对于有意进一步了解释意理论和相关争议的人，无论是支持者还是反对者，建议阅读前面提及的《释意理论的自我辩护与论证》一书的第一卷《翻译的释意理论：成因与发展》，这本书可以帮助读者全面了解双方各自的立场和观点。在该书中，勒代雷尽可能详尽地列出了对释意理论的种种反对意见，并有理有据且精确地逐一作出了回应。

言语研究小组（G.E.L）

达尼卡1973年获得文学博士学位，此后她便将时间越来越多地用于研究。1977年，言语研究小组成立，并开始与神经心理学家雅克·巴比塞特（Jacques Barbizet）开展合作。巴比塞特是巴黎第十二大学教授、巴黎东南部克雷代伊亨利·蒙多（Henri Mondor）医院神经系统疾病科主任。他的研究重点是记忆运行机制与功能。佩格尼尔教授到巴黎第十二大学前在雷恩大学文学院，在这所机构里，跨学科研究早已是司空见惯之事。言语研究小组正是在莫里斯·佩格尼尔教授倡导下成立的。当时的法国大学也正在经历变化，研究机构正在重组。佩格尼尔教授到巴黎后结识了巴比塞特。巴黎十二大时担任校长的米歇尔·吉洛（Michel Guillou）认真听取了成立研究小组的项目报告。研究小组的核心成员是佩格尼尔、巴比塞特、塞莱斯科维奇和勒代雷，一些语言学家、语音学家和传播学专家也参与了研究工作。达尼卡是1975年认识巴比塞特的，她对他的工作非常感兴趣，从那时起，她便写信给他，邀请他参加一个为期两年的研究项目。达尼卡当时给雷尼亚·罗默写信，说“我喜欢他的文章”。实际上，达尼卡关于记忆功能的思考在这位神经心理学家的研究成果中得到了证实。

根据研究小组的一项基本原则，语言理论化研究观察对象必须是鲜活的话语，包括话语的所有成分和复杂情况，而不是语言组成部分和语言的复杂性，不能是为了证明某理论采用的人为设计案例。自从达尼卡开始思考思想与语言的关系以来，她一直提倡这种方法，这在当时的语言学研究中是独一无二的。

作为研究小组成员，雅克·巴比塞特、莫里斯·佩格尼耶、达尼卡和玛丽雅娜共同撰写了一篇发言稿，题目是：“意图，句子的语调与结构”，计划在1978年9月20日至22日在巴黎大皇宫举行的欧洲社会学第九届大会上发言。次年该文发表在海牙Mouton出版社的《语言学杂志》上。这篇论文的分析素材是1977年总理雷蒙·巴尔演讲的部分内容。在这篇论文中，几位作者研究的是即席口头言语的功能，这在当时实属罕见，因为语言学家当时关注更多的是文字。

从1980年开始，达尼卡在研究小组内的活动更为频繁。该小组还于9月25日至27日在巴黎第十二大学组织了一次重要的跨学科会议，主题是“言语理解”，出席研讨会的有语言学家、神经生理学家、神经心理学家和其他对大脑和大脑功能感兴趣的研究人员。达尼卡欣喜地看到，雅克·巴比塞特对理解的神经心理学机制研究可以验证自己有关记忆和意义传递的基础理论。在此次会议中，达尼卡还欣喜地发现，尽管跟她一样对人类交流感兴趣的其他领域的科学家研究的对象是单一语言，但他们的观察也验证了自己基于交替传译的研究成果。

可惜的是，1982年巴比塞特突然去世，达尼卡与巴比塞特卓有成效的合作戛然而止：10月初，就在他去世前，他们正计划合作出版一部专著，选好的题目是《言语与思想》。这本书最终未能问世。2002年玛丽雅娜在整理达尼卡文档时看到几百页的稿子。

巴比塞特去世后，研究小组的工作对达尼卡的吸引力不如从前。这个小组在莫里斯·佩格尼尔领导下继续开展活动，但他们关注的是人类情感与美学反应，这与达尼卡和和巴比塞特关注的问题相去甚远。

远方的使命

随着达尼卡所做研究的不断深入，随着她发表文章和参加翻译学活动日益增多，请她讲学的人逐渐扩展到欧洲以外的国家。在前面的章节中我们提及，她教过的学生遍布各大洲。很多参加过口译、笔译或博士生教育的人回到自己的国家后都进了高校，他们肯定会保持同老师的联系。当然，他们更渴望在自己的国家接待达尼卡。正因如此，从1980年起，达尼卡开始远行，到大西洋和亚洲完成境外的使命。她曾三次访问中国。前面我们提到过达尼卡对这个伟大国家的兴趣，以及她对培养中文口译员的重视。1986年的11月6日至12月5日，她对中国进行了为期一个月的访问，在上海和北京举办了一系列讲座。在此期间，组织者还特别安排她参观了20世纪最伟大的考古发现之一，即壮观的西安兵马俑。这是1978年在中国陕西挖掘出土的重要文物，两千多具兵马俑在地下埋藏了两千余年。达尼卡去到挖掘现场，在展厅一位讲法语的文物讲解员的陪同下观看了兵马俑，她对此次参观一直记忆犹新。后来举办的兵马俑巡回展穿越了欧洲和美洲，让全世界的人都能有机会欣赏到这一出土文物的壮观场面。

几天后，玛丽雅娜在上海与达尼卡会合。她们一起访问了十二世纪中国宋代的古都——杭州。这个城市历史悠久，因其佛教浅浮雕洞窟而闻名，马可·波罗曾描述过这座城市的宏伟历史。达尼卡和玛丽雅娜回到北京后便开始了在中国大学的讲学活动。当时的中国官方已经开始对外开放，达尼卡遇到了一位天不怕地不怕的中国人，他叫李越然，是毛泽东的俄语翻译，也是中苏两国谈判的参与者。在美丽的冬日，李教授陪达尼卡和玛丽雅娜前往长城，并一起在长城上攀爬了数千步。

12月6日，是达尼卡65岁生日，也是退休的年龄。那一天，她们在返回巴黎的飞机上，达尼卡从《世界报》一篇文章中获悉，法国颁布了一项法令，允许大学教授任职至68岁退休。实际上，达尼卡也还没做好退休的心理准备，因此，这对她来说是最好的生日礼物！

我们一起来看看达尼卡的最后一个学年（1989–1990）。这一年她在国外大学有多场讲学活动。下面是她担任ESIT校长最后一年日程安排的缩影：1989年3月，达尼卡应突尼斯布尔吉巴研究所翻译学研究组邀请前往讲学。讲学期间，她又回到西迪·布·赛义德，也就是1958年她与玛丽雅娜在突尼斯做会期间发现的那个小渔村所在地。但令人失望的是，这个旅游胜地面目全非，与30年前迷人的小渔港差之千里，达尼卡在给玛丽雅娜的明信片上写道：“西迪·布·赛义德已经被彻底商业化，成了名副其实的露天市场。”但她最后还是缓和地说：“这里的植被与撒丁岛的植被毫无二致。”

同年9月，她和玛丽雅娜重返亚洲继续新一轮讲学活动。首先是在台湾辅仁大学的法语和英语系做报告，回答“何为与语言教学相对的翻译？”。随后，翻译与口译研究生院负责人、达尼卡原来的学生司徒罗宾（Robin Setton）接待了她们。达尼卡对司徒罗宾赞不绝口，说他是亚洲地区口译教学最卓著的一个。达尼卡和玛丽雅娜随后参观了台湾南岛，原法国东方语言学院、巴黎高翻任课教师金教授一路陪同。

达尼卡和玛丽雅娜从台湾直飞韩国，达尼卡的博士生、韩国大学的崔桢禾教授到首尔机场迎接。她们在首尔和釜山的讲座受到学生和老师的热情欢迎，部分参加讲座的人曾在ESIT接受过培训。回到釜山后，她们去参观了韩国古代文化发源地、新罗国王时期的首都庆州。愉快的亚洲之行圆满结束。

返回巴黎若干天后，达尼卡和玛丽雅娜又动身前往蒙特利尔大学参加在那里召开的“孵化的翻译”（La Traduction proligère）。达尼卡的发言题目是“翻译中上位词的处理”。1957年新学科调整后毕业的埃利亚内·奥尔良–格斯坦（Eliane Orléans–Gerstein）是此次研讨会组委会成员，与会人员还包括莫里斯·佩格尼尔在内的巴黎的许多同事和朋友。

在加拿大逗留期间，达尼卡在工作之余得以与蒙特利尔的老朋友，米莱娜·奥布雷诺维奇和伊娜·马里卡相聚。周末，她和玛丽雅娜一起到位于Cornu湖边的乡间别墅去会见雷尼亚·罗默和她的丈夫皮埃尔·德·贝勒菲耶，这是“魁北克一处野味十足的角落，一个宁静而迷人的湖畔，她被挪亚时代洪水前神秘的岩石和北欧森林所环抱，那里的云杉树暗色花边被白桦树丛映照发光”，这是雷尼亚在邀请达尼卡和玛丽雅娜的信中所描述的，目的当然是为了让她们对此行没有丝毫悔意。主人热情欢迎，湖边木火烧烤，乘游船观景。雷尼亚说的没错，这个地方的确迷人，尤其是秋天还有闻名遐迩的红枫树。

12月上旬，达尼卡再次穿越大西洋，目的地是美国。她要参加在蒙特雷举办的“二十周年纪念研讨会暨口笔译教师培训”活动。这是国际问题研究所为庆祝该所成立二十周年举办的研讨会，达尼卡在大会上做了主旨发言。

返回法国后，达尼卡开始整理档案，对她来讲这可谓轻车熟路，因为她从小就善于分类整理。她还要特别准备一份证明材料，以此在学年末退休时申请终生名誉教授。

1990年6月，口译、笔译和语言学领域的许多名人在ESIT汇集，参加“翻译的自由性”[①]研讨会，以此向达尼卡·塞莱斯科维奇致敬。巴黎三大校长罗伯特·埃洛德（Robert Ellrodt）首先致辞。达尼卡在“从口译实践到翻译学”的发言中，对自己走过的道路进行了梳理。

1989–1990学年末，即1990年9月30日，68岁的达尼卡在ESIT的官方任职被画上句号。在结束三年“延聘”之时，她要同时离开校长和教授职位。她将自己1957年开始建设的心爱的学校交给了玛丽雅娜·勒代雷，一个愿意全身心继续其事业的最佳人选。

在她退休之际，同事和朋友们赠送给她一台计算机。然而，

---

① *Actes du Colloque International tenu à l'ESIT les 7-9 juin 1990*（巴黎高等翻译学校国际研讨会论文集，1990年6月7–9日）, réunis par M. Lederer et F.Israel, Didier Erudition, Paris, 1991.

最好的礼物还是由多萝西·伯内和她姑妈玛丽·弗拉迪（Mary Fradier）发起的创建达尼卡·塞莱斯科维奇基金会的倡议。这个主意很好，但创立基金会的计划还不够宏伟，最终被“达尼卡·塞莱斯科维奇奖”协会替代。达尼卡对用自己的名字永久命名这个协会感慨万千。她在给创始人之一达尼埃尔·舍尔-普约尔（Danièle Scheuer-Pujol）的感谢信中写道：“你亲自宣布这个消息让我惊讶不已，以至于当时不知道该说什么——这本只是一个想法——但已成真。该奖必须具有法律保证且目标明确，在我看来，该奖应该颁发给捍卫这个职业、教授这个职业、传播这个职业或为提升其价值而做出贡献的他/她”。该奖于1992年首次颁发，获奖人是瓦迪·凯泽，随后分别获奖的是：1994年菲利普·塞罗-纪洛姆（Philipe Séro-Guillaume）、1996年杰拉德·伊格、1999年崔桢禾、2002年玛丽雅娜·勒代雷、2005年克里斯多夫·泰利和詹妮弗·马金托什。

对于达尼卡来说，对自己从事的职业做总结的时机已到，在加拿大逗留期间，她接受了加拿大记者的采访，当记者就此提问时，她讲了这样一件轶事：她第二次到访韩国时，观众鼓掌对她表示欢迎，演讲结束后，她向口译员（原ESIT毕业生）伸出手表示感谢。她说：“归根结底她才是传递信息的人，不是我。”此时，掌声再次响起。达尼卡概括说：“还有什么能让一位老师如此满足呢？”

8月，国际翻译家联合会在贝尔格莱德举行第二届代表大会。这次，达尼卡应邀参加以“翻译与翻译学”为主题的全体大会。利用大会间隙，达尼卡又去会见了贝尔格莱德的老朋友。从参加这次会议开始，她已经意识到，南斯拉夫政治局势的恶化日益易清晰，但没有人能预见即将发生的悲剧。

1990年新学年开始时，ESIT有了新校长玛丽雅娜·勒代雷，从此她将代表学校参加国外的会议。1990年秋天，勒代雷受邀到澳大利亚，在悉尼、墨尔本和布里斯班等地大学参加一系列口译和笔译会议，达尼卡随她一起出席。会议结束后，她们乘坐出租车离开昆士兰州首府，想利用几天的休假放松一下，顺便到布里斯班周围地区转转。在路上，他们遇到了一只小考拉，跟达尼卡之前从澳大利亚带给卡里姆的那只一模一样。但是，达尼卡发现的比较晚，险些将它撞死。玛丽雅娜这时突然发现，达尼卡只有一只眼睛能看见东西了，她很担心。回到巴黎立刻入院检查，达尼卡接受了白内障手术，后来她的眼睛基本恢复了正常。

达尼卡退休后虽然赋闲在家，但也闲不住。她继续自己的研究，撰写文章，还坚持在ESIT给硕士研究生上研修课，指导博士生并在法国国内和国外参加研讨会及会议。她还根据法国与外国的语言和文化合作框架参与外交部项目的落地工作。作为名誉教授，1991年她在印度逗留了近三个星期，先后在德里、马德拉斯、海得拉巴和本地治里市主持翻译研讨会。在每个地方，达尼卡都会给翻译专业师生讲授释意理论概念。在安德拉邦游览神话般的戈尔康得要塞和城市废墟之后，她回到了德里，参加了贾瓦哈里亚尔·尼赫鲁大学组织的全国翻译研讨会。

12月6日，达尼卡庆祝自己的70岁生日。虽然已退休，她在听众面前的魅力依然不减当年。最好的证明是，达尼卡参加本地治理市研讨会返回法国后，她收到一位参会人寄来的贺卡：“我在本地治理市的实习太棒了，再次感谢您。希望我能成为能让您骄傲的门徒。您觉得我是‘一个特别幸福的女人’，能认识您让我倍感幸福。”

在整个九十年代的十年中，达尼卡一直继续自己的使命，参加有关口译和笔译的专题讨论会。但是，她的政治活动逐渐增多，先是积极支持海湾战争中的伊拉克平民，随后是大力支持南斯拉夫平民，这些活动在她后来的生活中占据越来越重要的地位。

第十二章

最后十年

二十世纪的最后十年风起云涌，到了末期，巴尔干半岛今非昔比。在西欧，1989年11月9日柏林墙倒塌，大家在庆祝德国的统一，这完全合乎逻辑。第二次世界大战很难从达尼卡的记忆中抹去，似乎很难看到一个强大的国家能从莱茵河两岸起死回生。

同样，她也见证了1991年苏联的解体，并一直思考二十世纪两个超级大国之一的消失将在短期内可能产生的后果。

然而，看到欧洲大陆东部和中部地区人民开始恢复自由，看到莱希・韦尔莎娜当选波兰总统，她还是很开心的。1990年2月纳尔逊・曼德拉在南非种族隔离政权监狱中度过27年后终于被释放出来，这一事件给全世界带来了希望。

但是在8月，伊拉克入侵了科威特，海湾战争拉开序幕。

达尼卡的政治立场

与达尼卡有过接触或与她交谈过的人都很清楚，她的政治信念一直是“政治正确”。然而，她的敏锐性把她推向左翼，即使如此，她骨子里的自由精神从来都没有屈服于任何政党的政治路线。在生命的最后一段时间里，她说，在让·皮埃尔·谢夫纳曼特（Jean-Pierre Chevènement）身上，她看到了戴高乐将军始终崇尚的共和党人的严谨。在谢夫纳曼特成为主权主义者之前，他们的想法很接近。但达尼卡是一个狂热的追求欧洲统一的人，不可能赞成主权主义。

关于达尼卡的政治信念，过去有很多说法。现在，如果说她是毛主义者，是因为她与法国少数人一样，对伟大的舵手很敬仰，就像敬仰亚历山大、拿破仑、戴高乐和让·莫内等伟人。

至于达尼卡的民族归属感，毫无疑问，尽管她在柏林度过了年轻时代，尽管她与南斯拉夫家庭一直保持联系，但她始终坚定地认为自己是法国人，血脉里流淌的是法国的语言与文化。诚然，她每年都庆祝斯拉夫生日，有时还会开玩笑说自己是“多瑙河的女农民”，但她始终都不认为自己是南斯拉夫人。如果说在生命的尽头，在贝尔格莱德遭受轰炸期间，她自称是塞尔维亚人，那是出于对塞尔维亚人的声援。作为法国人和知识分子，南斯拉夫发生的事件让她震惊，尤其是法国媒体一种声音的单方面报道让她惊愕。就这一点而言，她甚至还说为法国人感到耻辱。

大家都认为，慷慨大方是达尼卡的基本特征。她这种与生俱来的慷慨态度建立在敏锐的正义感和公平感上。向比自己弱势的人伸出援手，或者与遭受不公正待遇的人站在一起，她认为这是再正常不过的事。例如，那年她去阿尔巴尼亚驻柏林大使馆为1938年被墨索里尼废黜并在南斯拉夫避难的国王提供服务，此举虽然有些不够成熟，但足以证明她的慷慨大方。再比如，在1991年第一次海湾战争中，面对针对伊拉克平民的轰炸，她毫不犹豫地加入了示威者队伍，虽然游行人数不多，但这只是她和身边人的想法和作为。将自己的一切都要奉献给自己认为应该做的事，这是一种信念，包括解囊相助，如帮助菲利普·塞罗-纪洛姆。如前所言，塞罗-纪洛姆是法国手语译员，他在达尼卡指导下完成了博士论文。他说，是达尼卡主动借给他钱，这样他才停止了工作，一心一意地撰写论文。她还向许多慈善机构捐款，多年来，她每个月都给巴勒斯坦儿童汇款，直到巴勒斯坦人站到波斯尼亚穆斯林一边。

南斯拉夫问题让她的公平正义感受到了最强烈的冲击。于是，致力于自己虔信的事业在这个时期表现得淋漓尽致。我们已经注意到，从1990年开始，南斯拉夫联盟内部形势恶化：后面的事情大家都很清楚了，在没有与欧共体伙伴共同协商情况下，德国于12月23日单方面承认了克罗地亚和斯洛文尼亚的独立。

在达尼卡看来，不公正问题在1991年达到顶峰，西方新闻界一致认为塞族人是南斯拉夫战争的唯一罪魁祸首。达尼卡从敌对双方开始行动就作出反应，组织反战会议并积极参加游行。看到塞尔维亚人遭受的命运，达尼卡感到难过，面对国外同胞在国家遭受灾难时无所作为，她十分震惊。她决定采取行动，创建一个慈善协会。根据1901年法律，1993年11月28日成立了“达尼卡塞尔维亚和黑山知识分子协会”。很显然，这里的Danica并非达尼卡的名字，而是为了纪念19世纪中叶塞-克语言改革者用该语言刊发第一份报纸的那个瞬间。该协会的宗旨是“将知识分子、大学教师、研究人员、医生、新闻工作者、作家、艺术家等团结在一起，普及宣传塞尔维亚和黑山历史，厘清公众对过去几年发生的事件的真实看法，借助新闻、出版物和公开会议，声张遭受战争和联合国禁运折磨的这两个地区人民的合法权利，在可能的情况下，提供可以减少他们痛苦的各种物质援助”。达尼卡很清楚这种行动的局限性，但她不可能无动于衷。她说，“我可以无能为力，但不能无动于衷”。

塞族人是南斯拉夫冲突的唯一侵略者，这种观点甚嚣尘上。达尼卡要让大家听到塞族人的真实呼声，于是从南斯拉夫敌对行动开始她就通过信件、电话和各种出版物[①] “炮轰”法国公众人物，希望他们看到她眼中塞尔维亚人遭受的不公正现象，让大家从塞尔维亚人角度审视发生的事件。她给总理爱德华·巴拉迪尔和外交部长阿兰·朱佩写信，杳无音信；她给当时的巴黎市长雅克·希拉克写信，还是石沉大海。收信人还包括让·皮埃尔·谢夫纳曼特和爱

① Dobricačosić, *Le temps du réveil*（《觉醒时刻》）; Jacques Merlino, *Les vérités yougoslaves ne sont pas toutes bonnes à dire*, Albin Michel, Paris, 1993.（《南斯拉夫真相中的难言之隐》）后面会详细介绍第二本书。

德加·皮萨尼，皮萨尼回信表示，“衷心希望能尽快找到打破南斯拉夫僵局的解决办法，我知道，这样才能让饱受国家战争之苦的各方人民能很快结束折磨”。达尼卡还不遗余力地致信给各大媒体、参议员和众议员。戴高乐的海军上将及欧洲议员西蒙·韦尔回信表示：“我不会低估过去发生的惨剧的严重性，特别是第二次世界大战期间发生的事情。即使各方阵营都仗势欺人，我也不认为他们会对当前的野蛮行径作出公正的评判。”达尼卡在给前卫生部长的信中说：“反塞的声音不绝于耳，大多数人不愿意听反面意见，我感觉自己生活的这个世界疯了。任何东西都无法证明野蛮行为是公平的，您这样讲有道理。我坚信，大多数塞尔维亚人和克罗地亚人，当然还有穆斯林，也是这样想的。问题是要清楚如何制止它，为此，即使不明白，不赞成，至少也要了解那些被称为侵略者的人的感受和想法，因为他们一致认为自己是国际巨大阴谋的受害者。”总而言之，接到她信的人似乎都没什么反应，对她这样做法也不理解。达尼卡极度失望，但始终没有放弃。

让她更为痛心的是身边一些朋友对她的所作所为也不理解。他们中的大多数人甚至回避就前南斯拉夫问题与她进行讨论，这让她大为恼火。的确，一旦触及这个令人不快的问题，她的反应就十分强烈。她试图说服周围人、同事和朋友，但结局总是话不投机半句多，最终不欢而散，各奔东西。

当然，九十年代南斯拉夫冲突期间西方媒体一边倒，尤其是歪曲事实的报道超出底线后，达尼卡的朋友，首当其冲的是本书作者，应该听听她怎么讲：不止一家法国报纸使用“重返集中营”这样的标题，上面的配图与奥斯威辛被解放时拍摄的图片很像，号称是一位瘦骨嶙峋的波斯尼亚穆斯林在铁丝网后。后来证实，那是一位患了肺结核的塞尔维亚农民，他在外面望着被铁丝网围起来的一片地，然而，只有少数几家报纸发表了不起眼的更正声明。如果能听听达尼卡的说法，也许可以避免陷入这样尴尬的陷阱中，至少能从不同角度去审视同样的事件。莫里斯·佩格尼尔2002年在《战争中的话语》[①] 中列出了媒体支持达尼卡观点的证据，很可惜，达尼卡已不在了，无法分享了。

实际上，法国媒体中很少有支持塞尔维亚人的声音。但有一个叫皮埃尔–马里·加洛瓦（Pierre-Marie Gallois）的将军，在很多部著作中[②]，这位法国斗士都在揭露造成前南斯拉夫动荡和悲剧的不实报道。1996年，他在巴黎九区接见反战者时发表了讲话。达尼卡在当时的记录是：“经济禁运、无辜者受难”。遗憾的是，加洛瓦将军的演讲当时也成为耳边风。在许多会议上，尤其是在布鲁塞尔，这位法国军官强烈反对北大西洋公约组织的轰炸，一旦有机会，达尼卡便去声援他。

1990年退休以后，尽管达尼卡还在花时间思考和研究，但她的关注重点必定是塞尔维亚以及伴随南斯拉夫解体而发生的戏剧性事

---

① M. Pergnier, *Mots en guerre, discours médiatiques et conflits balkaniques*（《战争中的话语，媒体话语与巴尔干冲突》）, 2002, L'Age d'Homme, Lausanne.

② *Le soleil d'Allab aveugle I'Occident,* 1995, *Le sang du pétrole* （《石油之血》）, 1996, *La France sort-elle de I'histotre ?*（《法兰西走出历史？》） L'Age d'Homme, Lausanne, 1998.

件。在她生命的最后十年中，她满脑子都是这些悲剧性事件，特别是最后几年她完全被这些事件所困扰。1992年5月30日起，即欧共体紧随联合国对南斯拉夫联邦共和国（后成为塞尔维亚–黑山联邦）实施经济制裁之日起，达尼卡便全力支持被国际人道主义遗忘的塞族平民。

一个时代的结束

在巴尔干半岛和整个中欧动荡之时，90年代也给达尼卡的私人生活带来诸多变化。夏季，达尼卡和玛丽雅娜在撒丁岛被距离她们房屋三百米处露天舞厅的噪音搞得心烦意乱，难以忍受。1992年，度假生活无法继续，于是她们决定将房屋出售。

就这样，她们告别了地中海沿岸这个记录了25年快乐和美好时光的撒丁岛上的穆拉韦拉。不管怎样，总要再找一个新的度假地点。最初，达尼卡决定从此以后住宾馆。玛丽雅娜精心计算后发现，两个月住旅馆负担过重，也不方便，况且还有两只猫。最终达尼卡理智占了上风。她们开始在洛特省寻找新房子，因为卡里姆自小就习惯卡奥尔（Cahors）周边的环境，他父亲的第二任妻子、同父异母的妹妹在那里都有自己的家。

最初的寻找无果而终，达尼卡和玛丽雅娜两手空空地回到巴黎。她们后来几次到阿韦龙（省）旅游，最终还是回到洛特（省）度假。从那时开始，她们便一个地方一个地方地逐一排查，最终遇到良机。他们在帕斯特拉（Pasturat）山岩地区凯尔西（Quercy）发现一处房子。几公里外有一个保存完好的中世纪村庄，名字叫圣-西尔-拉波皮耶（Saint-Cirq-Lapopie），村庄坐落在洛特山谷上方，诗人安德烈·布雷顿（Andr é Breton）就是在那里坠入了爱河："景点多得很，美国和欧洲都有，但让我最着魔的莫过于圣-西尔-拉波皮耶，在这里一切是静止的。我不再渴望栖身他处。"他在这里安顿下来，还把这里变成了30年代超现实主义者的聚会场所。

在卡奥尔附近，在一个独立的山岩上就是"帕斯蒂尔"（La Pastoure）。在顶部倾斜的地面上便是那座悬空房，还有一张石制桌子，达尼卡尊其为"康德之桌"，因为她在那里完成了父亲撰写的德国哲学家康德的手稿翻译。房子由厨房隔开，分为两个独立的部分，这种格局完全符合她们的期待。这是一个美丽而宁静的地方，有利于工作，在穆拉韦拉养成的生活习惯迅速在帕斯特拉得到复制，唯一不同的是这里没有大海。

自从停止口译后，特别是从退休起，达尼卡接触的译员不多。1993年，国际会议译员协会在巴黎克莱伯大街的马杰斯提克酒店（Hotel Majestic）内庆祝协会成立四十周年。达尼卡想去，但犹豫不决，因为她认定会在那里遇到佐兰。他们多年未见，她担心兄妹间会发生口角。然而，这种担心是徒劳的。佐兰的确参加了活动，但他们之间也仅限于相互问候。她很高兴能与最初一起奋斗的AIIC的同事和校友重聚。

1994年5月，达尼卡又一次去到中国台湾。她很荣幸收到台湾

“科学委员会”的邀请，并作为该机构组织的“讲授计划”的一部分举行系列讲座。

在此期间，根据联合国安理会于1993年通过的一项决议，前南斯拉夫刑事法庭1994年在海牙成立，将对战争罪犯进行审判。最初主要是为塞尔维亚人提供翻译。达尼卡为南斯拉夫争取和平一直做不懈的努力，她前往海牙，希望能让大家听到塞尔维亚人的声音。随行的还有法裔塞尔维亚医生马里察·马太（Maritza Mattei）① 和她的姐姐耶琳娜（Jelena），她是巴黎塞尔维亚族修女。但达尼卡的希望还是落空了。

波斯尼亚的冲突不断恶化，而且没有任何改善的迹象。1995年11月，在美国人支持下，在代顿达成了一项和平协议。希拉克刚刚接替密特朗成为法兰西共和国总统，12月希拉克在巴黎主持签字仪式，他呼吁当事方“让战争和仇恨成为过去”。达尼卡仍持怀疑态度，这也不无道理，因为战争还在继续蔓延。1996年10月，达尼卡在贝尔格莱德短暂停留，她又一次为平民的苦难感到沮丧，由于禁运和道义上的原因，平民的身体受到摧残，他们被推到了社会的边缘。达尼卡又开始考虑在达尼卡协会框架内为他们提供物质上的帮助，而且想法变得更为清晰和具体，并在1997年5月得以实现。我们将在下一章具体介绍。

---

① 马里察·马太和达尼卡一样是法籍塞裔，全身心投入造福塞尔维亚人的慈善工作，是巴黎塞尔维亚大主教管区的修女。她生于1931年，2002年6月28日因大面积烧伤去世，当时她在巴黎塞瓦隆圣萨瓦街（Sava rue Simplon）的塞尔维亚教堂点燃蜡烛时衣服被点燃后教堂着火。2001年5月26日，纪念达尼卡的宗教仪式也在同一座教堂里举行。

达尼卡一边组织对南斯拉夫平民[①]的慈善和政治支持活动，一边继续她的长途旅行，因为她的兴趣仍在。1994年，她离开法国前往印度与在德里访问的玛丽雅娜在本地治里市见面。达尼卡再次来到东印度法国公司的前台，该公司于1956年在印度重建，负责看管法国的一些遗迹，看上去好似法国的附属殖民地，那里有1914–1918战死者纪念碑，还有圣女贞德的雕像。

随后，两个朋友按照印度习俗乘配有司机的出租车前往马杜赖。她们来到这个广阔的自治市镇，小镇被灼热的阳光笼罩，满目尘土飞扬。她们在集市上漫步，然后前往参观达尼卡心念的神庙，特别是宗教信徒朝圣的密纳克西印度教寺庙。这次参观让她印象深刻，1997年，谈及波斯尼亚塞族共和国的旅程时，她回忆说："这让我想到了马杜赖神庙里的缟玛瑙公牛，我在卡莉抚摸着它那光滑的头，还在小油箱中点燃了一根灯芯。"[②]

在马杜赖逗留几天后，达尼卡和玛丽雅娜乘火车返回马德拉斯。这个位于科罗曼德海岸的港口保留了旧世界的空气和昔日的气氛。尽管天气炎热，仍是令人愉快的旅游圣地。这里英国的印记仍然显现。达尼卡喜欢辛辣的马德拉斯美食。在返回法国之前，达尼卡和玛丽雅娜已经筋疲力尽，她们在老港口马拉普拉姆附近的一个海滨度假胜地休息放松了几天。这个拥有中世纪建筑和露天神庙的

① 达尼卡给北方议员兼欧洲/克罗地亚协会主席弗朗索瓦·西塔利埃（Françoise Hostalier）寄去了一张200法郎的支票，用于克罗地亚战争中的受害儿童。

② 为南斯拉夫和平祈祷。

绿色村庄非常值得一游，只是达尼卡和玛丽雅娜时间有限，她们只能往返于酒店和海滩之间。达尼卡能游泳，但又不敢离海岸太远，因为她担心在孟加拉湾水域会受到鲨鱼的袭击！

尽管达尼卡在前南斯拉夫战争结束之前几乎把全部精力都投入到为塞尔维亚事业的战斗中，但她并没有忘记初心——竭尽全力让口译和笔译得到承认，并普及她在这两个专业上采用的教学方法。为此，1995年她再次访问土耳其，到伊斯坦布尔伊尔迪兹大学（Yildiz University）讲学，这是法国和伊斯坦布尔语言和文化合作计划的一部分。陪同她出访的是巴黎高翻讲师凯瑟琳·特莱-马丁（Catherine Teule-Martin），她负责为法兰西宫[①]（原法国驻君士坦丁堡大使馆官邸）未来的口译员讲授经济基础课。她们受到奥斯曼帝国的热情接待，住的是豪华房间，早餐使用的是银色托盘，这让达尼卡备感荣幸。

这里有一个有趣的小插曲，十六世纪法兰西宫是东方语言学校，目的是训练君士坦丁堡译员和译者，因为法国大使馆与朴特之间往来的文档翻译需要他们，当然还有使馆与土耳其的官方会谈口译。最初，是把10岁的孩子从法国送到君士坦丁堡接受东方语言的培训，1721年完成招生工作，当时称他们是“语言孩”，这些孩子先在巴黎路易大帝中学学习人文学科，15或16岁被派往伊斯坦布

---

① 1840年佩拉火灾时烧毁了第一座楼房，1534年在原址重建后由苏莱曼一世赠送给法国。这里是法国大使馆在伊斯坦布尔的第一个馆址，也是法国在世界上的第一个大使馆。现在的大楼为路易-菲利普风格，现在是土耳其研究法语学校。

尔。君士坦丁堡语言学校1795年根据《宪法》被关闭，后转让给东方语言学校，任务还是培养翻译人员，十九世纪时该校在翻译培训中一直扮演着举足轻重的作用。

在伊尔迪兹大学演讲和讲座期间，达尼卡的日程安排非常紧凑，即使这样，她还是抽时间与同事一起参观了这座城市。她们在博斯普鲁斯海峡漫步，在港口简单吃一顿小沙丁鱼。她们还参观了圣索非亚大教堂和蓝色清真寺。达尼卡每次到访伊斯坦布尔有两个必到之处：托普卡帕珠宝大市场和地毯大集市。为避开海关官员的检查，她把两块地毯折起来放在手提箱里带回了巴黎。

达尼卡不拘小节这一面让凯瑟琳目瞪口呆：她对一切都感到好奇，多尔玛巴赫切（Dolmabahce）宫殿中那些不对公众开放的大厅前面有绳子或栏杆拦着，达尼卡个子虽然不高，但迈腿而过，佯装“看不懂”牌子上面的标识。在伊斯坦布尔市场上，达尼卡和同事去买走私的鱼子酱和伏特加酒，然后去野餐。实际上，许多同事都目睹过达尼卡是怎样的不循规蹈矩。一次，在一家荷兰大饭店里，男服务员拒绝给她添一个盘子和一套餐具，想让她和别人分享同一道甜点。于是，她毫不犹豫地取了一份放在餐巾上，在周围人疑惑的目光中品尝甜点，丝毫不在意他人的反应。同样，在爱丽舍宫的一次晚宴中，达尼卡也是出于好奇，把盘子翻过来看出厂地，这是很忌讳的事，但是她开心地发现，周围许多客人也都步其后尘翻盘子查看。

小插曲就到这里。我们还是回到1996年的巴黎。这一年6月，

ESIT组织了一场研讨会，题目是“2000年的译者培训？”。达尼卡自然出席了会议，她同往常一样活力充沛，而且在闭幕式上致词，对会议的每一个主题都进行了点评。

在1997年5月前往波斯尼亚之前，达尼卡利用复活节假期在帕斯特拉的新房子里接待来访的“瑞典”朋友葛白尔夫妇，并陪他们在当地参观。盖特·格贝尔（Geert Göbel）拍摄的照片和图片显示，达尼卡和乌瑟尔很亲密，她们的友谊在过去的65年中始终如初。

大约在这个时候，贝尔格莱德哲学研究所的一位叫马林科·洛里克（Marinko Lolić）的助手联系了达尼卡。他正在撰写有关蒙西洛·塞列斯科维奇作品的博士论文，需要查找塞尔维亚无法找到的文件。达尼卡便邀请他到王后镇的家里查阅父亲的手稿，并委托他将其中的一部分交给贝尔格莱德科学院。在巴黎期间，洛里克也找到了佐兰，但佐兰对自己的塞-克语没有把握，于是让他请达尼卡参加采访。但是，达尼卡对于和佐兰见面犹豫不决，他们两个当时都在将蒙西洛·塞莱斯科维奇用塞尔维亚语撰写的文本译成法语。佐兰很失望，因为他希望借助父亲作品的翻译和出版与30多年未联系的妹妹和解。1996年，达尼卡在贝尔格莱德出版了父亲博士论文的塞尔维亚语版本，后给哥哥佐兰寄了一本，达尼卡认为这很正常。他们后来彼此写信或电话沟通，但达尼卡向亲戚坦白说，她很惧怕佐兰。洛里克启动了第二本书[①]的出版工作，蒙西洛·塞莱斯科维奇的哲学著作《哲学随笔》1999年出版。很久以来，有一件事是达

① 第一本书的题目是，*Osnovijednefilosofije*，1982年出版。

尼卡和佐兰都没有分歧的，那就是允许洛里克出版其父亲的著作，尤其是关于南斯拉夫局势的著作。后来，在北约轰炸塞尔维亚时，佐兰非常愤怒，塞尔维亚是他父亲的祖国，也是他的家乡。为此他把第二次世界大战后获得的荣誉军团勋章寄还给希拉克总统，对法国发动针对塞尔维亚的战争表示愤慨。达尼卡随后寄信给他，赞同他的做法。他的政治观点的改变反而拉近了与妹妹的距离。

马林科·洛里克正在编写一本书，内容是关于塞尔维亚知识分子精英在20世纪南斯拉夫发展中的作用，塞莱斯科维奇家三代人是研究的主要对象：工程师托萨、哲学家蒙西洛和语言理论与传播家达尼卡。

最后十年（续和结束）

1997年，达尼卡76岁。此次从塞尔维亚回来，她感到非常疲倦。事实上，从那时起，她开始出现健康问题，她自己认为只是“疼痛”。我们前面讲到，80年代初期，她在印度尼西亚出差期间患了重病，关键是后来始终没弄清楚到底得的是什么病。从那以后，她反复出现肠道紊乱，并伴有严重的脱水问题。1998年2月，她疼痛难忍，被紧急送往保罗·贝克莱（Paul-Beclère）医院进行抢救。她在重症监护病房的屏风后面，听值班医生跟接班的医生报告病情：“里面是Pollack，名字不好发音”。这时，医生望去，边喊便抱住了这位病人，“是达尼卡！”这位医生正是刚刚去世的康斯坦丁的儿子马克·安德罗尼科夫（Marc Andronikof）。

幸运的是，达尼卡很快被治愈出院了。出院后，她便出发去南方阿尔卑斯山的朋友佩格尼尔家进行疗养。康复期间，她还为马克·安德罗尼科夫等一起完成的论文集撰写了文章，这本书1999年由L'Age d'Homme出版社出版，题目是“徽标之耳”，马克将此书献给自己的父亲。达尼卡总结说：“我今年76岁。白雪飘落在窗上，在我的记忆中融化。君士坦丁前不久对我说，‘认识的死人比活人多。’”事实上，她周围的许多朋友都走了，伊冯、米莱娜·奥布雷诺维奇、泰迪·皮利、维蒂亚·赫塞尔、弗拉基米尔·波吉达耶夫、安德烈·瑙杜、约翰·科尔曼和康斯坦丁·安德罗尼科夫，还有2000年秋天先她而去的乔伊·博科纽夫。

好在儿时的朋友还都健在：第一位是乌瑟尔·葛白尔，如果命运不是这样安排，她们2001年应该在瑞士见面，一起庆祝80岁生日；第二位是咪咪·波宁，达尼卡1999年5月在皇后镇家中接待了她。在巴黎短暂停留后，达尼卡把咪咪带到洛特家中。她们开车出发，经过学童路，途中她们参观了卢瓦尔河沿岸的布卢瓦和其他城堡。咪咪在回忆与朋友这段愉快的经历时非常激动，她说：我们一起回忆往年，笑声不断，我们一边唱歌，一边听着30年代童年时期带有柏林口音的歌曲。

南斯拉夫二十世纪遭受的第四次战争已经结束。随着新世纪的到来，巴尔干地区的疆界被完全改写，达尼卡父亲的家园从欧洲地图上消失。在谈及南斯拉夫命运的时候，英国广播公司还曾用“一个欧洲国家被杀绝”这样的字眼。但对那些了解南斯拉夫创建由来的人来说，它的消失也并不会令人惊讶，这个国家之所以解体，是因为从地缘政治角度来看其存在没有任何意义了。1918年，几个大国为能与德国抗衡成立南斯拉夫。1941–1945年，南斯拉夫与盟国一道发挥了不可忽视的作用，她在自己的领土上实际牵制了十几个纳粹师的兵力远离俄罗斯阵线。但是，苏联解体后，冷战彻底结束，德国统一后成为欧洲的一个大国，成为欧盟最重要的成员。这种情况下，南斯拉夫则变得毫无用处，没有理由再出现在欧洲的政治棋盘上。

当塞尔维亚反对米洛舍维奇的反对派共同候选人沃克斯拉夫·科斯图尼察（Vojislav Kostunica）在2000年选举中获胜时，达尼卡松了一口气。她在给贝尔格莱德朋友维拉·托尼奇的信中写道：“‘Hvala Bogu’（感谢上帝），我很高兴，我真的等了太长时间了，一直希望他上台。”

从这一刻起，达尼卡对塞尔维亚发生的事情关注度逐渐减少。她说：“让他们自己去处理吧。”现在她要回到从前热爱的研究工作中，要把精力投入到她说的第八本书上，投身到思想与语言的关系研究中。

时间来到了2001年。年初，达尼卡摔了一跤，几根肋骨骨折。但这也没能阻止她参加在布鲁塞尔由欧洲委员会组织的关于口译未来的“大弥撒”，并围绕口译做了远程发言。她已接近耄耋之年，退休也已十年。但她的时间安排一直很满。当然，她开始抱怨自己的工作节奏慢了，每天下午都要睡午觉。无论如何，她还像以前一样，从早到晚都在工作。一直到去世，她走路的确越来越慢，在帕斯特拉的花园中浇花还要坐在一把椅子上，但她的思想始终很活跃，很敏锐。

复活节前夕，同往年一样，达尼卡离开皇后镇，和玛丽雅娜一起带着两只猫到帕斯特拉乡下度假。她在朋友弗朗索瓦和迈克·格里芬家里吃了晚饭，然后开始写作。就这样，日复一日，很平静，一直到4月14日，她突然感觉不适。由于几年前犯过心脏病，她担心复发，便打电话给医生。她被送往卡奥尔医院，医生诊断是胆囊感染，随后给她开了抗生素。复活节的周一，达尼卡感觉好些，还和玛丽雅娜一起讨论了将在阿根廷研讨会的发言稿。但4月16日星期一晚上，抗生素对达尼卡失效了，她出现了败血症，而且迅速扩散到全身器官，完全瘫痪。她进入休克状态后就再也没有醒来。2001年4月17日星期二14点30分，达尼卡·塞莱斯科维奇逝世。

结 语

2001年10月10日清晨，天空灰暗，达尼卡最后一次回到巴黎庞丹墓地。玛丽雅娜、卡里姆、佐兰和他的夫人一路上陪着她。1950年父亲被葬在这里。从此，达尼卡的骨灰也将永远留在父亲身边。一切都将停止了。达尼卡·塞莱斯科维奇不平凡的一生于1921年12月6日从巴黎开始，她带我们穿越世纪，从巴黎到柏林，途经尼斯、塞尔维亚、美国和卢森堡，最后在巴黎画上句号。

八十年，我们从她身上汲取过多少激情与大爱，友谊与赞赏，或夹杂着些许的妒忌。能够肯定的是，在她生前凡与她有过接触的人，不论男性还是女性，没有人不被她的人格魅力和人道主义精神所折服，没有人会对她追求事业的执着和忘我的投入无动于衷。

前面提到过，达尼卡这个名字在塞尔维亚语中寓意“晨星”。对于我们大多数人而言，达尼卡是牧羊人之星，她在苍穹中闪烁，她那独特的精神和闪光的智慧指引着我们前进的方向。

巴黎，2006年

Thèses de doctorat en traductologie en cours ou soutenues à l'ESIT depuis 1978

Date	Prénom NOM	Titre	Directeur ou directrice de thèse
En cours	Virginie BUHL	*La défamiliarisation d'une langue à l'autre : traduire la voix de l'enfant-narrateur en français*	Isabelle COLLOMBAT
En cours	Xudong WEI	*La traduction de la chanson, recherche sur une traduction musicale à partir de la théorie interprétative*	Isabelle COLLOMBAT
En cours	Madiha KASSAWAT	*Le rôle du traducteur comme médiateur interculturel dans l'industrie de la localisation*	Isabelle COLLOMBAT
En cours	Jeanne DISDERO-LEE	*L'analyse réflexive dans l'enseignement de l'interprétation simultanée vers la langue B : outils et perspectives*	Isabelle COLLOMBAT
En cours	Pauline JACCON	*Le « Troisième État de la Traduction » : le processus de trans-création dans la poétique d'Anne Carson* (Autobiography of Red)	Isabelle COLLOMBAT
En cours	Carlos DJOMO TIOKOU	*L'ère du tradupreneur : parcours, défis modernes et perspectives de l'homme de lettres devenu homme d'affaires*	Isabelle COLLOMBAT
En cours	Seyed Mohammad Hossein MOUSAVINASAB	*L'influence française sur la tradition de traduction non-littéraire persane (farsi) moderne : une étude descriptif-historique*	Isabelle COLLOMBAT Pollet SAMVELIAN
En cours	Afaf SAID	*L'influence de l'idéologie, du pouvoir politique et de la culture sur la traductologie et la terminologie dans les médias*	Isabelle COLLOMBAT Fayza EL QASEM
En cours	Emeline ARCAMBAL	*Le rôle de l'interprète en langue des signes en situation pédagogique : adaptabilité, éthique, tactiques*	Fayza EL QASEM
En cours	Florine ARCHAMBEAUD	*Étude de l'utilisation de l'espace de signation en interprétation du français vers la langue des signes : rôle et enjeux*	Fayza EL QASEM
En cours	Adel NAJLAOUI	*L'équivalent littéral en traduction entre incertitude terminologique et infélicité pra(gma)tique*	Fayza EL QASEM
En cours	Isabelle MEHAWEJ	*La traduction et la réception du féminisme beauvoirien dans le monde arabe*	Fayza EL QASEM
En cours	Lucille CHEVALIER	*La qualité de l'interprétation de conférence : perceptions d'utilisateurs*	Daniel GILE
En cours	Arezou DAVDAR	*Influences mutuelles entre la traduction théâtrale et la Révolution en Iran : le cas de* Caligula *d'Albert Camus*	Freddie PLASSARD
En cours	Georgeta CRISTIAN	*L'autotraduction dramatique chez Matéi Visniec*	Freddie PLASSARD
En cours	Mariam BAKHOUNI MAKSOUD	*Traduire la science-fiction vers l'arabe*	Freddie PLASSARD
2017	Wen ZHANG	*Les décisions du traducteur de la littérature de jeunesse sous contraintes lectoriales : une étude sur les traductions chinoises des contes de Charles Perrault (1910-2016)*	Fayza EL QASEM
2015	Essam AL MOHAYA	*L'explicitation en traduction. Une étude de cas : la traduction du* Monde Diplomatique *en arabe durant la période 2001-2011*	Colette LAPLACE
2015	Hyeon Ju KIM	*Métaphore et traduction - Pour une étude épistémologique de la traductologie*	Marianne LEDERER
2015	Lamiss AZAB	*Le traducteur en tant que médiateur culturel – L'exemple de Rifâ'a At Tahtâwî 1801-1873*	Colette LAPLACE
2014	Hélène BALLARIN-DUCASSE	*Traduction nawdm d'une lettre paulinienne*	Daniel GILE
2014	Sophie POINTURIER POURNIN	*L'interprétation en Langue des Signes Française : contraintes, tactiques, efforts*	Daniel GILE
2014	Alberto CELOT	*La traduction de l'essai poétique. Domaine français-italien*	Fortunato ISRAËL
2014	Mikyung CHOI	*La cotraduction : domaine littéraire coréen-français*	Fortunato ISRAËL
2013	Sylvie LEGRAND CHRAIBI	*La traduction vers l'arabe des textes relatifs aux droits humains : perspectives historiques du XIXe siècle à nos jours*	Fayza EL QASEM
2013	Daeyoung KIM	*Pratiques et difficultés de l'enseignement de la traduction en Corée : comparaison avec sa pratique en France*	Daniel GILE
2013	Hande ERSÖZ-DEMIRDAG	*L'enseignement de l'interprétation consécutive : une étude de cas turc-français*	Daniel GILE
2012	Suzanne MAUDUIT-PEIX	*Traduire la philosophie : quelque part dans l'inachevé. Le souffle cartésien dans la langue de Cervantes*	Colette LAPLACE Jose Luis FUERTES
2012	Maha KADDOURA	*Le passage de la traductologie vers l'arabe : Rôle d'une terminologie en devenir*	Marianne LEDERER
2011	Jassas AL-AGHBARI	*Les contraintes de reformulation en traduction de la littérature de jeunesse français-arabe*	Fayza EL QASEM
2010	Enobong Joseph INYANG	*Étude des conceptions théoriques de deux traductologues anglophones, Eugène Nida et Peter Newmark, à la lumière de la théorie interprétative de la traduction*	Marianne LEDERER
2010	Maria NASR	*La didactique de la traduction : une étude scientométrique*	Daniel GILE
2010	Sungyup LEE	*Le rapport texte-image dans la traduction des albums pour enfants*	Fortunato ISRAËL
2009	Laurent LAGARDE	*Le traducteur professionnel face aux textes techniques et à la recherche documentaire*	Daniel GILE
2007	Ji-Hui WANG	*Réflexions sur la traduction en Chine au début du vingtième siécle*	Marianne LEDERER
2007	Théodorine NTO AMVANE-EKOME	*Traduire la poésie à l'université – quelques fondements théoriques et réalisations expérimentales*	Guy LECLERC

2006	Hiromi ITO-BERGEROT	*Le processus cognitif de la compréhension en interprétation consécutive : acquisition des compétences chez les étudiants de la section japonais*	Marianne LEDERER
2006	Yeong-A SEON	*La traduction du stéréotype dans le texte littéraire : domaine franco-coréen*	Fortunato ISRAËL
2006	Wei SHAO	*La créativité en traduction spécialisée*	Marianne LEDERER
2006	Xiangyun ZHANG	*Traduire le théâtre – Application de la Théorie Interprétative à la traduction d'œuvres dramatiques françaises en chinois*	Marianne LEDERER
2005	Najwa EL MOUNAYER	*Traduire l'image poétique : application au Prophète de Khalil Gibran*	Fortunato ISRAËL
2005	Hye Yong JUNG	*La littéralité dans la traduction littéraire : analyse des théories de la traduction de Meschonnic et de Berman*	Guy LECLERC
2004	Mohamed SAKHI	*Contribution à une didactique de la traduction technique – cas de la formation des enseignants de traduction dans les lycées marocains*	Marianne LEDERER
2004	Angélique MARMARIDOU	*L'autotraduction : cas particulier du processus traductif*	Fortunato ISRAËL
2004	Abdellatif HISSOUF	*Paramètres de la réexpression en traduction spécialisée. Application à la traduction économique français-arabe*	Fortunato ISRAËL
2003	Isabel SILVA PEREIRA DA COSTA	*Est-il possible de traduire la publicité dans le cadre de la mondialisation ? Éléments pour une réponse*	Guy LECLERC
2003	Marco-André FIOLA	*La notion de programme en didactique de la traduction professionnelle : le cas du Canada*	Guy LECLERC
2003	Mila DRAGOVI-DROUET	*L'évaluation de la qualité des traductions éditoriales*	Fortunato ISRAËL
2002	Freddie PLASSARD	*Place de la lecture dans le processus de traduction*	Fortunato ISRAËL
2001	Geneviève ROUX-FAUCARD	*Traduction et retraduction du texte narratif. Les métamorphoses de Kafka et de quelques autres*	Marianne LEDERER
2001	Hamad AL TRAIF	*La formation des traducteurs professionnels en Arabie Saoudite : description, évaluation et propositions pédagogiques*	Fortunato ISRAËL
2000	Tatiana BODROVA-GOGENMOS	*La traductologie russe (théorie, pratique, enseignement) : ses apports et ses limites*	Marianne LEDERER
2000	Xuefen SUN	*La traduction juridique du français vers le chinois, éléments de réflexion*	Marianne LEDERER
2000	Sitian XIE	*Pour un horizon de la traductologie comparée sino-occidentale – la réception en Chine de la conception interprétative de la traduction : fidélité, clarté, élégance (1898-1998)*	Marianne LEDERER
2000	Sasi INTAKOSUM	*Proposition d'une pédagogie d'enseignement de la traduction de textes techniques d'anglais et de français en thaï : application aux textes informatiques*	Marianne LEDERER
2000	Elena GUEORGUIEVA HRISTOVA	*Les traits particuliers à la traduction d'œuvres littéraires en langue étrangère*	Marianne LEDERER
1998	Hamid AL AWADHI	*La difficulté en traduction. Approche théorique et pratique dans le domaine de la traduction français-arabe*	Fortunato ISRAËL
1997	Charles SOH TATCHA	*Sens et doublage cinématographique - Étude du doublage de* Gone with the Wind, *(David O. Selznick et Victor Fleming, 1939) d'après le roman de Margaret Mitchell, traduit et doublé en français sous le titre* Autant en emporte le vent	Marianne LEDERER
1997	John KALUMBU	*Traduction et dialogue des cultures : problématique de la traduction théâtrale vue à travers l'adaptation en chibemba et la traduction en français de* The Lion and Jewel *de Wole Soyinka*	Fortunato ISRAËL
1996	José MACHADO	*La traduction au cinéma et le processus de sous-titrage de films*	Marianne LEDERER
1996	Heping LIU	*Enseignement de la consécutive en fin de cursus d'études universitaires de langues - Application au français-chinois et au chinois-français*	Marianne LEDERER
1995	Rana JAYOUCHE	*Problématique de la traduction en arabe de textes informatiques*	Christine DURIEUX
1995	Jacques PELAGE	*La traduction juridique : problématique et solutions appliquées au passage des langues romanes au français*	Marianne LEDERER
1995	Faten HOBEIKA	*L'expression idiomatique et son traitement en traduction : domaine français-arabe*	Fortunato ISRAËL
1995	Louise BRUNETTE	*Contribution à la pédagogie de la révision en pays bilingue*	Monique C. CORMIER Maurice PERGNIER
1994	Philippe SERO GUILLAUME	*L'interprétation en Langue des Signes Française (L.S.F.)*	Danica SELESKOVITCH
1994	Su Wei YAN	*Les éléments nécessitant une interprétation dans la traduction des textes littéraires narratifs: une application à une traduction en chinois du* Père Goriot *de Balzac*	Marianne LEDERER
1993	Alexandra BORISSOV	*La théorie interprétative de la traduction et les titres*	Fortunato ISRAËL
1993	Jacqueline HENRY	*La traduction des jeux de mots*	Fortunato ISRAËL
1992	Colette LAPLACE	*Théorie du langage et théorie de la traduction : les concepts clefs de trois auteurs, Kade (Leipzig), Coseriu (Tübingen), Seleskovitch (Paris)*	Danica SELESKOVITCH
1991	Douglas Scott JAMIESON	*La traduction du texte non-contemporain : étude de l'élaboration d'une tradition anglaise de l'ouvrage de G. Bouchard, Guyton-Morveau, chimiste et conventionnel (1737-1816)*	Fortunato ISRAËL
1991	Elisabeth DROZDALE	*Le phénomène franglais dans les médias : le non professionnalisme dans la traduction, ses conséquences ; ou : de la traduction littérale a la traduction professionnelle*	Marianne LEDERER
1990	Georges BASTIN	*La notion d'adaptation en traduction : étude de l'adaptation ponctuelle et globale dans la version espagnole de* L'Analyse du discours comme méthode de traduction, *de J. Delisle*	Marianne LEDERER
1990	Clare DONOVAN	*La fidélité en Interprétation*	Marianne LEDERER
1989	Haruna JACOB	*Propositions pour la création d'un séminaire de traduction dans un Département de langues modernes au Nigéria*	Fortunato ISRAËL

1989	He-Ping ZHAO	*Le principe de la fidélité en traduction (De la validité de la théorie interprétative pour la traduction chinois-français et français-chinois)*	Danica SELESKOVITCH
1988	Vassilios KOUTSIVITIS	*La traduction juridique. Étude d'un cas : la traduction des textes législatifs des communautés européennes, et en particulier a partir du français vers le grec*	Marianne LEDERER
1987	Amélia BOMFIM-CAPELLANI	*Pour apprendre l'interprétation de conférence. La compréhension et l'intelligibilité des discours comme guides et garants de l'apprentissage de l'interprétation de conférence*	Danica SELESKOVITCH
1987	David BOWEN	*Les problèmes de la traduction d'un livre sur la traduction : langage, langues et mémoire*	Danica SELESKOVITCH
1987	Hafedh BRINI	*Traduire le contenu cognitif et le contenu émotif du message : théorie appliquée à la traduction français-arabe*	Danica SELESKOVITCH
1987	Clara FOZ	*L'École des Traducteurs de Tolède au XIIe et au XIIIe siècles*	Danica SELESKOVITCH
1986	Georges MISRI	*La traduction des figements et des modèles dans* Les Mille et une Nuits	Danica SELESKOVITCH
1986	Amparo HURTADO ALBIR	*La notion de fidélité en traduction : français-espagnol*	Danica SELESKOVITCH
1986	Jungwha CHOI	*Interprétation consécutive coréen-français du point de vue de son enseignement*	Danica SELESKOVITCH
1986	Florence HERBULOT	*L'évolution du langage maritime étudiée à partir de la traduction en français de* Sailing Alone Around the World	Danica SELESKOVITCH
1986	Monique C. CORMIER	*Traduction technique et pédagogie*	Danica SELESKOVITCH
1985	Christiane DRIESEN	*L'Interprétation auprès des tribunaux pénaux de la République Fédérale allemande (français-allemand)*	Danica SELESKOVITCH
1984	Christine DURIEUX	*Décomposition de la démarche propre à la traduction technique dans le but de dégager une base pour une pédagogie de la traduction*	Danica SELESKOVITCH
1984	Saadia ELAMIN	*Terminologie de l'industrie du coton au Soudan*	Danica SELESKOVITCH
1983	Michel ROCHARD	*Traduction dogmatique et traduction du sens*	Danica SELESKOVITCH
1983	Elisabeth LAVAULT-BERTRAND	*La traduction dans l'enseignement des langues*	Danica SELESKOVITCH
1982	Reza GHASSEMZADEH	*Étude linguistique du français et de l'anglais dans le domaine de la réassurance aérienne*	Danica SELESKOVITCH
1982	Yamina HELLAL	*Les degrés et les variations de la créativité en traduction*	Danica SELESKOVITCH
1982	Myriam SALAMA-CARR	*L'école de Hunayn Ibn Ishaq et son importance pour la traduction*	Danica SELESKOVITCH
1982	Janette CABRAL CECIN	*Exégèse dans l'acte de traduction*	Danica SELESKOVITCH
1981	Ndongo SEMENGUE	*Traductions technico-scientifiques vers une langue exempte de concepts correspondants. Un cas d'espèce : l'Evondo*	Danica SELESKOVITCH
1980	Denis-Noël JUHEL	*Bilinguisme et traduction au Canada, rôle socio-linguistique du traducteur*	Danica SELESKOVITCH
1980	Justine AGOH	*Hétérogénéité linguistique et problèmes que pose la formation de traducteurs africains (Douala)*	Danica SELESKOVITCH
1978	Karla DEJEAN LE FEAL	*Lectures et improvisations, incidences de la forme de l'énonciation sur la traduction simultanée (Français-Allemand)*	Danica SELESKOVITCH
1978	Mariano GARCIA-LANDA	*Les déviations délibérées de la littéralité en interprétation de conférence*	Danica SELESKOVITCH
1978	Jean DELISLE	*L'analyse du discours comme méthode de traduction*	Danica SELESKOVITCH

译者后序

这本回忆录的翻译用时一年，随着键盘的敲打声，我跟随作者走进了达尼卡·塞莱斯科维奇丰富多彩的生活和工作；伴随一段段文字的录入，我时而沉思，时而激动，眼前出现的是封面那张半身油画和背后的故事，也是我眼中“女神”形象的细腻再造过程。

蔡小红、鲍刚和我曾先后在巴黎高等翻译学校学习（进修或攻读博士学位），虽然时间长短不一，但三个人都受到达尼卡和玛丽雅娜的热情帮助与耐心指导。两位导师赠书给当时还年轻的我们，鼓励我们深入研究翻译和翻译教学，尤其是汉-外翻译问题，探讨释意理论在汉-外翻译与教学中应用的可能性。我们三个人后来在国内成立了第一个口译研究小组，《口译理论概述》（鲍刚，1998）、《口译技巧——思维科学与口译推理教学法》（刘和平，2001）和《口译评估》（蔡小红，2007）等专著先后出版，三个人分别对释意理论在中外翻译和教学中的运用从不同角度作了初步探索与回答。

从《口笔译概论》（孙慧双译，1982，1992）到《口译理论实践与教学》（汪家荣等译，1990），从《释意学派口笔译理论》（刘和平译，2001）到《口译训练指南》（闫素伟、邵炜等译，2007），还有《笔译训练指南》（刘和平译，2008），巴黎释意理论多部专著的中文译本问世为国内学者了解释意理论发挥了积极作用。2020年5月7日，在百度上点击“释意理论”，相关信息显示为2520000条；同日在CNKI上查询“释意理论”，给出的论文数字是937篇，这两个数据可以从一个侧面证明该理论在中国的认知度。

到目前为止，大部分论文作者的共识是，释意理论虽然有不足，但其核心思想（尤其是“脱壳”、传译不传词）对翻译教学有十分积极的指导作用。提及关于释意理论能否应用于中外等语对问题，我个人进行了尝试和研究，专门面向多语种研究生开设了“三角模式”口译方法论课程，经过几轮的实验和观察研究，证明这种方法完全适用，甚至可以说，两种语言语法、词法、句法等结构差异越大，这种教学方法越能在传译不传词方面发挥作用。换句话说，这一方法对学生了解双语跨语言和跨文化交流的本质及对象是有积极意义的。

释意理论第一次考察口译的真实交际动态环境，第一次将译员作为研究的主要对象，第一次讨论语言与思想的关系，第一次要求将真实的双语交际环境引入教学，将训练重点放在认知能力发展上，这对翻译学的贡献是巨大的。

2021年达尼卡诞辰百年，也是她离开我们的第二十个年头，又恰逢北京语言大学高级翻译学院建院十周年。谨以此书的中文版作为我对达尼卡的由衷感谢和致敬，感谢她为我在ESIT的学习提供的巨大帮助和指导，感谢她应我之邀来中国，给中国同行留下珍贵的回忆；同时，我向她致敬，致敬她终生与翻译为伴，为翻译事业作出的特别贡献。

深切怀念世纪见证人达尼卡·塞莱斯科维奇。

刘和平

2021年元月

塞莱斯科维奇和勒代雷教授赠书赠言

塞莱斯科维奇赠书《言语、语言与记忆》（*Langage, langues et mémoire*）

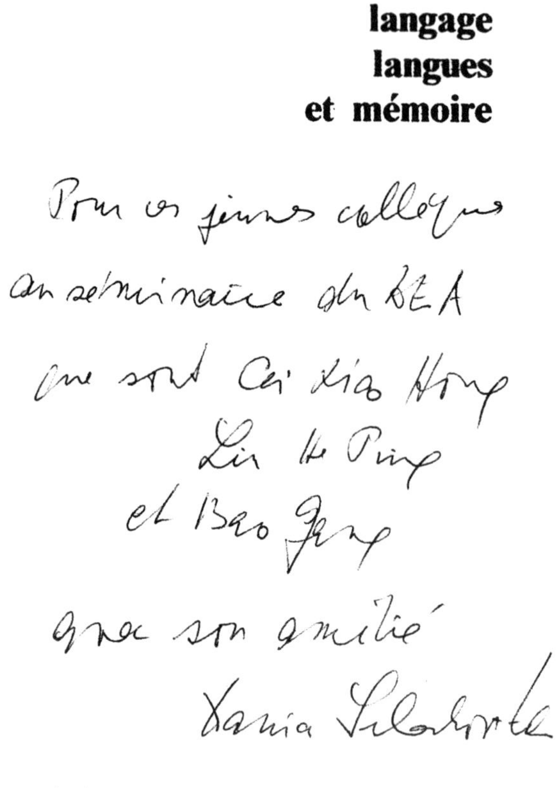
langage
langues
et mémoire

Pour ces jeunes collègues
au séminaire du DEA
que sont Cai Xiao Hong
Liu He Ping
et Bao Gang
avec son amitié
Danica Seleskovitch

惠赠年轻同事蔡小红、刘和平和鲍刚，以此纪念他们参加硕士班研讨会（DEA）

塞莱斯科维奇赠书《阐释翻译》（*Interpréter pour traduire*）

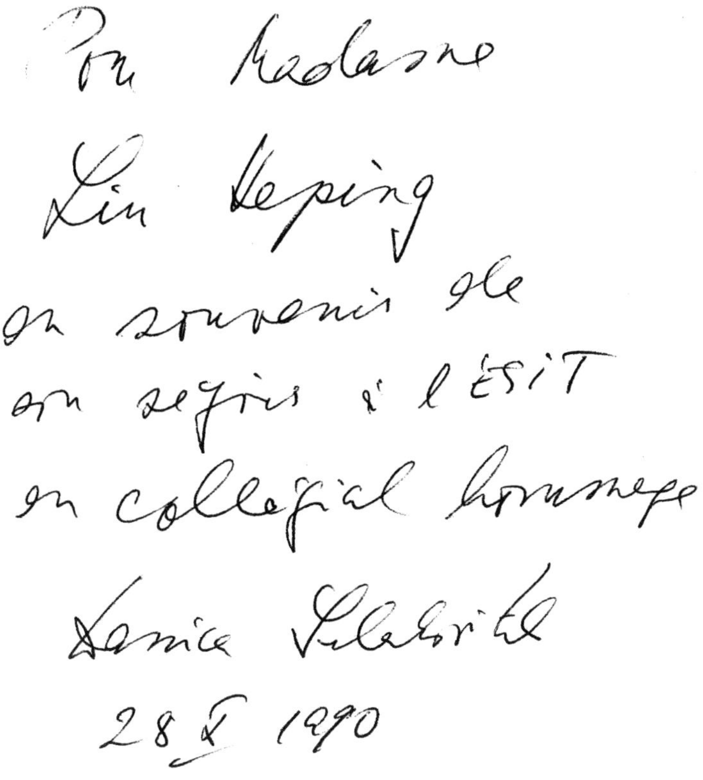
Pour Madame
Liu Heping
en souvenir de
son séjour à l'ESIT
en collégial hommage
Danica Seleskovitch
28 X 1990

惠赠刘和平女士，以此纪念她在ESIT的学习　1990年10月28日

勒代雷教授赠书赠言：勒代雷赠书《口译推理教学法》（*Pédagogie raisonnée de l'interprétation*）

Pour Liu Heping
qui soutient si vail-
lamment et si efficace-
ment la Théorie inter-
prétative en Chine
en bien amical hommage
Marianne Lederer
juin 2002

惠赠刘和平，为她在中国积极有效地传播释意理论表示敬意 2002年6月勒代雷赠书《身份、他性与对等？》（*Identité, altérité et équivalence ?*）

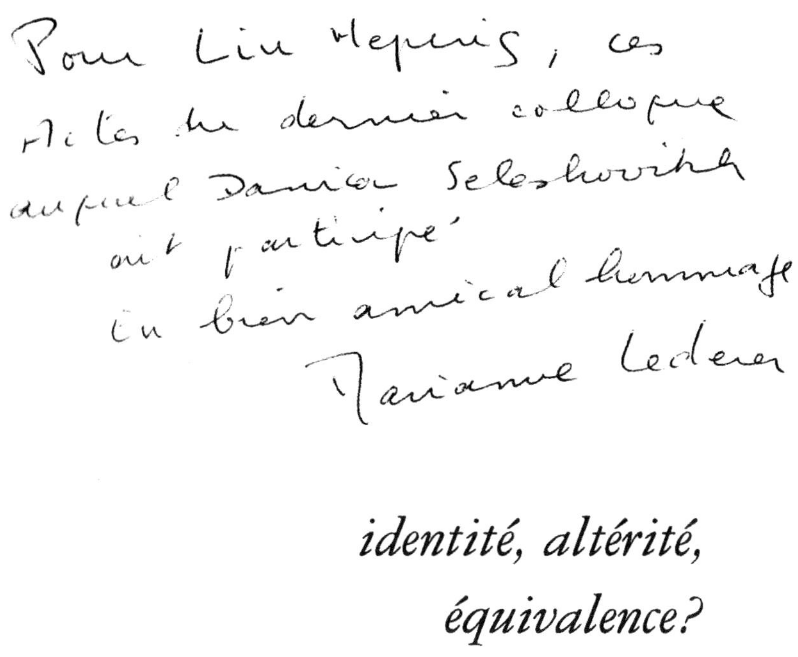
Pour Liu Heping, ces Actes du dernier colloque auquel Danica Seleskovitch ait participé
en bien amical hommage
Marianne Lederer

identité, altérité, équivalence?

惠赠刘和平，以此论文集纪念达尼卡生前最后一次参加的研讨会

巴黎高等翻译学校已通过答辩的博士论文目录

1978–2011 共通过59篇博士论文，其中中国人贡献8篇

1978 – JEAN DELISLE – "L'ANALYSE DU DISCOURS COMME METHODE DE TRADUCTION".

1978 – MARIANO GARCIA–LANDA – "LES DEVIATIONS DELIBEREES DE LA LITTERALITE EN INTERPRETATION DE CONFERENCE".

1978 – DEJEAN LE FEAL KARLA – "LECTURES ET IMPROVISATIONS, INCIDENCES DE LA FORME DE L'ENONCIATION SUR LA TRADUCTION SIMULTANEE（FRANÇAIS–ALLEMAND）".

1980 – JUSTINE AGOH – "HETEROGENEITE LINGUISTIQUE ET PROBLEMES QUE POSE LA FORMATION DE TRADUCTEURS AFRICAINS（DOUALA）.

1980 – DENIS–NOËL JUHEL – "BILINGUISME ET TRADUCTION AU CANADA, ROLE SOCIO–LINGUISTIQUE DU TRADUCTEUR".

1981 – NDONGO SEMENGUE – "TRADUCTIONS TECHNICO-SCIENTIFIQUES VERS UNE LANGUE EXEMPTE DE CONCEPTS CORRESPONDANTS.– UN CAS D'ESPECE : L'EVONDO".

1982 – JANETTE CABRAL CECIN – "EXEGESE DANS L'ACTE DE TRADUCTION".

1982 – MYRIAM SALAMA-CARR – "L'ECOLE DE HUNAYN IBN ISHAQ ET SON IMPORTANCE POUR LA TRADUCTION".

1982 – YAMINA HELLAL – "LES DEGRES ET LES VARIATIONS DE LA CREATIVITE EN TRADUCTION".

1982 – REZA GHASSEMZADEH – "ETUDE LINGUISTIQUE DU FRANÇAIS ET DE L'ANGLAIS DANS LE DOMAINE DE LA REASSURANCE AERIENNE".

1983 – ELISABETH LAVAULT-BERTRAND – "LA TRADUCTION DANS L'ENSEIGNEMENT DES LANGUES".

1983 – MICHEL ROCHARD – "TRADUCTION DOGMATIQUE ET TRADUCTION DU SENS".

1984 – SAADIA ELAMIN – "TERMINOLOGIE DE L'INDUSTRIE DU COTON AU SOUDAN".

1984 – CHRISTINE DURIEUX – "DECOMPOSITION DE LA DEMARCHE PROPRE A LA TRADUCTION TECHNIQUE DANS LE BUT DE DEGAGER UNE BASE POUR UNE PEDAGOGIE DE LA TRADUCTION".

1985 – CHRISTIANE DRIESEN – "L'INTERPRETATION DANS LES COURS PENALES EN R.F.A.".

1986 – MONIQUE CORMIER – "TRADUCTION TECHNIQUE ET PEDAGOGIE".

1986 – FLORENCE HERBULOT – "ETUDE DU VOCABULAIRE MARITIME – JOSHUA SLOCUM – TOUR DU MONDE EN BATEAU".

1987 – CLARA FOZ – "L'ECOLE DES TRADUCTEURS DE TOLEDE AU XIIE ET AU XIIIE SIECLES".

1987 – HAFEDH BRINI – "TRADUIRE LE CONTENU COGNITIF ET LE CONTENU EMOTIF DU MESSAGE".

*1987 – DAVID BOWEN – "LES PROBLEMES DE LA TRADUCTION D'UN LIVRE SUR LA TRADUCTION : LANGAGE, LANGUES ET MEMOIRE".

1986 – JUNGWHA CHOI – "INTERPRETATION CONSECUTIVE COREEN–FRANÇAIS DU POINT DE VUE DE SON ENSEIGNEMENT".

1986 – AMPARO HURTADO – "LA NOTION DE FIDELITE EN TRADUCTION".

1986 – GEORGES MISRI – "LA TRADUCTION DES FIGEMENTS DANS LES MILLE ET UNE NUITS".

1987 – AMELIA BOMFIM–CAPELLANI – "POUR APPRENDRE L'INTERPRETATION DE CONFERENCE. LA COMPREHENSION ET L'INTELLIGIBILITE DES DISCOURS COMME GUIDES ET GARANTS

DE L'APPRENTISSAGE DE L'INTERPRETATION DE CONFERENCE".

1988 – VASSILIS KOUTSIVITIS – "LA TRADUCTION JURIDIQUE AUX COMMUNAUTES EUROPEENNES".

1989 – HE–PING ZHAO – "LE PRINCIPE DE LA FIDELITE EN TRADUCTION（DE LA VALIDITE DE LA THEORIE INTERPRETATIVE POUR LA TRADUCTION CHINOIS–FRANÇAIS ET FRANÇAIS–CHINOIS）".

1989 – HARUNA JACOB – "PROPOSITIONS POUR LA CREATION D'UN SEMINAIRE DE TRADUCTION DANS UN DEPARTEMENT DE LANGUES MODERNES AU NIGERIA".

1990 – CLARE DONOVAN – "LA FIDELITE EN INTERPRETATION".

1990 – GEORGES BASTIN – "LA NOTION D'ADAPTATION EN TRADUCTION".

1991 – ELISABETH DROZDALE – "L'ANGLICISATION PAR LES MEDIAS".

1991 – SCOTT JAMIESON – "LA TRADUCTION DU TEXTE NON CONTEMPORAIN".

1992 – COLETTE LAPLACE – "THEORIE DU LANGAGE ET THEORIE DE LA TRADUCTION : LES CONCEPTS CLEFS DE TROIS AUTEURS, KADE（LEIPZIG）, COSERIU（TÜBINGEN）, SELESKOVITCH（PARIS）".

1993 – JACQUELINE HENRY.–."LA TRADUCTION DES JEUX DE

MOTS".

1994 – ALEXANDRA VELEVA – "LA TRADUCTION DES TITRES".

1994 – SU WEI YAN – "LES ELEMENTS NECESSITANT UNE INTERPRETATION DANS LA TRADUCTION DES TEXTES LITTERAIRES NARRATIFS: UNE APPLICATION A UNE TRADUCTION EN CHINOIS DU "PERE GORIOT" DE BALZAC.

1994 – PHILIPPE SERO GUILLAUME – "L'INTERPRETATION EN LANGUE DES SIGNES FRANÇAISE（L.S.F.）".

1995 – LOUISE BRUNETTE – "CONTRIBUTION A LA PEDAGOGIE DE LA REVISION EN PAYS BILINGUE".

1995 – FATEN HOBEIKA – "L'EXPRESSION IDIOMATIQUE ET SON TRAITEMENT EN TRADUCTION. DOMAINE : FRANÇAIS–ARABE".

1995 – JACQUES PELAGE – "LA TRADUCTION JURIDIQUE : PROBLEMATIQUE ET SOLUTIONS APPLIQUEES AU PASSAGE DES LANGUES ROMANES AU FRANÇAIS".

1995 – RANA RADDAWI – "PROBLEMATIQUE DE LA TRADUCTION EN ARABE DE TEXTES INFORMATIQUES".

1996 – HEPING LIU – "ENSEIGNEMENT DE LA CONSECUTIVE EN FIN DE CURSUS D'ETUDES UNIVERSITAIRES DE LANGUES – APPLICATION AU FRANÇAIS–CHINOIS ET AU CHINOIS–FRANÇAIS".

1996 – JOSE MACHADO – "LA TRADUCTION AU CINEMA ET LE

PROCESSUS DE SOUSTITRAGE DE FILMS".

1997 – JOHN KALUMBU – "TRADUCTION ET DIALOGUE DES CULTURES : PROBLEMATIQUE DE LA TRADUCTION THEATRALE VUE A TRAVERS L'ADAPTATION EN CHIBEMBA ET LA TRADUCTION EN FRANÇAISDE THE LION AND JEWEL DE WOLE SOYINKA.

1997 – CHARLES SOH TATCHA – "SENS ET DOUBLAGE CINEMATOGRAPHIQUE – ETUDE DU DOUBLAGE DE "GONE WITH THE WIND",（DAVID O. SELZNICK ET VICTOR FLEMING, 1939）D'APRES LE ROMAN DE MARGARET MITCHELL, TRADUIT ET DOUBLE EN FRANÇAIS SOUS LE TITRE "AUTANT EN EMPORTE LE VENT".

1998 – HAMID AL AWADHI – "LA DIFFICULTE EN TRADUCTION. APPROCHE THEORIQUE ET PRATIQUE DANS LE DOMAINE DE LA TRADUCTION FRANÇAIS–ARABE".

2000 – ELENA GUEORGUIEVA – "LES TRAITS PARTICULIERS A LA TRADUCTION D'OEUVRES LITTERAIRES EN LANGUE ETRANGERE".

2000 – SASI INTAKOSUM – "PROPOSITION D'UNE PEDAGOGIE D'ENSEIGNEMENT DE LA TRADUCTION DE TEXTES TECHNIQUES D'ANGLAIS ET DE FRANÇAIS EN THAÏ : APPLICATION AUX TEXTES INFORMATIQUES".

2000 – SITIAN XIE – "POUR UN HORIZON DE LA TRADUCTOLOGIE

COMPAREE SINO-OCCIDENTALE – LA

RECEPTION EN CHINE DE LA CONCEPTION INTERPRETATIVE DE LA TRADUCTION : FIDELITE, CLARTE, ELEGANCE （1898-1998）".

2000 – XUEFEN SUN – "LA TRADUCTION JURIDIQUE DU FRANÇAIS VERS LE CHINOIS, ELEMENTS DE REFLEXION".

2000–TATIANA GOGENMOS（NEE BODROVA）– "LA TRADUCTOLOGIE RUSSE（THEORIE, PRATIQUE, ENSEIGNEMENT）: SES APPORTS ET SES LIMITES".

2001 – HAMAD AL TRAIF – "LA FORMATION DES TRADUCTEURS PROFESSIONNELS EN ARABIE SAOUDITE : DESCRIPTION, EVALUATION ET PROPOSITIONS PEDAGOGIQUES".

2001 – GENEVIEVE ROUX-FAUCARD – "TRADUCTION ET RETRADUCTION DU TEXTE NARRATIF. LES METAMORPHOSES DE KAFKA ET DE QUELQUES AUTRES.".

2002 – FREDDIE PLASSARD – LA PLACE DE LA LECTURE EN TRADUCTION .

2003 – MILA DRAGOVIC（EPOUSE DROUET）– L'EVALUATION DE LA QUALITE DES TRADUCTIONS EDITORIALES .

2003 – MARCO-ANDRE FIOLA –LA NOTION DE PROGRAMME EN DIDACTIQUE DE LA TRADUCTION PROFESSIONNELLE : LE CAS DU CANADA .

2003 – ISABEL SILVA PEREIRA DA COSTA – "EST–IL POSSIBLE DE TRADUIRE LA PUBLICITE DANS LE CADRE DE LA MONDIALISATION ? ELEMENTS POUR UNE REPONSE".

2004 – ABDELLATIF HISSOUF – "PARAMETRES DE LA REEXPRESSION EN TRADUCTION SPECIALISEE.

APPLICATION A LA TRADUCTION ECONOMIQUE FRANÇAIS–ARABE"

2004 – ANGELIQUE MARMARIDOU – "L'AUTOTRADUCTION : CAS PARTICULIER DU PROCESSUS TRADUCTIF".

2004 – MOHAMED SAKHI – "CONTRIBUTION A UNE DIDACTIQUE DE LA TRADUCTION TECHNIQUE – CAS DE LA FORMATION DES ENSEIGNANTS DE TRADUCTION DANS LES LYCEES MAROCAINS".

2005 – HYE YONG JUNG/CHUNG – "LA LITTERALITE EN TRADUCTION LITTERAIRE".

2005 – NAJWA EL MOUNAYER – "TRADUIRE L'IMAGE POETIQUE : APPLICATION AU PROPHETE DE

KHALIL GIBRAN".

2006 – XIANGYUN ZHANG – "TRADUIRE LE THEATRE –APPLICATION DE LA THEORIE INTERPRETATIVE A LA TRADUCTION D'OEUVRES DRAMATIQUES FRANÇAISES EN CHINOIS".

2006 – WEI SHAO – "LA CREATIVITE EN TRADUCTION

SPECIALISEE".

2006 – YEONG–A SEON/KIM – "LA TRADUCTION DU STEREOTYPE DANS LE TEXTE LITTERAIRE".

2006 – HIROMI ITO BERGEROT – "LE PROCESSUS COGNITIF DE LA COMPREHENSION EN INTERPRETATION CONSECUTIVE : ACQUISITION DES COMPETENCES CHEZ LES ETUDIANTS DE LA SECTION JAPONAISE".

2007 – THEODORINE NTO AMVANE–EKOME – "TRADUIRE LA POESIE A L'UNIVERSITE – QUELQUES FONDEMENTS THEORIQUES ET REALISATIONS EXPERIMENTALES".

2007 – JI–HUI WANG – "REFLEXIONS SUR LA TRADUCTION EN CHINE AU DEBUT DU 20EME SIECLE".

2009. LAURENT LAGARDE – "LE TRADUCTEUR PROFESSIONNEL FACE AUX TEXTES TECHNIQUES ET A LA RECHERCHE DOCUMENTAIRE".

2010 SUNGYUP LEE – LE RAPPORT TEXTE–IMAGE DANS LA TRADUCTION DES ALBUMS POUR ENFANTS

2010 MARIA NASR – LA DIDACTIQUE DE LA TRADUCTION : UNE ETUDE SCIENTOMETRIQUE 2010 ENOBONG INYANG – ETUDE DES CONCEPTIONS THEORIQUES DE DEUX TRADUCTOLOGUES ANGLOPHONES, EUGENE NIDA ET PETER NEWMARK, A LA LUMIERE DE LA THEORIE INTERPRETATIVE DE LA TRADUCTION

2011 JASSAS AL-AGHBARI – LES CONTRAINTES DE REFORMULATION EN TRADUCTION DE LA LITTERATURE DE JEUNESSE FRANÇAIS-ARABE

（见巴黎高等翻译学校网址：

http://www.univ-paris3.fr/38067018/0/fiche___pagelibre/&RH=1258730019857）